Eine Reise von tausend Meilen
beginnt mit einem Schritt

Eine Reise von tausend Meilen beginnt mit einem Schritt

Das große John-Blofeld-Lesebuch

Der Weg ins Herz buddhistischer
und taoistischer Weisheit

O. W. Barth Paperback

Erste Auflage der OWB-Paperback-Ausgabe 2000
Herausgegeben von Petra Eisele
Copyright © 2000 an dieser Auswahl beim Scherz Verlag,
Bern, München, Wien, für den Otto Wilhelm Barth Verlag
Einzig berechtigte Übersetzung aus dem Englischen
von Werner von Grünau, Rudolf Hermstein und Ulli Olvedi
Alle Rechte der Verbreitung, auch durch Funk, Fernsehen,
fotomechanische Wiedergabe, Tonträger jeder Art und
auszugsweisen Nachdruck, sind vorbehalten.
Einbandgestaltung: ja DESIGN, Bern: Julie Ting & Andreas Rufer

Inhalt

Vorbemerkung

Im Jahre 1933 kam ich als junger Mann nach China, begierig auf Wunder und Freuden aller Art. Zum Glück fand ich sie in großer Zahl, wenn auch meist in anderer Form, als ich sie mir ausgemalt hatte. Vor allem die religiöse Szene war so bunt, wie man sie sich nur wünschen konnte.

Vier Jahrzehnte durfte ich das wundersame Reich des Geistes erkunden, das unter verschiedenen Namen bekannt ist – der Eine Geist, die Große Leere oder Der Weg. Und immer wieder wurde mir klar:

Der Pfad, der über den Himmel und weit über die höchsten Bereiche des Göttlichen hinaus führt, beginnt genau an der Stelle, wo wir gerade stehen.

John Blofeld

I

Jenseits der Götter

Einführung:
Begegnung mit dem Taoismus

Der Taoismus, der Mystiker, Philosophen, Yogis, Zauberer und übrigens auch die ersten Hippies der Welt hervorgebracht hat, war eine mystische Religion, eine Philosophie und eine Lebensweise. Er besteht seit mehr als zweitausend Jahren, und seine Wurzeln reichen vier- oder fünftausend Jahre zurück. Wir leben in einer Zeit, in der die zunehmende Aufgeschlossenheit westlicher Menschen zu einer verständnisvolleren Betrachtung östlicher Traditionen führt, zu einer größeren Bescheidenheit, mit der man sich ihnen nähert, und zu einer neuen Bereitschaft, Vorzüge dort anzuerkennen, wo sie uns in nicht vertrauten Formen entgegentreten.

Das große klassische Werk des Taoismus, *Tao Te King*, beginnt mit der Verkündung: «Der Weg *(tao)*, der sich in Worten ausdrücken lässt, ist nicht der Weg des Ewigen; ein Name, der sich aussprechen lässt, ist nicht des Ewigen Name.» Aus einer solchen Einleitung wird sofort klar, daß sich der Taoismus mit dem Mysterium der Letzten Dinge befasste. Das tat er auch, daneben mit vielen, vielen anderen Dingen. Diese berühmten Worte deuten unmittelbar auf die namenlose Wahrheit, die das höchste Ziel aller Mystiker ist, seien sie nun gewandte Professoren mit einer Perlennadel in der Krawatte oder bärtige Hippies ohne Hemd.

Ich behaupte nicht, dass der Taoismus den schnellsten oder sichersten Weg zu mystischer Erfahrung bot, aber es war ein Weg, der auf eine gewisse Art von Menschen eine gewaltige Anziehungskraft ausübte. Wenn seltsame Felsformationen dich an eigenartige Tiere in den Wehen der Schöpfung erinnern; wenn die Blüte eines Holzapfels oder des Schlehdorns eine Botschaft enthält, die über das nur Hübsche hinausgeht; wenn das Eintauchen in einen Bergsee dich mit unerklärlichem Entzücken erfüllt; wenn ein Gang durch den Regen deine Sehnsucht nach Tanz und Gesang weckt; wenn der Anblick von Felsen, Kiefern und purpurnen Hügeln etwas ahnen lässt, was der Dichter Li T'ai-po «ein anderes Universum, das Gefilde von Unsterblichen» nennt – dann besitzt du die Anlage zu einem Taoisten – zu einem Menschen, der, in Übereinstimmung mit den Rhythmen der Natur lebend, sich schließlich dazu getrieben fühlen mag, die Vereinigung mit dem Erhabenen Tao zu suchen (was andere Mystiker als das Göttliche Wesen, *Shunyata* oder Nirvana bezeichnen).

Es braucht nicht erst erwähnt zu werden, dass nicht jeder in altertümliche chinesische Gewänder gekleidete Einsiedler, der einen mit einer Jadenadel festgesteckten Haarschopf trägt und in einer Einsiedelei oder in einem Kloster lebt, bewusst dieses überaus erhabene Ziel verfolgte. Zuweilen traf man gottesfürchtige Weise, vollendete Yogis, einfältige Dilettanten, die sich mit wirklichen oder eingebildeten Wundern befassten (und vielleicht sogar Scharlatane) innerhalb der gleichen Gemeinschaft an. Da die Taoisten duldsame, gütige Menschen sind, wiesen sie aller Wahrscheinlichkeit nach niemanden vor dem Tor des Klosters wegen mangelnder geistiger Fähigkeiten ab oder bestraften einen Gefährten wegen ungebührlichen Benehmens, denn das Verhängen einer Strafe gehörte mit zu den Merkmalen einer konventionellen Gesellschaft, die sie zutiefst beklagten.

Auch Besucher waren stets willkommen. Jede Gemeinschaft verfügte über Gästezimmer; für Bett, Essen und Wein wurde nichts verlangt, aber man ging davon aus, dass ein Gast von sich aus anbieten würde, was er sich leisten konnte. Wenn jemand für Wärme und großzügige Gastfreundschaft keine Dankbarkeit aufbrachte und ohne jede Spende aufbrach, verabschiedete man ihn noch immer mit Lächeln und Verneigungen, als mache es nichts aus, wenn den Einsiedlern zum Leben nichts weiter blieb als Luft und Tau, denn sie waren höfliche Menschen mit bescheidenen Ansprüchen, die ihre Bedürfnisse leicht befriedigten.

Was nun die Frage betrifft, der Taoismus habe die ersten Hippies hervorgebracht, so hat es tatsächlich vor rund fünfzehnhundert Jahren einige weit verbreitete, taoistisch gesinnte blühende Gemeinschaften gegeben, die unter dem Namen der Leichten

Konversationalisten bekannt waren. Ihr Rezept, den Sinn des Lebens zu ergründen, bestand darin, in einfacher, jedoch glücklicher Übereinstimmung mit den Rhythmen der Natur zu leben, was im allgemeinen bedeutete, aus Orten zu fliehen, in denen von Menschen erdachte Gesetze gegen die eigenen freien Impulse künstliche Schranken aufrichteten. Vor allem hofften sie, den wahren Sinn des Lebens zu erkennen, indem sie ihn in der Stille ihres eigenen ungestörten Geistes suchten. Bis dahin, nur für den Fall, dass das Leben doch nichts zu bieten hätte, was man als sinnvoll begreifen könnte, belebten sie ihre Tage durch hemmungslos unkonventionelles Verhalten und durch – spaßeshalber – absichtlich auf einem grotesken Niveau gehaltene Gespräche.

Obwohl das konfuzianische Staatssystem sich über sie lustig machte, war es ihnen doch mit den zugrunde liegenden Zahlen und mit ihrer Ablehnung jeder Art von Drohung, Zwang, Strafen oder Gewalttätigkeit ernst. Sie waren freie Seelen, dazu geboren, zufrieden über jede neue Erkenntnis ihrer Verwandtschaft mit der Natur zu lächeln. Unnötig zu sagen, daß die konfuzianischen Herrscher über die Ausbreitung dieser Gruppen entsetzt waren und dafür sorgten, sie nicht lange Zeit gedeihen zu lassen. Trotzdem stand das ganze chinesische Volk bis vor kurzem in einem gewissen Ausmaß unter dem Einfluss ziemlich ähnlicher taoistischer und daher unkonventioneller Ideen. Strenger Konformismus nach konfuzianischer Art, der seine Apotheose im Maoismus fand, hatte in der traditionellen chinesischen Gesellschaft ein Gegenstück in einer erfrischenden Neigung zu Nichtanpassung und Freiheit des Verhaltens, sogar zur Exzentrizität.

Nun noch ein Wort über mich selbst. Während der siebzehn Jahre, die ich in China verbrachte, haben mich meine zahlreichen Wanderungen über seine mächtigen Ströme geführt – einmal schlitterte ich mitten im Winter über den Gelben Fluss – und tief hinein in jene Berge, die seinen ehrwürdigen Religionen besonders heilig waren. Dabei versäumte ich nicht, so viele taoistische Einsiedeleien wie nur möglich zu besuchen und die Freundschaft mit möglichst vielen verschiedenen Arten von Taoisten zu pflegen. Wegen der Vielfalt seiner Erscheinungsformen und der darin verborgenen interessanten Dinge betrachte ich es als eine heilige Verpflichtung, alles aufzuschreiben, was ich gesehen, gehört, gelesen und gelernt habe.

Was ich geschrieben habe, ist zum Teil für jene bestimmt, die jetzt durch die Welt reisen, wie ich China zu bereisen pflegte, im Besitz von sehr wenig Geld oder Gepäck, wobei es mir jedoch gelang, der einheimischen Bevölkerung nahe zu kommen. Glücklicherweise war das Leben zu jener Zeit billig, und meine monatlichen Ausgaben beliefen sich, wenn ich unterwegs war, auf ungefähr fünf Pfund (damals zwanzig US-Dollar) und auf viel weniger, sobald ich mich eine Weile in einer Einsiedelei oder einem Kloster niederließ. Meine Art zu reisen war, zu Fuß zu gehen, auf Maultieren zu reiten, kleine Flussschiffe oder Überlandbusse zu benutzen, in billigen Gasthäusern (25 Cents für die Nacht) zu übernachten und in einfachsten Garküchen zu essen. Ich erwähne dies, weil ich so gern daran glauben möchte, dass der Geist des Taoismus weiterleben wird, solange die Welt noch Wanderer und Menschen hervorbringt, die das Staunen nicht verlernt haben, die einfache Gewohnheiten haben, Menschen in ihrer endlosen Vielfalt lieben, die Suche nach Wahrheit ernst nehmen und fähig sind, über sich selbst zu lachen.

Wenn ich mich über Gelehrte ein wenig lustig mache, ein Vergnügen, dem sich im Verlauf der letzten zweitausend Jahre so mancher Taoist hingegeben hat, so richten sich meine Geschosse nur auf jene ganz untaoistisch gesinnten Autoren, die darauf herumreiten, dass jeder Aspekt des Taoismus, der von seiner Philosophie abweicht, eine Entstellung der Lehren der Weisen darstellt. Wie hätten die Weisen selbst über eine solche Diskriminierung gelacht! Starre, feste Grenzen zu ziehen, um die Unzahl von Verkörperungen des Tao zu trennen, kommt der völligen Verneinung des taoistischen Prinzips gleich. Nie habe ich einen getroffen, der nicht an die Existenz von Göttern und Geistern glaubte, wenn auch nicht wenige solchen Wesen geringe Bedeutung beimaßen, da sie (ebenso wie Buddhisten) der Ansicht waren, dass im Grunde die Entwicklung eines Individuums allein von ihm selbst abhängt. Lässt man Götter und Dämonen in Ruhe, so ist es weniger wahrscheinlich, dass sie die Dinge komplizieren, indem sie in dem einen Fall freundlich eingreifen oder in dem anderen Fall sich in bösartiger Weise einmischen.

Welcher Mensch mit Erfahrungen in der Meditation wäre jemals von Dämonen so wenig bedrängt gewesen, um nicht an sie zu glauben? Selbst wenn man ihnen solche griechischen Namen wie Neurose oder Psychose gibt, ändert dies noch nichts an der Tatsache ihrer Existenz. Diese Bewohner des dunklen Unbewussten sind weit entfernt; Bemühungen, sie zu besänftigen, können zu unerwünschten Reaktionen führen; ebenso wie Erpresser sind sie unersättlich. Aus diesem Grund neigten manche Taoisten dazu, mit den Konfuzianern darin übereinzustimmen, dass es im Bereich übernatürlicher Wesen am besten ist, ihnen respektvoll zu begegnen, wenn eine solche Begegnung unvermeidlich ist, sonst aber lieber Abstand zu wahren. Ein solches Verhalten ist auch mir, glaube ich, stets sehr dienlich gewesen.

Zu wissen und doch nicht wissend zu sein: Taoismus als Philosophie

Als ich Anfang zwanzig war, hatte ich das Glück, einige Jahre in Peking zu verbringen. Wenn man damals aus dem Westen kam, war es wie eine Reise zurück in ein anderes Jahrhundert. *Alles* war anders – Straßen, Häuser, Gärten, Menschen, Kleidung und Hausrat ebenso wie die Sprache, das Essen und die Umgangsformen. Hinter den mit Zinnen versehenen Mauern dieser alten Stadt war die traditionelle Kultur Chinas noch in hohem Grad lebendig. Die alten Bräuche waren durch die Neuerungen der modernen Zeit noch nicht zerrüttet. Die verheerende japanische Besetzung sollte erst noch kommen. Was die Kommunisten betraf, so beschäftigten sie nur selten, wenn überhaupt jemals, die Gedanken der Menschen. Die ehemalige Herrlichkeit der kaiserlichen Hauptstadt strahlte noch immer ihren Glanz aus.

Von so viel Schönheit umgeben, fühlte ich mich nur selten versucht, über Pekings Außentore vorzudringen, aber von Zeit zu Zeit durchstreifte ich eine liebliche Kette von Hügeln, die sich im Nordwesten der Stadt erhob. Und einmal verbrachte ich zufällig dort eine Nacht in einem kleinen taoistischen Tempel, der wohlgeborgen in einer schutzbietenden Bodensenke lag.

Es war Herbst. Die Bäume, die wie in Kaskaden die Hänge zu überfluten schienen, boten ein prächtiges Bild in Scharlach-, Karmesin- und Kupferrot, Bronze und Gold, hier und dort durchsetzt von dem dunklen Grün uralter Zedern, die wegen ihrer silbrig-weißen Rinde berühmt sind. Der alte Tempel wies Zeichen der Vernachlässigung auf, aber seine moosbedeckten Kacheln und verwitterten Mauern aus grauen Ziegeln widerstanden nach fünf Jahrhunderten seines Daseins noch immer den Unbilden der Witterung.

Er war von einem Einsiedler bewohnt, einer ehrwürdigen Gestalt in taoistischen Gewändern, der etwa achtzig Jahre alt sein mochte. Sein Gesicht war ein Gewirr von Runzeln, sein grauer Bart mit Weiß durchsetzt, aber seine Bewegungen besaßen noch immer die Anmut und Behendigkeit, die man von älteren Taoisten erwartet, deren ungewöhnliche Übungen ihnen auf viele Jahrzehnte hinaus Gesundheit und jugendliche Kraft bewahren. Ich bewunderte seine altertümliche Kleidung – ein langes Gewand aus bronzefarbenem Tuch mit riesigen flatternden Ärmeln, die Schmetterlingsflügeln ähnelten, und einem sonderbaren steifen Hut, aus dessen Mitte ein Haarschopf herausragte, der mit einem kunstvoll geschnitzten Kamm festgehalten war.

Es erschien ein hübsches zehnjähriges Kind mit langen Haaren, das ein himmelblaues Gewand trug. Es war unmöglich festzustellen, ob es ein Junge oder ein Mädchen war. Dieses Kind reichte uns blassgrünen Tee in dicken irdenen Schalen und einige kleine Teller mit Kiefernkernen, Melonenkernen und kleinen Kuchen aus Reismehl. Mein Gastgeber, dessen Name übersetzt soviel wie «der Unsterbliche vom Klaren Teich» lautete, rief bald nach angewärmtem Wein, den das Kind in einem schmalen Porzellankrug brachte. Der Krug stand in einer Schüssel mit warmem Wasser, um seine Temperatur höher zu halten, als es bei Weinen im Westen üblich ist. Gelblichgrün in der Farbe, schmeckte dieser milde Wein köstlich nach Kräutern.

Anfänglich verlief unsere Unterhaltung in der gewohnten steifen Form, wobei sich Gastgeber und Gast höflich nach persönlichen Einzelheiten erkundigten. Aber als er bemerkte, dass ich darauf erpicht war, etwas über Taoismus zu erfahren, wurde der Einsiedler weniger formell. Zwischen dem ersten und dem zweiten Krug überredete er mich dazu, ein wattiertes taoistisches Gewand als Schutz gegen die abendliche Kühle anzuziehen, und führte mich in den Haupthof, wo er mir mehrere seltsame Gegenstände zeigte, darunter auch einen Steingarten aus phantastisch geformten Steinen, die ein vor langer Zeit gestorbener Kaiser aus der Nähe der birmanischen Grenze mitgebracht hatte. Diese geschickt gestaltete Landschaft mit Bergen, Grotten, Teichen und einem sich windenden Fluss weckte die Illusion eines Blicks in weite Ferne. Halb meine Augen schließend, konnte ich mir eine große Bergkette mit bizarren Konturen, die mir gut gefielen, vorstellen.

«Und dies!», sagte er und deutete dabei auf einen Sockel, auf dem eine längliche, stumpffarbene irdene Schale mit einer Landschaft stand, die in wahrhaft winzigem Maßstab gestaltet worden war, offenbar das Werk eines begabten Künstlers, in jeder Einzelheit vollkommen. Beiläufig fragte ich, warum der Sockel so hoch sei, und seine Antwort eröffnete mir eine Welt der Phantasie.

«Verstehen Sie, es ist nicht nur ein Ornament, sondern es handelt sich um den gegenwärtigen Aufenthaltsort des Großen Meisters Po Yün, der vor dreihundert Jahren hier Abt war. Es wäre respektlos, ihn näher dem Boden aufzustellen.»

«Wollen Sie damit sagen, dass sein Geist hier lebt?»

«Gewiss. Auch sein Körper. Es ist ein wunderlicher Einfall von ihm, so klein zu sein, und für gewöhnlich ist er unsichtbar. Aber wie Sie sehen, isst und trinkt der Unsterbliche wie die Menschen auch, allerdings sehr wenig und nicht häufig. Man sagt, er habe sich entschlossen, die Größe einer sehr kleinen Libelle anzunehmen.»

Ich betrachtete einige der winzigen Schüsselchen und die drei leeren Becher, die nicht größer als Gänseblümchen waren, und bemerkte dabei, daß eins der Schüsselchen fein gehackte Gemüse und Pilze enthielt. Selbstverständlich vermochte ich selbst nicht an die Existenz dieses winzigen, unsichtbaren Wesens zu glauben, aber aus Höflichkeit verneigte ich mich vor seinem «Aufenthaltsort», was mir ein anerkennendes Lächeln meines Gastgebers eintrug – der einzige irrationale Zug in dem sonst bemerkenswert vernünftigen und klaren Gespräch. Bei Taoisten musste man eigentlich mit solchen Seltsamkeiten rechnen – mit einem sicheren Geschmack für Schönheit und einer Fähigkeit zu tiefgründigem, mystischem oder philosophischem Denken, vermischt mit den überraschendsten Ingredienzen. Ich war überzeugt davon, dass sich der alte Herr keinen Spaß erlaubte, aber ich habe niemals erfahren, was er wirklich meinte. Schüchternheit hinderte mich daran, der Sache weiter nachzugehen. Er führte mich wieder hinein und begann mit dem zweiten kleinen Krug angewärmten Weins.

19

Sein Inhalt gab mir Mut, ihn zu fragen, warum auch er den Titel «Unsterblicher» trage.

«Meine Schüler sind närrisch», erwiderte er lächelnd. «Sie halten es für richtig zu glauben, ich würde ewig in diesem Körper leben. Wie einfältig sie sind! Wenn die Menschen in alter Zeit von der möglichen Verwandlung des menschlichen Körpers sprachen, deuteten sie mit vorsichtigen Worten eine weit subtilere Wirklichkeit an.»

«Und dennoch, Eure Unsterblichkeit, habe ich gehört, dass manche gelehrte Taoisten glauben, sie könnten ihren sterblichen Körper in einen Geist verwandeln, der durch die Luft fliegt und Äonen überdauert.»

»Kein Zweifel, kein Zweifel!» antwortete er, keineswegs aus der Fassung gebracht. «Es wäre nicht gut, ihnen zu widersprechen. Ich habe unüberlegt geredet.»

Er verfiel in Schweigen, und dann wandten wir uns anderen Fragen zu.

«Erzählen Sie mir», bat ich, nachdem wir zum zehnten- oder elften Mal die uralte Zeremonie beendet hatten, uns von unseren Sitzen zu erheben, die winzigen Weinschalen mit den Fingerspitzen beider Hände zu unseren Lippen zu führen, sie feierlich schluckweise zu leeren, uns voreinander zu verneigen und wieder Platz zu nehmen, «was genau tun eigentlich taoistische Einsiedler?»

«Was für eine Frage!», brüllte er mit gespielter Empörung. «Sie können sich darauf verlassen, wir tun nicht.»

«Tun was nicht?» Einen Augenblick glaubte ich, ich hätte sein Chinesisch nicht richtig verstanden, aber plötzlich lachte er auf und sagt:

«*Wu-wei* (‹Nicht-Tun›) ist unser Grundprinzip. Sie müssen wissen, dass es genau dasselbe bedeutet, einen Taoisten zu fragen, was er tut, wie einen Konfuzianer zu fragen, wie er sündigt!»

«Ich bitte Eure Unsterblichkeit um Verzeihung», erwiderte ich und lachte ebenfalls. «Vielleicht hätte ich fragen sollen, worin genau das besteht, was Sie nicht tun?»

«Viel besser, mein junger Freund. Sie gefallen mir. Die chinesischen Jugendlichen von heute behandeln uns meistens so, als wären wir Gastwirte, die nichts Besseres zu tun haben, als sich um Reisende zu kümmern. Ich will Ihnen ein Geheimnis anvertrauen. Wir *tun* ebenso sehr, wie wir *nicht tun*, aber das, verstehen Sie, ist eine besondere taoistische Art des Tuns. Überhaupt nichts zu tun würde einen Einsiedler ebenso nutzlos machen wie eine tote Kiefer. Kennen Sie die Bedeutung des Erhabenen Tao?»

Ich nickte. «Das Erhabene Tao ist das, was wir westlichen Menschen als die letzte Wirklichkeit bezeichnen. Zumindest glaube ich, dass es so ist. Ist es nicht die Gesamtheit des Seins, der Anfang und das Ende aller Existenz? Vom Tao kommen wir her; zum Tao gehen wir – so ungefähr?»

«So ungefähr», wiederholte er. «Sie mögen – verzeihen Sie mir – ein Barbar sein, aber Sie erfassen einen Bruchteil der Bedeutung, was mehr ist, als was sich von diesen lauten Studenten aus Tsinghua sagen lässt, die zum Wochenende hier in das Hügelland kommen. Gestatten Sie mir, Ihnen Wu-wei zu erklären. Es scheint nichts weiter zu bedeuten als ‹Handeln wurzelnd in Nicht-heit›. Was es wirklich bedeutet, ist: ‹Handeln wurzelnd im Nichtsein›. Und was ist Nichtsein? Es ist das Große Nichtsein, ein Name für das Erhabene Tao, das der gestaltlose Mutterboden für Myriaden von Gestalten ist. So wie ich es interpretiere, bedeutet Wu-wei: ‹Handeln wurzelnd im Tao.› Was wir meiden, ist beabsichtigte Aktivität, die niemals ungezwungen, harmonisch und frei sein kann!»

Seine Stimme hatte liturgische Feierlichkeit angenommen, und dieses Entgleisen in eine priesterliche Rolle schien ihn zu belustigen, denn er lächelte, als wollte er dies von sich weisen, und fuhr dann leiser fort:

«Aktivität für sich allein ist unschädlich, aber sie muss ganz einfach eine instinktive Reaktion auf unmittelbare Bedürfnisse darstellen. Berechnung oder egoistisches Planen führt zu Dämonen-Handeln. Nur die Aktivität, die aus einem Geist hervorgeht, der einem ruhigen, tiefen Teich der Stille ähnelt, kann vor unerwünschten Ergebnissen sicher sein. Daher stehe ich zwei Stunden vor Sonnenaufgang auf und sitze bis Mittag in Meditation versunken, wobei ich eine vollkommene innere Stille herbeiführe. Wenn kein Gedanke sich regt, empfinde ich das Pulsieren des Tao. Dann bin ich eins mit den Pflanzen, deren Saft durch ihre Blätter strömt, eins mit den Sternen, in denen die glühende Energie des Feuers strömt. Da meine Gedanken zur Ruhe gebracht sind, fließt das Tao durch mich hindurch, seine Bewegung wird nicht behindert. Meine Worte und Handlungen stellen eine natürliche, unbeabsichtigte Reaktion auf gegenwärtige Umstände dar. Ein Baum, der im Schatten einer Mauer wächst, denkt nicht, ‹um zu leben, muss ich meine Blätter dem Sonnenschein zuwenden und mit meinen Wurzeln das Wasser trinken›. Diese Dinge vollbringt er spontan. Seine spontane Aktivität, die der Stille entspringt, befriedigt seine Bedürfnisse.»

«Ähnelt das Tao Shang-Ti, dem Höchsten Gott der Christen?»

«Ganz gewiss nicht. Das Tao erklärt nicht: ‹Lass dies oder das so sein›, oder: ‹Ich werde dies und das tun›. Auch ist es nicht von Geistern, Menschen, Tieren, Felsen oder Pflanzen geschieden. Es ist nicht einfach nur die Quelle allen Seins, sondern das Sein aller Wesen, die Fülle und das Nichts aller Dinge. Spontan handelnd, keinen Willen setzend, handelt es doch großartig. Aber in Übereinstimmung mit seinem Handeln kann ich, der ich dreiundachtzig Jahre alt bin, hoffen, vielleicht noch weitere dreißig Jahre zu leben – sogar noch weitere fünfzig. Aber nicht viele Menschen erreichen ein so hohes Alter in ihren fleischlichen Körpern. Fleisch muss sterben, denn das Tao, obgleich unwandelbar, verwandelt sich doch ständig, und keine seiner zahllosen Schöpfungen währt lange.»

«Warum denken dann die Taoisten so viel in Begriffen der Unsterblichkeit?»

»Mit persönlicher Unsterblichkeit ist zuweilen eine relative Unsterblichkeit gemeint, die Fähigkeit, einige Äonen in irgendeiner körperlichen oder geistigen Form zu durchleben. Was aber sind Äonen im Vergleich zu dem immerwährenden Tao? Nur das Tao als Sein-Nicht-Sein ist wahrhaft unsterblich; die einzelnen Einheiten, die es formt, hören niemals auf, sich zu verwandeln. Ihre Bestandteile müssen sich am Ende auflösen.»

«Könnte ein Taoist auch nur eine relative Unsterblichkeit erlangen, wenn er in Peking oder irgendeiner anderen großen Stadt lebte?»

«Es wäre schwieriger. Um das Leben auch nur um ein paar Jahrzehnte zu verlängern, bedarf es tiefer, heiterer Ruhe, die sich aus der Freiheit von jeder Beschränkung ergibt. Wie wäre das in einer großen Stadt möglich, in der uns von Menschen erlassene Gesetze und von Menschen erdachte Bräuche zwingen, uns wie Dämonen aufzuführen?»

Es war spät geworden. Bevor er mich in mein Schlafzimmer führte, erbot er sich, mich am Morgen etwas in Yoga zu unterweisen, wobei er seine Meditation unterbrechen wollte, um mir seine Grundzüge zu erklären. Eine solche Gelegenheit war etwas zu Seltenes, als dass ich sie hätte vorbeigehen lassen dürfen, obwohl das bedeutete, dass ich Stunden vor Sonnenaufgang aufstehen musste und die Herbstnächte in diesem Hügelland nach meinen Maßstäben bitterkalt waren.

Als er mich holte, lag ich in tiefem Schlaf auf dem harten Holzbett, in ein Kokon von Steppdecken gewickelt. Mit klappernden Zähnen schlüpfte ich in das Gewand, das er mir geliehen hatte, und warf mir noch eine Steppdecke wie einen Umhang um. Der Unsterbliche hingegen schien die Kälte kaum zu spüren. Ohne etwas über seinem Gewand zu tragen, das nur leicht wattiert war, führte er mich in sein Zimmer, wo das Bild einer jugendlichen Gottheit, die hinter einem einfachen Altar thronte, auf uns herabblickte. Die gemalten Augen schienen sich mit einem beunruhigenden Ausdruck leichter Überraschung in die meinen zu bohren. Mein Gastgeber zündete Räucherwerk und Kerzen an und machte mir ein Zeichen, mich ebenso wie er dreimal niederzuwerfen. Dann stand er auf und sang melodisch die Worte eines heiligen Textes, der auf dem Altar aufgeschlagen lag. Um den Rhythmus zu unterstreichen, klopfte er mit einem Holzhammer auf einen hohlen Holzblock, der den Holzfischtrommeln entsprach, die man in buddhistischen Tempeln verwendet.

Nachdem dieser kurze Ritus beendet war, befahl er mir, mich mit einer zweiten Steppdecke um meine Schultern auf sein Bett zu setzen, und vergewisserte sich, dass ich bequem saß. Mit gekreuzten Beinen nahm er auf einem Kissen eine Stellung am Boden ein und begann mit einigen seltsamen Atemübungen, damit das *ch'i* (die universale Lebensenergie) ungehindert durch seinen

Körper zirkulierte. Zu Beginn machte er heftige Armbewegungen, wobei seine Ärmel wie Flügel flatterten. Die nächste Phase bestand in einer rotierenden Bewegung, die er mit den Bauchmuskeln durchführte. Trotz der Kälte hob er sein Gewand auf, um seinen Bauch zu zeigen, der so aussah, als enthielte er eine sich windende Pythonschlange. Schließlich wurde er ganz still, und sein Atem erstarb, bis kein Laut mehr zu hören war. Gleichzeitig hatten alle Bewegungen seines Körpers aufgehört.

Dem äußeren Eindruck nach befand ich mich nun allein mit einem Leichnam, der aufrecht auf dem Boden saß. Wie lange dies dauerte, weiß ich nicht. Kaum fähig, wachzubleiben, sah ich, wie es im Raum heller wurde, und plötzlich bemerkte ich, dass seine lange Zeit geschlossenen Augen nun offen und auf mich gerichtet waren.

«Jetzt haben Sie gesehen, mein junger Freund, wie es gemacht wird. Die einleitenden Übungen waren dazu bestimmt, die Zirkulation des Ch'i herbeizuführen. Später wurde ich ruhig, und meine Atmung war auch für mich nicht mehr wahrnehmbar. Inzwischen hatte sich mein Bewusstsein auf meine Nasenlöcher gerichtet, um die Wahrnehmung meines Atmungsrhythmus zu fördern. Danach konzentrierte ich mich auf die Geheimnisvolle Pforte jenes Quadratzolls, der in der Mitte zwischen den Augen liegt. Dort bleibt das Bewusstsein für gewöhnlich unerschütterlich bis Mittag konzentriert.»

«Was empfinden Sie in einer solchen Zeit?»

«*Ich* empfinde nichts. Auch wenn Glückseligkeit eintritt, ist es doch nicht *meine* Glückseligkeit, sondern eine Eigenschaft des Tao, das durch dieses Gespenst, meinen Körper, hindurchschimmert.»

«Und dann?»

«Was sonst noch? Gehen Sie jetzt frühstücken. Ich kehre in das Aufgehen im Tao zurück und werde darin bis Mittag verweilen. Sollten Sie früher aufbrechen müssen, dann entschuldigen Sie bitte, wenn ich Sie nicht verabschiede, denn wenn Sie es sich genauer überlegen, bin *ich* ja nicht hier.»

Er entließ mich mit einer Handbewegung und nahm seine Meditation wieder auf. Als das Kind kam und mir mein Frühstück aus Hirsebrei und gesäuertem Bohnenquark brachte, war ich noch immer im Zweifel, ob es ein Junge oder ein Mädchen sei. Als Antwort auf meine Frage erfolgte ein helles Kichern.

«Ein Junge natürlich. Sehen Sie das nicht? Großvater wird lachen, wenn ich es ihm erzähle.»

«Du bist also der Enkel des Unsterblichen vom Klaren Teich! Darauf musst du doch stolz sein.»

«Ja, ja. Ich bin der Glückspilz in der Familie. Alle meine Brüder und Schwestern gehen zur Schule, um Unsinn zu lernen, aber mich behält Großvater in seiner Nähe, damit ich die *wirklichen* Dinge lerne. Ich werde ein Unsterblicher werden mit einem Körper aus reiner, weißer, gewichtloser Jade. Ich werde wie ein Vogel fliegen können – nein, wie ein Flugzeug, um die ganze Welt.»

«Hat dein Großvater dir das erzählt?»

«O nein. Aber alle anderen sagen es. Großvater lächelt bloß, wenn ich ihn frage. Er weiß, dass es stimmt, er hat nur Angst, ich könnte hochmütig werden. Aber ich bin doch Taoist, und so werde ich niemals hochmütig. Hochmut ist ganz einfach dumm. Es wird herrlich sein, wenn ich fliegen kann, aber jeder andere könnte es auch, wenn er Großvater hätte, der es ihm beibringt – sogar ein Mädchen, könnte ich mir denken.»

«Was weißt du vom Tao?», fragte ich ihn, lebhaft interessiert.

«Vom Tao? Oh, das Tao ist groß, groß, groß.» Er breitete seine Arme aus, um es mir anzudeuten. «Alles, was Sie sehen oder hören oder berühren, besitzt das Tao. Es ist überall – in mir, in Ihnen. Nein, das ist falsch. Großvater sagt, es *ist* ich und Sie. Ich kann von hier bis zum Großen Bären fliegen und doch nicht vom Tao loskommen. Wissen Sie, was Großvater gestern gesagt hat?»

«Was denn?»

«Jemand kam hierher geritten, und sein Pferd hat seinen gelben Kot draußen vor unserem Tor fallen lassen. Großvater war sehr erfreut, als ich ihn fragte, ob auch dieser Kot Tao sei. Er nannte ihn schön. Ich sagte zu ihm: ‹Großvater, er stinkt›, und er antwortete: ‹Ja, mein Kleiner Fünfer, er stinkt nach Tao.› Ich war entsetzt, wissen Sie, aber Großvater sagt, wenn ich meine Nase sauber halte, wird alles so süß riechen wie Blumen.»

Ich musste lächeln. «Warum lachen Sie über mich?», fragte er empört. «Wenn Großvater das sagt, muss es stimmen. Vielleicht würde Ihrer Nase eine Säuberung auch gut tun.»

«Ganz bestimmt, Kleiner Fünfer. Wenn dein Großvater mein Lehrer würde, könnte ich lernen, wie ich sie ein für allemal säubern kann.»

Bald nach dem Frühstück brach ich auf und stieg höher in die Hügel hinauf, um zu einem großen buddhistischen Tempel zu gelangen, der das eigentliche Ziel meiner Wanderung war. Der Boden, auf dem Licht und Schatten spielten, war mit einem Teppich von Blättern bedeckt, und die Vögel sangen im Chor das Lob des Tao. Während ich dem schmalen Pfad folgte, dachte ich über das nach, was ich gelernt hatte, und fragte mich bereits, ob man gewisse Aspekte des Taoismus in eine nicht-taoistische Lebensweise einbeziehen könnte, und das ganze Thema interessierte mich sehr.

Es folgten weitere Besuche bei anderen Taoisten. Je öfter ich mit taoistischen Einsiedlern zusammenkam, desto stärker empfand ich ihre Überzeugungen als eine ungewöhnliche Mischung erhabener Weisheit und seltsamer Phantasterei, denn so dachte ich damals. Dies wird durch meine Begegnung mit einem gewissen Pien Tao-shi auf dem Berg Nan Yeo recht deutlich veranschaulicht, und so will ich diese Geschichte ausführlich wiedergeben.

Der Nan Yeo, der südlichste der Fünf Heiligen Gipfel des Taoismus, liegt in der Provinz Honan. Zahlreiche Klöster und Zellen von Einsiedlern klammern sich an die steilen Hänge. Die Gebäude an den höher gelegenen Hängen sind häufig von Nebel und Wolken verschleiert oder, wie manche sagen würden, vom Atem der Drachen. Als ich mich etwa auf der Mitte des Weges zu einem berühmten Tempel auf dem Gipfel befand, verirrte ich mich. Dichter weißer Nebel senkte sich herab und verleitete mich, falsch abzubiegen und einem gewundenen Pfad zu folgen, der um die nur spärlich besiedelte kalte Nordseite des Berges herumführte. Im Gegensatz zu dem Pfad, von dem ich abgewichen war, führte er nicht an geheiligten Stätten oder Gebäuden vorbei, sondern durch Einsamkeit und Wildnis. Schließlich verdichtete sich der Nebel, und ich fragte mich beunruhigt, ob ich für die Nacht einen Unterschlupf finden würde. Geschichten von Räubern, wilden Tieren und Dämonen durchzogen meine Gedanken, so dass ich hocherfreut war, als der Pfad jäh vor einer niedrigen, grauen Mauer endete. Ich stand vor einem Tor mit halbrundem Bogen und Paneelen, die mit verblichenem, scharlachrotem Lack bedeckt waren, unterhalb einer länglichen Tafel mit goldenen Buchstaben: «Yün Hai Tung (‹Höhle zum Meer der Wolken›)». Ich kam gerade rechtzeitig. Der eine Flügel des Tors stand ein wenig offen, aber schon wollte ein taoistischer Graubart es für die Nacht verriegeln.

«Hallo, Ehrenwerter Unsterblicher», rief ich keuchend. «Ich hatte gehofft, hier Unterkunft zu finden.»

Er stieß das Tor auf, sah mich neugierig durch die Wolkenfetzen hindurch an und eilte auf mich zu, um mich mit vollendeter Höflichkeit willkommen zu heißen. Er hob und senkte überschwänglich seine gefalteten Hände und redete mich auf altertümliche Art an.

«Willkommen, Herr. Nehmen Sie vorlieb mit dem Geringen, das unsere einfache Behausung zu bieten vermag. Die Nacht bricht über uns herein. Wenn Sie geruhen, das bescheidene Mahl aus gewöhnlichen Gemüsen und kaltem Quellwasser anzunehmen, werden wir uns alle Mühe geben, Ihnen den Besuch erträglich zu gestalten, solange Sie Wert darauf legen, uns mit Ihrer erlauchten Gesellschaft zu beehren.»

«Nein, nein, dieser anspruchslose Mensch wagt es nicht, Ihnen solche Ungelegenheiten zu bereiten», antwortete ich höflich, aber da ein kalter Regen einsetzte, eilte ich auf das alte Holztor zu. Ich stieg über eine hohe Schwelle und betrat einen Hof mit Reihen einstöckiger Gebäude links und rechts und einer mittelgroßen Schreinhalle dem Tor gegenüber. Der Graubart rief etwas, um meine Anwesenheit zu verkünden, und ein älterer Mann kam aus einer Tür herbeigeeilt, um mich zu empfangen.

Er war in ein einfaches Gewand aus blauem Tuch gekleidet und trug einen äußerst sonderbaren Hut, hoch und rechteckig, der seinen Haarschopf völlig verbarg. Trotz seiner Jahre hatte er in seinen Bewegungen eine gewisse jugendliche Anmut und Augen, die ungewöhnlich strahlend waren. Zu meiner Erleichterung ließ er mich nicht im eisigen Regen stehen, um unsere Höflichkeiten auszutauschen, sondern ergriff meine Hand, zog mich unter das breite Vordach und rief jemand heran, der sich um den «berühmten Gast» kümmern sollte. Später stellte ich fest, dass er der Abt war. Inzwischen kamen einige junge Burschen herbeigelaufen, ebenfalls in taoistischen Gewändern, und führten mich in ein Gästezimmer.

Die Gastfreundschaft dieses Klosters war herzerwärmend, obwohl es alles andere als luxuriös war. Meine Kammer, die neben der Schreinhalle lag, war klein, aber sie war mit schweren alten Holzmöbeln ausgestattet, unter anderem mit einem großen Bett, das auf drei Seiten von Wänden eingeschlossen und auf der vierten mit einem Vorhang verdeckt war. Ich bemerkte einige Bildrollen, darunter eine mit feinen Zeichen in alter Siegelschrift, während auf einer anderen ein älterer Weiser dargestellt war, der sich offensichtlich recht wohl fühlte, obgleich er auf einem von Wolken umgebenen Felsen saß. Auf dem Tisch neben meinem Bett stand eine Porzellanvase mit ein paar blühenden Zweigen eines Obstbaumes. Einer der Jungen brachte mir eine Waschschüssel aus Kupfer mit wohltuend heißem Wasser. Er verneigte sich tief und mahnte mich zur Eile, wobei er andeutete, dass alle sonst auf ihr Essen warten müssten.

Sobald ich das Refektorium betrat, bestanden acht oder neun der um den runden Tisch sitzenden Brüder darauf, dass ich den Ehrenplatz gegenüber dem Eingang einnehmen sollte. Jedoch verlangte das Zeremoniell in Anbetracht meiner Jugend, dass ich dieses Anerbieten nur nach großem Hin und Her annahm, und so ergriff schließlich der Abt meinen Arm und zwang mich buchstäblich, mich dorthin zu setzen, wie man mich gebeten hatte. Das Essen bestand aus rund fünf oder sechs Gerichten. Da die Brüder gewiss keine Zeit gehabt hatten, etwas Besonderes für einen unerwarteten Gast zuzubereiten, ging daraus hervor, dass sie ganz gut lebten. Reis wurde erst gegen Ende der Mahlzeit hereingebracht, während die uns bedienenden jungen Burschen unsere Weinschalen aus angewärmten Zinngefäßen nachfüllten.

Es entsprach der Regel, den Reis erst aufzutragen, wenn alle mit dem Trinken fertig waren.

In meine Erinnerung unterschieden sich meine Gastgeber außer im Alter nur wenig in ihrer Erscheinung. Alle trugen das traditionelle taoistische Gewand, aber es herrschte eine erfreuliche Vielfalt von Farben, und der Abt, der inzwischen seinen seltsamen Hut gegen einen anderen mit einem Loch an der Spitze ausgetauscht hatte, trug nun stolz einen Haarkamm aus schwerer weißer Jade. Wir tranken reichlich von dem dunkelgelben Wein, aber er war so mild, dass ich außer einer angenehmen Gelöstheit nichts weiter verspürte. Das Essen bestand vorwiegend aus Gemüsen, aber es gab auch Fleischscheiben, was in einem buddhistischen Kloster nicht möglich gewesen wäre, und die Kürbissuppe, die in der dicken, grünen Schale dieses Gemüses serviert wurde, enthielt Fleisch und Knochen eines ganzen Huhns. Dem Brauch folgend, entschuldigten sich meine Gastgeber immer wieder für das Essen, das sie als abscheulich bezeichneten, und jedesmal war es meine Pflicht, auf immer neue Arten zu erklären, es sei ein richtiges Festessen.

Es hätte gegen den Anstand verstoßen, bei Tisch gelehrte Fragen zu stellen. Aber auch so verriet das Niveau der Unterhaltung, dass es sich hier nicht um Klosterbrüder vom Typ der Gastwirte handelte, wie man sie zuweilen in leichter zugänglichen Klöstern antrifft, sondern um Männer, die gute Kenntnisse von taoistischen literarischen Werken besaßen. Tatsächlich erwies es sich als ein besonderer Glücksfall, dass ich so zufällig auf dieses kleine Kloster gestoßen war. Gegen Ende des Mahls hatte ich beschlossen, für mehrere Tage zu bleiben, um mehr über Tao zu erfahren – den Geheimnisvollen Schoß der Myriaden Dinge.

Es zeigte sich, dass der Abt ein gelassen heiterer, jedoch eher schweigsamer Mann war. Als ich ihn aber am nächsten Morgen aufsuchte, ließ er freundlicherweise einen verhältnismäßig jungen Kollegen mit Namen Pien Tao-shi kommen, dem er auftrug, sich für die Dauer meines Aufenthalts mir zur Verfügung zu stellen. Die Zelle meines neuen Mentors war kaum mit dem Allernotwendigsten ausgestattet, aber ich werde sie niemals vergessen. Um die Nüchternheit des Raums etwas auszugleichen, hatte er ein paar Kostbarkeiten oben auf seinem Bücherregal aufgestellt, darunter einen Steinbrocken, der wie einer jener bizarren Berge in der chinesischen Landschaftsmalerei geformt war. Dieser lag auf einem fein geschnitzten Gestell aus Ebenholz. Es gab da auch einen kleinen Ochsen, der aus blassgelber Jade gemeißelt war, aber was meinen Blick festhielt, war das seltsamste Bild, das mir jemals begegnet war. Auf einem Streifen feiner grauer Seide, mit brokatbezogenen Rollen säuberlich montiert, sah man eine vertikale Fläche leicht getönten weißen, völlig leeren Papiers. Pien Tao-shi beobachtete meinen Ausdruck und sagte lächelnd:

«Doch, es ist vollendet. Auch das beste Bild, das an einer Wand hängt, wird einem so vertraut, dass man es tagelang nicht mehr bemerkt, und seine Schönheit scheint zu schwinden. Auf diesem Bild stelle ich mir ganz nach Belieben jede nur mögliche Szene vor. Heute ist es ein von Kiefern verhüllter Wasserfall; morgen werde ich mich wohl für eine Schildkröte oder einen Kranich entscheiden. Am letzten Tag Ihres Aufenthaltes hier wird es ein Bild von Ihnen sein, wie Sie davonreiten und zwar auf – was soll es sein, ein Pferd oder ein Kamel?»

«Ein Elefant!», rief ich.

«Großartig! Ein schneeweißer Elefant mit rosa Augen und blassgrünem Schwanz. Sie werden ein Purpurgewand mit einem ungewöhnlich breiten schwarzen Hut tragen und einen Sonnenschirm aus Papier in der Hand halten.»

«Vielen Dank. Aber zuvor möchte ich gern einige Belehrungen über Tao erhalten. Bevor wir uns jedoch dazu niedersetzen, wüsste ich gerne, ob Sie so gut sein möchten, mir die Sehenswürdigkeiten Ihres berühmten Klosters zu zeigen?»

Er führte mich durch die Schreinhalle, ein längliches Gebäude, das die ganze Breite des Hofes einnahm. Auf seinem schweren, aufwärts geschwungenen Dach wuchsen Gräser aus den Fugen zwischen den grünen Dachziegeln hervor. Das Dach selbst ruhte auf verblichenen roten Pfeilern. Drei Wände bestanden aus dunkelgrünen Ziegeln. Die vierte, die zum Hof hin lag, wies eine lange Reihe von Holztüren auf, deren obere Hälfte mit Reispapier gitterartig bespannt war. Da nur eine der Türen offenstand, war es im Innern recht dunkel.

Die drei Statuen und ihre Altäre hatten ein schäbiges Aussehen. In der Mitte erhob sich ein Bildwerk von Hsi Wang Mu («Königliche Mutter im Westlichen Himmel wohnend»). Ihr vergoldeter Körper war in Gewänder gehüllt, die mit kleinen Perlen besetzt waren. Zu ihrer Rechten erhob sich ein Bildwerk von Lü Tungpin, einem taoistischen Unsterblichen, der als Schutzgottheit des Klosters angesehen wurde. Sein bemaltes Gesicht mit leichtem Bartwuchs wirkte ruhig und gütig, ganz unähnlich dem wilden roten Gesicht Kwan-Tis, des vergöttlichten Kriegers zu seiner Linken. Pien Tao-shi verneigte sich nachlässig vor dem Bildwerk des Lü Tung-pin, und wir gingen durch eine kleine Hintertür hinaus, die unmittelbar in die Höhe führte.

Auch hier war es dunkel. Das Wasser in einem Teich zu unseren Füßen sah fast schwarz aus. Auf der anderen Seite erhoben sich einige Felsformationen mit Nischen, in denen dämonische, mit Schlamm gefüllte Gipsgestalten in verschiedenen Phasen des Verfalls standen. Die Wirkung war entschieden bedrückend, und doch vermittelte die Atmosphäre dieser Höhle aus einem mir unerklärlichen Grund ein bemerkenswertes Gefühl von Heiterkeit.

«Überrascht es Sie?», fragte Pien Tao-shi. «Das ist unsere Meditationshöhle seit Jahrhunderten. Wer weiß, wie viele begabte Weise – sogar Unsterbliche – ihr etwas von ihrem Frieden hinterlassen haben?»

Da uns kühl war, kehrten wir bald in seine Zelle zurück, und einer der jungen Burschen brachte ein korbförmiges Kohlenbecken mit glühender Holzkohle herein, samt einem Dreifuß und einem Kessel. Pien schenkte Tee aus einer sehr einfachen, aber recht hübschen alten Teekanne ein, die niemals gewaschen wurde, so dass ihr poröses Innere, mit den Ablagerungen von vielen tausend Aufgüssen verkrustet, sogar ganz gewöhnlichen Teeblättern ein köstliches Aroma verlieh. Nachdem wir uns mit unseren Teetassen bequem niedergelassen hatten, redete und redete er mit einer Art liebenswürdiger Begeisterung auf mich ein. Von den vielen Dingen, über die wir bei dieser Gelegenheit und während der übrigen Zeit meines Aufenthaltes sprachen, entsinne ich mich insbesondere seiner Lebensgeschichte, die bereits viele Aspekte des Taoismus aufwies.

Sein Vater, obwohl zutiefst taoistischer Gelehrsamkeit verbunden, war ein strenger Tao-chia, ein Vertreter der Philosophie Lao-tses gewesen, der jeden Umgang mit unsichtbaren Wesen mied, da das Herantreten an Götter anmaßend und die Annäherung an Dämonen gefährlich sei. Der junge Pien war jedoch vom Inhalt der Bibliothek im Haus seiner Vorfahren, die Hunderte von Abhandlungen über Magie, Alchimie, Exorzismus und ähnliche Dinge enthielt, wie berauscht. Mit vierzehn Jahren war er von zu Hause weggelaufen und hatte den ersten Mann, dem er begegnete, und der taoistische Gewänder trug, gebeten, ihn als Schüler und Diener aufzunehmen. Unglücklicherweise erwies es sich, dass sein neuer Herr verheiratet war und zu Hause mit zwei Frauen und einem Schwarm von Kindern lebte, denen er ein luxuriöses Leben bot, indem er eine heilige Stätte unterhielt, die dem Stets-Einträglichen Himmelsdrachen geweiht war und mitten in der Stadt lag. Dort praktizierte er Magie, Wahrsagerei und befasste sich mit dem Brauen medizinischer Tränklein für seine Kunden.

«War der Mann ein Scharlatan?»

Pien Tao-shi überlegte. «Das könnte sein. In mancher Hinsicht zweifellos, aber doch nicht in jeder. Er hatte es wahrhaftig so weit gebracht, Stahl und Gift gegenüber unempfindlich zu sein. Ein Scharlatan könnte das nicht. Auch wirkten seine Zaubermittel, und seine Voraussagen stimmten, wenn er sich für seine reicheren Kunden Mühe gab. Ich mochte ihn nur deshalb nicht, weil er skrupellos heiliges Wissen um geschäftlicher Gewinne wegen entweihte.»

Der junge Pien hatte seinen Lohn gespart, war eines Tages ausgerückt und fuhr den Jang-tse-kiang hinauf bis zu einem der großen Tempel, die dicht an seinen Ufern standen. Eine Zeitlang lebte er dort zufrieden in einer Gemeinschaft von mehr als hundert Klosterbrüdern, von denen einige Mönche, andere jedoch verheiratet waren und jedes Jahr für ein paar Monate zu ihren Familien zurückkehrten. Das Kloster hatte Abteilungen, in denen esoterische Studien betrieben wurden – eine Art Medizin, bei der Kräuterheilmittel, verbunden mit magischen Zaubersprüchen, mit Alchimie, der Beschwörung von Dämonen und ihrer Austreibung, verwendet wurden. Ferner gehörten verschiedene Arten von Wahrsagerei dazu, einschließlich der Anwendung von Geistern besessener menschlicher Orakelmedien. Es gab auch noch eine kleine Schachabteilung, wo ein Spiel mit dreihundertsechzig Figuren gelehrt wurde. Einige seiner Klosterbrüder spezialisierten sich darauf, übersinnliche Kräfte zu erlangen, aber in dieser Hinsicht war Pien nicht sehr mitteilsam.

«Das klingt doch wunderbar», bemerkte ich. «Was hat Sie dazu bewogen, diesen Ort zu verlassen?»

Er wirkte überrascht. «Derartiges können Sie, wie ich annehme, in den meisten großen Klöstern erleben. Auf einen Außenseiter macht das vielleicht einen anderen Eindruck. Aufrichtige Anhänger des *Weges* halten nichts von Schaustellung, und die falschen verlieren ihre Wirkung. Ich habe diesen Ort verlassen, weil keines dieser Dinge von Bedeutung ist. Die meisten meiner Brüder vergeudeten ihre Zeit mit nichtigen Dingen, finden Sie nicht?»

Eines Tages war er seinem Glück begegnet. Ein zu Besuch weilender Einsiedler, der in einer Einsiedelei lebte, schilderte seine Gemeinschaft, eine durch geistige Verwandtschaft verbundene kleine Schar, die sich ganz der ununterbrochenen Übung des taoistischen Yoga und der Meditation weihte mit dem Ziel, ein gesundes, von gelassener Heiterkeit erfülltes langes Leben zu erreichen, das in nichts weniger als Unsterblichkeit gipfeln würde. Da sie in einem wenig besuchten Gebiet der Berge lebten, wurden sie zwar von Reisenden und Pilgern aufgesucht, die zu ihrem Lebensunterhalt beitrugen, ohne dass diese jedoch eine ständige Ablenkung bildeten.

«Und so bin ich ihm hierher gefolgt», schloss Pien. «Wie Sie sehen, ist es ein Leben der Vollkommenheit. Ohne Frauen zu leben, ist allerdings in meinem Alter schwierig; mit ihnen zu leben, ist noch schlimmer. So haben einige von uns einen Kompromiss geschlossen und halten sich zwei oder drei Monate im Jahr in der Stadt Hengyang auf, aber sonst leben wir wie Einsiedler und verfolgen Ziele, die sich lohnen.»

«Ist das nicht teuer? Sie sagten, Sie hätten nicht viele Besucher.»

«Da irren Sie. Beim Fest der Hsi Wang Mu kommen Pilger zu Hunderten. Gewiss, ihre Gaben sind klein, aber die meisten von uns verfügen über ein privates Einkommen. Anfänglich habe ich für den Abt einige Schreibarbeiten übernommen, als Gegenleistung für Unterkunft und Verpflegung, aber inzwischen ist mein Vater gestorben, und ich habe einen Teil seines Besitzes geerbt, womit ich mir einen Dauerplatz in der Gemeinschaft gekauft habe. Dadurch bin ich frei von solchen Aufgaben.»

«Können Sie die Glaubensüberzeugungen, die Philosophie dieser Gemeinschaft kurz zusammenfassen? Ich meine, worin besteht eigentlich die theoretische Grundlage für die Ausübung Ihres Yoga?»

«Selbstverständlich ehren wir die Lehren Lao-tses und Chuang-tses und richten unser Leben entsprechend ein. Wie Sie wissen, ist Lao-tses *Tao Te King* die Grundlage von allem. Es lehrt uns, den Eingebungen der Natur zu folgen, sobald wir gelernt haben, sie instinktiv vom eigenen Willen zu unterscheiden. Und von Chuang-tse habe ich gelernt, wie man mit Bedürfnissen fertig wird, wenn sie sich einstellen, und alles andere unbeachtet lässt, in stiller Übereinstimmung mit dem Tao, dessen vollkommene, undifferenzierte Einheit alles erfüllt. Der Schlüssel zur inneren Heiterkeit liegt in drei Worten: ‹Triff keine Unterscheidungen›.»

Pien Tao-shi gab sich die größte Mühe, mir das Wesentliche der höheren taoistischen Philosophie beizubringen, und hoffte, mir klarzumachen, dass das Tao nicht nur der Muttergrund, die Fülle der unzähligen Erscheinungen ist, sondern auch der WEG im Sinn eines Pfades, einer Bahn. Ob nun meine Kenntnis des Chinesischen unzureichend oder meine Wahrnehmungsfähigkeit zu schwach ausgebildet war, ich vermochte ihm jedenfalls kaum zu folgen. Wenn er über solche Themen sprach, kam er mir ungewöhnlich gelehrt vor. Doch wenn sich das Gespräch seiner Auffassung von Unsterblichkeit zuwandte, schien er auf eine völlig andere Ebene hinabzusteigen. Es gab Augenblicke, in denen ich mich kaum davon zurückhalten konnte, ihn auszulachen!

«Unsterblichkeit», verkündete er ohne Zögern, «hat nichts mit den buddhistischen Vorstellungen von der Reinkarnation gemein, obwohl viele Taoisten beides durcheinanderbringen. Sie bedeutet genau das, was ihr Name besagt – kein Tod, zumindest für die Dauer vieler Äonen. Ich selbst habe die feste Absicht, meinen Körper in eine schimmernde, diamantartige Substanz zu verwandeln, gewichtlos und doch hart wie Jade. Das ist der einzig sichere Weg. Denn nehmen Sie an, wir sollten wie so viele Einsiedler einen Geist-Körper schaffen, den wir nach dem Tod bewohnen, und stellen Sie sich das wilde Getümmel all derer vor, die in dem irrigen Glauben gestorben sind, diese schwierige Aufgabe rechtzeitig gemeistert zu haben! Wie würden sie umherjagen und vergeblich nach einer Hülle Umschau halten, um ihre *hun* und *p'o* (höheren und niedrigeren Seelen) vor fortschreitender Auflösung in Nichts zu bewahren. Was für ein Elend wäre die Folge! Wenn ich hingegen meinen jetzigen Körper verwandle, bleibt jeder Irrtum ausgeschlossen.»

Der buchstäbliche Glaube an Verwandlung? Und das im zwanzigsten Jahrhundert? Ich traute meinen Ohren kaum. Es war ebenso unmöglich an Pien Tao-shis hoher Intelligenz wie an seiner Aufrichtigkeit und an seiner Hingabe an sein Ziel zu zweifeln. Aber bestimmt hätte jeder zehnjährige Schuljunge soviel Vernunft, um sich über die Vorstellung, Fleisch und Blut in eine physische Substanz umzuwandeln, die Äonen überdauerte, lustig zu machen! War es denn möglich, dass der arme Pien so unerschütterlich an ein paar alte zerfledderte Bücher und an Lehren glaubte, die einem Irrtum erlegen waren, um diese unglaubhafte Interpretation von Unsterblichkeit, was die Weisen auch immer in Wirklichkeit darunter verstanden, wörtlich zu nehmen? Jedenfalls fuhr er fort:

«Unser Abt, der Unsterbliche von der Onyx-Spalte, und die meisten der Brüder hier streben nach geistiger Unsterblichkeit. Sie praktizieren die innere Alchimie, um sich Geist-Körper zu schaffen, die vor ihrem Tod Vollkommenheit erlangen. Hingegen unterrichtet mein verehrter Lehrer, der Unsterbliche von der Dämmerwolke, zwei oder drei von uns im Geheimnis der Geheimnisse.» Mit leuchtenden Augen beugte er sich vor, und seine

Stimme verriet ehrfürchtige Scheu, als er mir zuflüsterte: «In etwa drei Jahren wird die Verwandlung unseres Körpers vollendet sein!»

Schnell senkte ich die Augen, und obwohl er meinen Spott spürte, begegnete er ihm nicht mit Zorn, sondern voll Mitleid.

«Oh, *warum* können Sie mir nicht glauben, Sie und alle übrigen? Warum, warum, aus welchem Grund? Wir haben heilige Schriften, in denen die Alchimie der fleischlichen Verwandlung völlig klar dargelegt wird, und alle wissen, dass Lü Tung-pin, der Schutzheilige dieses Klosters, sie vollbracht hat. Warum also nicht ich – oder Sie?»

Glücklicherweise war Pien, wie alle wahren Taoisten, unfähig, sich zu ärgern. Er sah mich freundlich an und fuhr dann hastig fort: «Lieber Freund, bleiben Sie länger auf diesem Berg und befreien Sie sich von der weltlichen Verdüsterung, die, wenn ich dies sagen darf, Ihren Geist abgestumpft hat. Der Berg Nan Yeo ist ein seltsamer, heiliger Ort. Die Luft ist vom Glanz unzähliger vollendeter Weiser erfüllt, die seit Urbeginn aller Zeiten zwischen seinen Gipfeln und in seinen Höhen gelebt haben. Es gibt Stunden, in denen Sie eine greifbare Ausstrahlung von ihnen ausgehen spüren. Haben Sie großes Glück, was selten ist, können Sie sogar einem von ihnen begegnen, denn zuweilen erscheinen sie Reisenden in der Verkleidung von Sterblichen. Bestimmt haben Sie doch *etwas* von der Atmosphäre des Berges gespürt? Nirgendwo in der Welt sind die Flüsse so klar wie die unseren, gemahnen die Felsen so stark an Unerklärliches. Wenn Sie an einem Abend allein auf einem der heiligen Pfade stehen, können Sie das Pulsieren des Tao *fühlen*. Von unserem Lehrer lernen wir Geheimnisse, die einst jedem lebenden Wesen bekannt waren, bis der Mensch durch seine rücksichtslose Geschäftigkeit, durch seinen Übereifer die natürliche Harmonie zerstört hat. Bleiben Sie hier und reinigen Sie Ihre Vorstellungen von all dem hässlichen Unsinn, der in Schulen und Städten gelehrt wird! Lernen Sie, die Dinge in der richtigen Perspektive zu sehen. Sie werden zugeben müssen, dass ein winziger Same, den Sie kaum zu sehen vermögen, wenn Sie ihn in Ihrer Hand halten, die potentielle Kraft besitzt, ein großer Baum zu werden. Ist Verwandlung des

Fleisches ein größeres Wunder? Befreien Sie Ihren Geist von nutzlosem, berechnendem Denken, und ich werde unseren Schutzherrn, den Unsterblichen Lü Tung-pin, anflehen, Sie in einem Traum zu belehren.»

«Pien Tao-shi», antwortete ich ernst, «ich zweifle daran, dass sich der Unsterbliche mit einem Barbaren aus dem Westen abgeben möchte, aber wenn er geruht, mich in einem Traum zu besuchen, werde ich es selbstverständlich als eine hohe Ehre empfinden.»

An diesem Punkt angelangt, kam einer der dienenden Jungen herein, um uns zum Mittagsmahl zu rufen. Als wir später über den Hof schlenderten, sagte ich: «Als Sie mir heute Morgen von so vielem erzählten, erwähnten Sie auch die Alchimie. Praktizieren taoistische Weise tatsächlich die Umwandlung von unedlen Metallen in Gold? Manche behaupten, die wahre Alchimie sei etwas Subtileres.»

Sein Lächeln wurde breiter. «Es wissen demnach sogar die Fremden aus dem Westen, dass die Pille aus Gold-Zinnober keine Droge ist. Wunderbar!»

Voller Begeisterung führte er mich eiligst in seine Zelle zurück, wo er aus einigen Bücherstapeln, die er in Kästen mit Elfenbeinspangen aufbewahrte, ein abgegriffenes Buch mit feinem Druck auf hauchdünnem Papier hervorzog. Es trug den Titel: *Ts'an T'ung Ch'i*, was meiner Meinung nach so etwas bedeutete wie: «Die Ts'an-Übereinkunft» oder vielleicht «Die Übereinkunft der Drei». Tatsächlich bedeutet es: «Die Übereinstimmungen in Vereinigung». Darunter stand der Untertitel: «Echter Originaltext des Taoistischen Unsterblichen Wei Po-yang von der Han-Dynastie», woraus ich schloss, dass diese Schrift fast zweitausend Jahre alt war. Als ich die Seiten durchblätterte, musste ich feststellen, dass der Inhalt für mich nicht den geringsten Sinn ergab.

«Was ist das?», fragte ich.

«Es ist in einer Geheimsprache geschrieben. Nennen Sie es ein Buch der Philosophie oder ein Buch über das ideale Staatswesen, und Sie werden damit nicht Unrecht haben. Nennen Sie es ein ausführliches Lehrbuch der Alchimie, und Sie werden damit nicht Unrecht haben. Dort finden Sie alles über das Vermischen von Elementen, aus denen Gold und die Zinnoberpille entstehen. Aber betrachten Sie es noch anders, und Sie werden feststellen, dass es sich hier um einen Fall ‹Weißer Tiger und Grüner Drachen› handelt.»

Mein verständnisloser Blick schien ihn zu enttäuschen, denn er fuhr fort: «Vielleicht sollte ich Ihnen nicht davon erzählen, denn offenbar wissen Sie doch weniger, als ich angenommen habe.»

Er schwieg eine Weile, erklärte aber dann plötzlich reuig: «Weißer Tiger ist Blei, aber auch Samen. Grüner Drache ist Zinnober, aber auch die sexuelle Flüssigkeit der Frau.»

Mein komisch wirkendes Erstaunen hellte seine Laune wieder auf. Mir standen sozusagen die Haare zu Berge. Nichts von allem, was ich bisher gelesen oder gehört hatte, hatte mich auf eine solche Enthüllung vorbereitet. In buddhistischen Klöstern wurde es stets als selbstverständlich betrachtet, dass Keuschheit für diejenigen, die sich einer schnellen geistigen Entwicklung widmen, wesentlich ist, obwohl aller Wahrscheinlichkeit nach keiner der Mönche die Einstellung des christlichen Klerus teilte, der sexuelle Freuden als absolut sündhaft betrachtet und sie sogar Verheirateten nur widerstrebend gestattet.

«Blei und Zinnober», fuhr Pien fort, «müssen richtig gemischt werden. Das Produkt ist keine wirkliche Pille, wie Sie zu wissen scheinen, sondern eine Art winziger Fötus, der im Körper des männlichen (oder weiblichen) Einsiedlers wächst. Richtig zusammengesetzt besitzt er wundertätige Eigenschaften. Wie alt bin ich Ihrer Meinung nach?»

«Noch nicht dreißig?»

«Ich bin fünfundvierzig, und niemand kennt das Alter meines Lehrers, den Sie gesehen und wahrscheinlich für einen Mann von Anfang sechzig gehalten haben.»

Pien Tao-shi schien der Lüge nicht fähig, und so war ich beeindruckt.

«Sehen Sie? Ich befinde mich erst seit zwanzig Jahren auf dem *Weg*, und schon …! Die Gold-Zinnober-Pille ist der große Bewahrer und Erneuerer der Jugend. Dass sie die Lebensspanne eines Menschen verdoppelt, ist die geringste ihrer Eigenschaften. Wenn einer gläubige Frauen findet, die ihm helfen, kann er, insbesondere wenn er sich noch in jungen Jahren dieser Aufgabe zuwendet, ganz leicht die Verwandlung vollbringen. Sie kennen doch sicher die alte Sage von der Königlichen Mutter des Westens, die eine Göttin wurde, indem sie tausend jungen Männern das Leben kostete. Ohne es zu wissen, raubte sie ihnen ihren gesamten Vorrat an Lebensenergie. Das war ungeheuerlich, wenn es stimmt. Aber männliche Einsiedler brauchen sich nicht durch Mitleid für ihre weiblichen Partner abschrecken zu lassen, da die Versorgung der Frau mit vitaler Substanz unerschöpflich ist.»

Ich konnte aus Piens Erklärung nur schließen, dass der sexuelle Yoga die Durchführung des Geschlechtsverkehrs so oft wie möglich innerhalb besonderer Zeiten und Jahreszeiten erforderte, wobei man sich einer Technik bediente, die auf sorgfältig abgezählte Stoßbewegungen und strenger Enthaltung jedes Orgasmus beruhte. Ohne seine eigene Yang-Flüssigkeit aus dem Körper fließen zu lassen, muss der Eingeweihte bei seiner Partnerin einen Orgasmus nach dem anderen hervorrufen, um ihre Yin-Flüssigkeit zu absorbieren, indem Yin und Yang sich vereinen und eine Art Zelle oder Embryo in seinem Innern bilden. Etwas musste bis zum Scheitelpunkt des Kopfes hochgezogen werden.

Es wäre falsch gewesen, Pien Tao-shi für lächerlich zu halten. Er hatte das Wesen des endgültigen Ziels missverstanden, indem er mystische Vereinigung oder geistige Unsterblichkeit mit buchstäblicher Verwandlung verwechselte. Aber ich glaube nicht, dass seine fromme Hingabe unbedingt vergeblich sein würde. Es war nicht möglich festzustellen, wer von den taoistischen Einsiedlern, die in einem sehr hohen Alter eine ungewöhnliche Kraft und einen außerordentlichen Lebenswillen besaßen, dieses Ergebnis durch sexuelle Alchimie und nicht mit anderen Mitteln erzielt hatte, oder wie hoch ihr Prozentsatz gegenüber den anderen war, wenn es überhaupt welche gab.

Auch kann man Pien Tao-shi vernünftigerweise nicht Unzucht vorwerfen. Ich bin überzeugt, dass seinem Denken nichts ferner lag als reine körperliche Befriedigung. Er war glücklich, weil er glaubte, eine Art Yoga gefunden zu haben, die ihn mit

Sicherheit zu jener Verwandlung führen würde, nach der er sich sehnte.

Bevor ich das Kloster verließ, wagte ich zu fragen, in welcher Gegend dieses Berges die Brüder ihre weiblichen Partner untergebracht hätten. Piens Augen funkelten vor Heiterkeit.

«Nein, nein, so etwas gibt es nicht. Die hiesigen Bauern würden uns für Teufel halten und alle von den Behörden einsperren lassen, glauben Sie nicht? Sehen Sie, ich bin verheiratet. Jedes Jahr schickt mich der Abt für einige Monate in die Welt zurück, um mir die Möglichkeit zu bieten, Tag und Nacht zu praktizieren. Meine Frau macht bereitwillig mit, soweit sie dazu imstande ist, denn sie weiß, dass fromme Mädchen, die ihr Glück in der Lebensaufgabe sehen, Klosterbrüdern Lebensenergie zu schenken, heutzutage selten sind.»

Ich verstand tatsächlich nicht viel davon, auch habe ich die Sache erst einige Jahre später weiterverfolgt. Gegen Ende meines Besuches ereignete sich ein Zwischenfall, den ich als außergewöhnlich empfand. Der Unsterbliche Lü Tung-pin erschien mir im Traum, wie es mir Pien Tao-shi in Aussicht gestellt hatte. Obwohl der Traum lebhaft und lang war, konnte ich mich leider, als ich Pien traf, nur noch an ein kurzes Bruchstück erinnern. Dieser Traum handelte von einem hübschen jungen Mann mit leichtem Bartwuchs, der leicht als die Statue in der Schreinhalle zu erkennen war. Er begrüßte mich und brach dabei in Lachen aus. Seine Fröhlichkeit war ansteckend. Auch ich fing an zu lachen. Obwohl ich mich nicht daran erinnern konnte, in welcher Sprache wir uns unterhalten hatten, blieb mir doch die klare Erinnerung an ein paar scheinbare belanglose Worte.

«Sie sind gekommen», sagte er.

«Ja, ja, aber wie bin ich hierher gelangt?»

«Das ist unwichtig, oder? Um so mehr, als Sie überhaupt nicht hier sein sollten.»

Wieder brachen wir in Gelächter aus, und dann fügte er hinzu: «Es ist einfach, nicht wahr? Von hier aus betrachtet, ist alles einfach! Mein Rat, Sie sollten den längeren Weg einschlagen.»

Vor dem Frühstück lief ich in großer Erregung zu Pien Tao-shi und bat ihn um eine Deutung, wobei ich feststellte, wie wenig mir von dem Traum in Erinnerung geblieben war. Vorwurfsvoll bemühte er sich, darauf zu kommen, auf was sich der Rat des Unsterblichen bezog, aber vergeblich.

Die eindrucksvollsten Augenblicke meines Besuchs kamen unmittelbar aus diesem Traum. In den frühen Morgenstunden des Tages vor meinem Aufbruch schlug Pien, der in sich gekehrt und fröhlich zugleich wirkte, einen Spaziergang vor. Der Regen hatte aufgehört, und der Nebel der letzten Tage war verschwunden. Ein bleicher Sonnenschein drang durch die weißen Wolken, die den Gipfel verhüllten. Aber die Wahl des Weges, die er getroffen hatte, vertrieb rasch jeden Gedanken, der sich in mir festgesetzt hatte, das Wetter habe etwas mit unserem Ausflug zu tun. Anstatt die Richtung zu einer der interessanten Einsiedeleien, heiligen Stätten und Tempeln auf den anderen Hängen des Berges einzuschlagen, folgte er einem steilen, von Unkraut und Brennesseln überwucherten Pfad, der unmittelbar nach oben führte. Schließlich erreichten wir einen breiten Vorsprung, der von Felsen geschützt war, die tatsächlich lebenden Wesen, wie er sie schilderte, ähnelten und aus dem Unerschaffenen auftauchten. Allerdings hätte ich persönlich diese Wesen als Ungeheuer bezeichnet. Mit etwas Phantasie konnte man sehen, wie die Felsen sich in seltsamen Verzerrungen wanden, aus denen die Köpfe und Gliedmaßen dieser Ungeheuer unmerklich hervordrangen. Wir kamen um eine Ecke und stießen auf eine kleine Senke, in der ein einsamer Pavillon stand, baufällig und doch, wie es schien, bewohnt, denn Rauch wirbelte aus einem Anbau neben dem Hauptgebäude.

«Lieber Freund», verkündete Pien gewichtig, «Sie werden jetzt einen jungen Mann zu Gesicht bekommen, der bereits als ein Unsterblicher betrachtet wird – Hsüan-men Hsien-jen (Elf von der Geheimnisvollen Pforte).»

Unter Taoisten ist es allgemein üblich, dass die Bezeichnung Elf oder Unsterblicher einen gewissen Grad von Wunschdenken in sich schließt, und so war ich ganz und gar nicht darauf vorbereitet, einem wahrhaft außergewöhnlichen Wesen zu begegnen. Ein älterer Diener, der aus dem Küchenschuppen herbeigelaufen kam, führte uns in den Pavillon, obwohl er nur aus einem Raum bestand, zu meiner Überraschung kein Bett aufwies – nichts weiter als einen schweren quadratischen Tisch, ein paar Stühle und viele Bücherregale. Der Tür gegenüber befand sich ein Schrein, in dem eine gütige Gottheit thronte, die ich aber nicht zu erkennen vermochte.

Bei unserem Eintreten erhob sich ein junger Mann mit anmutigen Bewegungen von einem Meditationskissen vor dem Schrein, um uns mit der altertümlichen Höflichkeit, an die ich mich allmählich gewöhnte, willkommen zu heißen. Als ich seine kunstvollen Verbeugungen erwidert hatte, ein wenig beschämt von meiner Unbeholfenheit und Unkenntnis, wurde ich tatsächlich von einem Traum eingehüllt. Der junge Mann, den ich für ungefähr achtzehn hielt, war wohl der schönste Mensch, dem ich jemals begegnet war. Ihn zu sehen, bedeutete, ihn zu lieben. Ich bezweifle, dass etwas Sinnliches in dieser seltsamen Anziehungskraft lag. Ich hatte keinerlei Neigung, ihn zu berühren oder ihn zu umarmen, sondern verspürte nur eine geradezu greifbare Freude in seiner Anwesenheit und das Verlangen, seine Anerkennung zu finden. Es war eine Empfindung, die von Anbetung nicht weit entfernt war.

Mit einem bezaubernden Lächeln gab er uns durch einen Wink zu verstehen, wir sollten uns setzen, und während der Diener einen sehr aromatischen grünen Tee zubereitete und in einer Kanne auftrug, tauschten wir die unvermeidlichen chinesischen, einleitenden Höflichkeiten aus – Name, Alter, Geburtsort, Beruf usw. Danach mischte sich Pien Tao-shi ein, der wohl befürchtete, dass unser Gastgeber zu bescheiden sei, um von seinen eigenen Leistungen zu sprechen, und schilderte einige der Enthaltsamkeitsregeln des jungen Mannes, zu denen auch gehörte, niemals Fleisch oder Wein anzurühren, sich niemals hinzulegen, sondern die Nächte auf seinem Meditationskissen sitzend zu verbringen – wobei er nicht länger als zwei oder drei Stunden in aufrechter Haltung schlief – und sich strengen körperlichen Yogaübungen zu unterwerfen.

Nach und nach wandte sich das Gespräch anderen Dingen zu, wobei ich die Rolle des faszinierten Zuhörers genoss, und so konnte ich den jungen Mann in aller Muße betrachten. Sein Gesicht war außergewöhnlich blass, und er hatte tiefe Schatten unter den Augen, aber diese Merkmale seiner strengen Lebensführung hoben eher seine Schönheit hervor, als dass sie ihr Abbruch taten. Je länger ich ihn betrachtete, desto mehr geriet ich in seinen Bann, und die Vorstellung, ihn wieder verlassen zu müssen, machte mich unglücklich. In seiner Gesellschaft zu sein, war mehr als Freude. Es war eine Quelle menschlicher Wärme und Glückseligkeit. Schließlich bemerkte Pien:

«Erscheint hier in der Gegenwart dieses ‹Elfen von der Geheimnisvollen Pforte› das Ziel der Unsterblichkeit so völlig unerreichbar?»

Die Frage war verwirrend, denn mir wurde der Zusammenhang nicht klar, und auf jeden Fall hatte ich meine Einstellung in bezug auf diese Torheit, nach Verwandlung zu streben, keineswegs geändert. Der junge Mann saß da und betrachtete mich mit lebhaftem Interesse, als liege ihm etwas daran, meine Ansichten zu hören. Obwohl Pien ihm nichts erklärt hatte, war ich doch sicher, dass dieser seltsame junge Mensch den geistigen Zustand, in dem ich mich befand, durchschaute.

«Offen gesagt, ja, Pien Tao-shi. Sie können doch nicht der Meinung sein, dass der – der Elf von der Geheimnisvollen Pforte sehr alt ist oder bereits eine fleischliche Verwandlung erreicht hat!»

Pien sah enttäuscht aus, aber der junge Mann lachte vergnügt. «Nein, nein, mein lieber Freund von jenseits des Meeres. Ich bin genau das, was ich zu sein scheine. Im Jahr des Ochsen geboren, habe ich meinen zwanzigsten Geburtstag noch vor mir. Aber ich darf Ihre Zeit nicht ungebührlich in Anspruch nehmen. Sie sind gekommen, um das Orakel zu befragen.»

Völlig ratlos starrte ich ihn an, bis Pien rasch einwarf: «Ich habe unserem Besucher nichts von Ihren Kräften erzählt, aber zufällig benötigt er sie.» Er streifte mich mit einem Blick und fügte hinzu: «Der Elf von der Geheimnisvollen Pforte ist ein unfehlbares Orakel. Im Gegensatz zu anderen weissagenden Medien sind seine Fähigkeiten so außergewöhnlich, dass unser Schutzheiliger, Lü Tung-pin, unmittelbar mit ihm verkehrt. Da Sie so nachlässig waren, Ihren Traum zu vergessen, habe ich mich entschlossen, Sie hierher zu führen, obwohl wir es uns zur Regel gemacht haben, zu vermeiden, den ‹Elf› zu stören, indem wir Fremden erlauben, sich ihm zu nähern. Wären seine Kräfte allgemein bekannt, würde er Tag und Nacht von Menschenscharen belästigt.»

«Bitte, bitte, bemühen Sie sich nicht», rief ich besorgt. «Ich möchte mich nicht aufdrängen.»

Mit einem noch strahlenderen freundlichen Lächeln erwiderte der junge Mann: «Sie, ein Gast aus einem fremden Land, waren so gütig, in diese arme Hütte zu kommen, um mir das Vergnügen Ihrer Gesellschaft zu schenken. Da ich Ihnen kein passendes Geschenk anzubieten habe, bitte ich Sie, Ihnen nützlich sein zu dürfen. Was war das für ein Traum, den der Unsterbliche Ihnen gewährt hat?»

Es war, als habe er Piens Gedanken gelesen. Der Klosterbruder schilderte nun das Bruchstück des Traums, dessen ich mich noch entsonnen hatte. Das Lächeln des jungen Mannes schwand.

«Lieber Freund, wir können es nicht wagen, dem Unsterblichen mitzuteilen, dass seine Botschaft *vergessen* wurde! So etwas könnte sich nicht ein einziges Mal in tausend Jahren ereignen. Am besten wäre es, wenn ich sagte, Sie wären gekommen, um Ihre Dankbarkeit für seine Herablassung auszudrücken. Möglicherweise wird seine Antwort uns aufklären.»

So wurde es vereinbart. Wir verabschiedeten uns sofort und versprachen, nach dem Abendreis zurückzukehren.

Zur festgesetzten Zeit traten Pien und ich, in dicke Gewänder gehüllt, in die kalte Dunkelheit hinaus. Ein dreiviertelvoller Mond, der hoch zwischen den Wolken dahinzog, verbreitete nur schwaches Licht, als wir den steinigen Pfad hinaufstiegen. Dornenranken zerrten an meinen Beinen, und mehrmals rutschte ich aus, wobei ein Geröll von Erde und Kieseln den Hang hinunterkollerte. Als wir an den Platz der Ungeheuer kamen, war ich froh, in Piens Gesellschaft zu sein. In dem ungewissen Licht wirkten die Felsen mehr denn je wie entsetzliche Geschöpfe, die sich abmühten, aus einer kalten grauen Masse emporzusteigen.

Anstatt nun zum Pavillon zu gehen, kletterten wir bis zum Rand einer Art Felsenbecken, das in einiger Entfernung oberhalb des Hauses lag. In der Mitte befand sich ein breiter, flacher Stein, überragt von einer Gestalt, die ich für das Bildwerk einer im Zu-

44

stand der Meditation weilenden Gottheit hielt. Aber es erwies sich als der Elf von der Geheimnisvollen Pforte, der ebenso regungslos dasaß wie der Felsen unter ihm. Plötzlich tauchten feurige Punkte auf, und neben mir bewegte sich etwas in der Dunkelheit. Aufgeschreckt griff ich nach Piens Arm, aber es war nur der alte Diener. Schweigend deutete er auf einen schweren bronzenen Dreifuß, der vor seinem Meister stand. Offensichtlich erwartete man von uns, dass wir uns verneigten. Vor wem? Vor dem Elf von der Geheimnisvollen Pforte? Oder vor dem unsichtbaren Wesen, zu dem er Verbindung suchte? Das war ein unheimlicher Gedanke.

Ich folgte meinem Freund bis zum Dreifuß und sah ihm zu, wie er die Räucherstäbchen in einen Aschenhaufen steckte und sich dreimal bis zur Erde verneigte. Dann trat er zur Seite und machte mir ein Zeichen, dasselbe zu tun. Ich stellte mir vor, dass ich dank meines langen Gewandes einigermaßen würdig aussah, während ich diesen uralten Ritus vollzog, aber die Röcke brachten mich fast dazu, schmählich auf die Nase zu fallen. Irgendwie gelang es mir, das zu tun, was von mir erwartet wurde, und ich gab mir alle Mühe, nicht lächerlich zu erscheinen. Als ich dann dastand und die regungslose Gestalt ansah, überkam mich eine wunderbare, heitere Ruhe. Ich wusste nicht, was ich zu erwarten hatte, hatte aber das Gefühl, es könnte mich sehr berühren, und so bedauerte ich nicht, die Wärme und relative Behaglichkeit des Klosters verlassen zu haben. Als Pien meine Hand ergriff und mich hinter ein paar Felsen führte, war ich bitter enttäuscht und bat ihn, er möge mir zu beobachten erlauben, was immer geschehen würde. Aber aus irgendeinem Grund veranlasste ihn mein Flehen, mich noch weiter mit sich fortzuziehen. Auch dort befanden wir uns noch immer in Hörweite der hohen, reinen Klänge einer Stimme, die ein altes Lied von einer mich tief bewegenden Schönheit sang.

Noch niemals hatte ich eine so liebliche Stimme, eine so schöne Melodie gehört. Sogar der Diener des Elfen, der doch schon seit langem derartige eindrucksvolle Riten gewöhnt sein musste, war ebenso hingerissen wie wir. Friede und Heiterkeit breiteten sich beruhigend aus wie Mondschein, der von einem klaren Herbsthimmel herab eine Landschaft überflutet. Ich hatte meine Augen geschlossen, um mich von diesen ungewöhnlichen Klängen ganz durchdringen zu lassen, als ich jäh eine heftige Angst verspürte.

Einen Augenblick später brach das Lied inmitten groben, schrillen Gelächters ab. Es folgte eine längere Stille, in der mein Gefährte wie versteinert dastand. Bald darauf begann eine Auseinandersetzung, in der die freundliche Stimme des jungen Mannes immer wieder von den tiefen, drohenden Lauten eines Eindringlings abgelöst wurde, der sich in Zorn hineinzureden schien. Der wunderbare Friede war in einer Atmosphäre versunken, in der das Böse lauerte, und ich selber wurde von einem tierhaften Instinkt drohender Gefahr erfasst.

«Was ist los?» flüsterte ich und fragte mich dabei, warum wir nicht versucht hatten, dem jungen Mann zu Hilfe zu eilen. Statt dessen riefen Pien und der Diener mir zu, mich dicht hinter ihnen zu halten, und begannen in weiten Sätzen den Berg hinunterzulaufen, *weg* von dem Felsenbecken und unmittelbar auf die hübsche Behausung des jungen Mannes zu. Schon bald war ich außer Atem und stolperte bei jedem Schritt, während meine taoistischen Gefährten imstande zu sein schienen, sich ihren Weg mühelos auch über die schwierigsten Hindernisse hinweg zu bahnen. Einen beängstigenden Augenblick lang dachte ich, ein gefährlicher Verfolger sei uns dicht auf den Fersen. Aber es war der junge Mann selbst, der schnell und behende hinter uns her lief, als ob seine Füße kaum noch den Boden berührten. Obwohl zweifellos eine ebenso entsetzliche wie unerwartete Unterbrechung stattgefunden hatte und vielleicht sogar das Leben des jungen Menschen in Gefahr gewesen war, hatte ich doch das Gefühl, dass er als einziger keinerlei Angst verspürte. Weit davon entfernt, etwa vor einer drohenden Gefahr davonzulaufen, worin sie auch bestanden haben mochte, hatte er sich uns angeschlossen, um uns ein Gefühl der Sicherheit und des Schutzes zu geben, das sich in seiner Anwesenheit auch sofort einstellte.

Als wir zu seinem Pavillon gelangten, wollte ich ihm ins Innere folgen, aber Pien befand sich noch immer in einem Zustand tiefer Bestürzung, nahm sich kaum die Zeit für einen hastigen

Abschied und zog mich mit sich. Wieder rannten und rutschten wir so schnell, wie er mich nur antreiben konnte, bergab. Erst als wir das Tor des Klosters durchschritten hatten und in Sicherheit waren, gewann er einigermaßen seine Fassung wieder und bat mich mit einem Schwall von Entschuldigungen, ich solle mir nicht durch ein entsetzliches Ereignis die beglückenden Erinnerungen an meinen Besuch verderben lassen.

«Sehen Sie, Sie hätten sehr wohl – das heißt, wir alle hätten … aber verzeihen Sie mir, es ist mehr als unvorsichtig, von solchen Dingen zu reden. Bitte, bitte, vertreiben Sie diesen Abend aus Ihrer Erinnerung, bevor Sie morgen aufbrechen.»

Vor Neugier brennend bat ich ihn vergeblich um eine Erklärung. Je heftiger ich in ihn drang, desto elender schien er sich zu fühlen. Wäre es mir möglich gewesen, meinen Aufenthalt noch auszudehnen, hätte ich vielleicht im Verlauf der Zeit eine Antwort erhalten. So aber habe ich bis heute keine Ahnung, was eigentlich die Ursache unserer überstürzten Flucht war. Es wäre leicht, die ganze Sache dem plötzlichen Auftreten eines brutalen Menschen zuzuschreiben, der eine physische Bedrohung darstellte, aber es ist mir eine innere Gewissheit geblieben, dass wir von einem viel schlimmeren, nicht greifbaren Unheil bedroht wurden, und diese Gewissheit ist in meinem Bewusstsein noch immer lebendig, obwohl seitdem Jahrzehnte vergangen sind. Außerdem kann man sich unmöglich vorstellen, dass Furcht vor einer bloß physischen Gewalttätigkeit Pien so beeindruckt haben könnte, vom Diener nicht zu reden. Zweifellos wären sie dem ungewöhnlichen jungen Mann zu Hilfe geeilt, der sogar in den Herzen von Fremden eine solche Liebe zu erwecken vermochte. Für mich ist die Erklärung so außergewöhnlich, dass sie nur zu Spott Anlass geben würde; daher ziehe ich es vor, taoistisches Schweigen zu bewahren.

Am nächsten Morgen hielt Pien Tao-shi ein Versprechen ein, das er mir am Tag meiner Ankunft gegeben hatte. Er führte mich in seine Zelle, deutete auf die leere Bildrolle und beschrieb mir in allen Einzelheiten das Gemälde, das er nun im Geiste vor sich sah. Mein weißer Elefant stand mit dem Hinterteil zu ihm, aber er hatte den Kopf nach rückwärts gewandt, als ob er ihn aus einem Augenwinkel beobachtete. Sein Schwanz hing tief traurig herab. Ich, sein Reiter, war in ein purpurnes Gewand gehüllt, das bis auf meine Knöchel herabfiel. Unter dem breiten schwarzen Hut, den ich nach seinem Willen tragen sollte, war nur mein Hinterkopf zu sehen. Ein geöffneter Fächer bewegte sich schnell in meiner Hand, und auf seinen Blättern standen die Worte: «Tausend Meilen Entfernung, grenzenlose Freundschaft.»

Pien Tao-shi sah traurig und einsam aus, wie er dort demütig hinter den älteren Klosterbrüdern stand, zu denen er getreten war, um mich zu verabschieden. Der felsige Pfad, der vom Kloster hinabführte, war jetzt schlüpfrig und voll tiefer Pfützen. Ich weilte mit liebevollen Gedanken bei dem Elefanten und wünschte mir, es gäbe ihn wirklich.

Dämonen, Fuchs-Geister und das Reich der Magie: Taoismus als Volksreligion

Nach einer alten und einst weit verbreiteten Überlieferung war der Gründer des Taoismus nicht Lao-tse, sondern der Gelbe Kaiser, der vor mehr als viereinhalbtausend Jahren regiert haben soll! Die magischen Praktiken des Taoismus und vor allem seine eher außergewöhnlichen Yoga-Arten wurden weitgehend ihm zugeschrieben, und er wurde daher ebenso sehr wie Lao-tse verehrt. Auf jeden Fall steht fest, dass sich im 3. Jahrhundert v.Chr. seltsame Überzeugungen und Praktiken, die zur Zeit von Lao-tses Geburt bereits uralt waren, mit den Lehren dieses Weisen vermischt hatten und der regierende Kaiser Shih Huang-ti ein glühender Anhänger der Magie war. Dass der Taoismus später zu einer organisierten Religion mit Klöstern, Tempeln, Bildwerken, Liturgien, Riten und anderen derartigen Erscheinungsformen wurde, wird jedoch insbesondere den Bemühungen Chang Taolings zugeschrieben, der der Nachwelt als der Himmlische Lehrer bekannt wurde.

In der Provinz Kiangsi erhebt sich inmitten einer Landschaft, von der Natur mit feinstem Pinsel und meisterlicher Verwendung sanfter Farben hingezeichnet, der Drache-Tiger-Berg, auf dem Chang Tao-ling im ersten oder zweiten Jahrhundert unserer Zeitrechnung geboren wurde. Der Überlieferung nach erschien der Verehrungswürdige Weise Lao-tse ihm in Gestalt eines Geistes und forderte ihn auf, das Rezept für die Zusammensetzung des Lebenselixiers zu finden. Wie es scheint, hatte Chang Erfolg, denn er soll in seinem hundertunddreiundzwanzigsten Lebensjahr auf dem Rücken eines Tigers himmelwärts davongeritten sein und seine Identität bewahrt haben, indem er nacheinander im Körper seiner eigenen Nachkommen wiedergeboren sei. Jeder seiner Nachkommen, die ihm besonders nahe standen, erhielt seinen Namen Chang Tao-ling, und das wiederholt sich bis in das gegenwärtige Jahrhundert.

Im 8. Jahrhundert n. Chr. verkündete Kaiser Hsüan Tsung offiziell die Oberaufsicht des Himmlischen Lehrers Chang über «alle taoistischen Tempel auf der Welt». Und obwohl dieser Würdenträger zu keiner Zeit wirklich von *allen* taoistischen klösterlichen Gemeinschaften anerkannt wurde, blieb doch seine Schule die größte und beliebteste bis zum eigentlichen Ende des Taoismus als einer organisierten Religion vor rund zwanzig Jahren.

Leider gibt es den Himmlischen Lehrer nicht mehr! Aber es scheint kaum möglich, dass eine Reihe von Priestern fast zweitausend Jahre überdauern konnten, um dann in unserer Zeit spurlos zu verschwinden und keine Spur zu hinterlassen. Gewiss, seit der Gründung der Chinesischen Republik im Jahr 1911 war die Macht des Priesters von Jahr zu Jahr geschwunden; dennoch besaß er bis zum letzten Augenblick Tausende von Anhängern. Es lässt sich immer noch nicht mit Sicherheit sagen, wann und wo er verschwand. Mehrere Gewährsleute geben verschiedene Daten an, und ihre Berichte weichen von einander ab. Ein chinesischer Autor behauptet, dass der ehemalige Himmlische Lehrer heute im portugiesischen Macao lebt, wo er sich, auf Drachenweise, inmitten dichter, schwerer Opiumwolken tröstet. Niemand scheint mit Sicherheit zu wissen, was sich zugetragen hat. Ich persönlich stelle mir gern vor, dass es dem Himmlischen Lehrer gelungen ist, dem den Taoisten zugeschriebenen, ziemlich verwirrenden Brauch zu folgen und spurlos zu verschwinden, oder noch besser, dass er tatsächlich verwandelt wurde.

Wie buntfarbig war das Reich, das dieser vergeistigte Potentat regierte – eine Welt der Alchimie, der Wahrsagerei, magischer Geheimmittel, eine Welt von Zauberern, Orakeln, mit wundertätigen Gaben ausgestatteten Schwertfechtern, Meistern des Regenmachens und Teufelsaustreibern, die sich auf die Demütigung grimmiger Dämonen verstanden! Zu meinem ewigen Bedauern erhielt ich keine Gelegenheit, den Drachen-Tiger-Berg zu besuchen und dieser außergewöhnlichen Gestalt meine Aufwartung zu machen, bevor er und sein geheimnisvoller Bereich dem menschlichen Gesichtskreis entschwanden. Dennoch wurde mir das Privileg zuteil, viele Enklaven dieses Bereiches zu einer Zeit kennen zu lernen, in der der größte Teil Chinas, vor allem in der Mitte und im Süden, mit Schreinen und Tempeln übersät war, deren Gläubige die alten Künste praktizierten und Chang Tao-lings Oberhoheit anerkannten. Heute sind nur noch Spuren dieser Künste erhalten, sogar an den äußersten Rändern der chinesischen Welt – so auf der Insel Taiwan (in unbedeutendem Ausmaß) und in Übersee in den chinesischen Gemeinschaften Südostasiens.

Chinesische wie westliche Gelehrte haben lange Zeit den Taoismus entweder als eine nüchterne Philosophie betrachtet, deren Ziel es war, ein reifes, hohes Alter in angenehmer Harmonie mit der Umwelt zu erreichen, oder aber als eine übersteigerte Form der Mystik. Diese Leute leugnen nur zu gern – manchmal recht hitzig –, dass der volkstümliche Taoismus mehr aufweist als nur unwesentliche Verbindungen mit den Lehren der weisen Gründer, Lao und Chuan.

Leser, die diese Ansicht teilen, sollten sich den Rest dieses Kapitels ersparen, damit sie sich nicht darüber empören, daß ich auf Praktiken nicht verächtlich herabsehe, die als «eine Mischung von Scharlatanerie und krassem Aberglauben» verpönt sind. Denn mit aufrichtigen Entschuldigungen gegenüber den Anhängern eines «reinen Taoismus» habe ich die Absicht, wohlwollend und ausführlich auf die so genannten Verirrungen der Schule des Himmlischen Lehrers einzugehen. Es ist mein Ziel, den Taoismus nicht in einer idealisierenden Form zu beschreiben, sondern genau so, wie ich ihn damals fand, wohl in den letzten paar Jahrzehnten seiner kollektiven Existenz. Allein das hohe Alter seiner magischen Lehren ist ein ausreichender Grund, um ihnen einen gewissen Respekt zu zollen. Außerdem begegnete ich dem Taoismus in seinen mehr volkstümlichen Formen im Allgemeinen lange vor der Zeit, in der ich in seine tieferen Geheimnisse wirklich eindringen konnte. Außerdem muss ich zugeben, dass ich die Buntheit und das manchmal Krasse seiner «magischen» Aspekte weidlich genossen habe. Ich hoffe, dass viele Leser, ob ich sie nun überreden kann, an Dämonen und Fuchs-Geister zu glauben oder nicht, die Schilderungen unterhaltend finden werden.

Während die Einsiedeleien der taoistischen Quietisten und Philosophen in den Bergen meist klein waren, waren die Klöster mit ihren den volkstümlichen Gottheiten geweihten Tempeln häufig groß und prächtig, mochten sie auch im Allgemeinen in abgelegenen Gegenden liegen, die man wegen ihrer Naturschönheiten gewählt hatte. Um viele persönliche Einzelheiten zu vermeiden, zum Beispiel langatmige Schilderungen, wieso und wie ich an Orte gelangte, deren Namen vielleicht nicht aussprechbar sind, möchte ich mehrere Episoden, die sich auf Begegnungen mit magischen und geisterhaften taoistischen Praktiken beziehen, zusammenfassen. Dies tue ich, indem ich sie auf ein einziges Kloster beziehe, das tatsächlich einen Brennpunkt aller volkstümlichen taoistischen Zentren darstellt, die ich in weit voneinander entfernten Teilen Chinas besucht habe. Ich nenne es die «Heimstatt des Geheimnisvollen Ursprungs» und den dazugehörigen Tempel oder die Schreinhalle, die «Halle der Drei Reinen Wesen».

Eines Tages fuhr ich einen rasch dahinströmenden Fluss hinauf, der jedoch so breit war, dass das Wasser fast still zu stehen schien. Seine zerklüfteten Ufer stiegen steil an, und darüber erhoben sich manchmal Hügel oder Berge. Dicht unterhalb eines ihrer Gipfel breitete sich ein dichtes Dickicht aus Bambus aus, dessen Wedel von so kräftigem Grün waren, dass die geschwungenen Dächer des Klosters sogar von einem Beobachter, der die Gipfel vom Bug einer sich nähernden Dschunke aus aufmerksam betrachtete, kaum zu erkennen waren, es sei denn, dass das Sonnenlicht von ihren smaragdgrünen Ziegeln zurückgeworfen wurde.

Von einem hölzernen Landungssteg aus, der für die Pilger erbaut wurde, führte ein Pfad nach oben, der sich um die Geländefalten des Hügels so raffiniert herumwand, dass ich jedesmal, wenn er mir unerträglich steil erschien, auf ein ebenes Stück kam, das lang genug war, um mich verschnaufen zu lassen. In weniger als drei Stunden konnte ein Zwanzigjähriger (oder ein alter

Mensch, wenn er sich den mühelosen Gang zugelegt hatte, den man durch taoistisches Training gewinnt) das Außentor des Klosters erreichen. Es handelte sich um einen einsamen, kunstvoll überdachten Torbogen, quer zum Pfad errichtet, ohne irgendwelche Mauern, die mich am Weitergehen hinderten. Wenn ich mich entschlossen hätte, um ihn herum, anstatt durch ihn hindurch zu gehen, wäre ich auf keinerlei Hindernis gestoßen. Er war dazu da, die Pilger aufmerksam zu machen, dass sie nun ihren Fuß auf geheiligten Boden setzten.

An seinem Dach war horizontal eine vergoldete Tafel von etwa einem Meter Länge angebracht, auf der die Worte standen: «Tor zu des Himmels Südlichem Gefilde». Jenseits dieses Tores wich die Wildnis aus Bäumen und Unterholz einem Dickicht von federartigem Bambus, der bestimmt angepflanzt worden war, um den grün-überdachten Gebäuden des Klosters ein angemessenes taoistisches Aussehen zu verleihen: dass sie nämlich mit absoluter Bestimmtheit dort zu sein schienen, wo man sie vermutete, oder vielleicht überhaupt nirgends waren. Eine jähe Biegung, und dort, an den Berghang geschmiegt, stand das Kloster, das trotz allem recht massiv und beständig wirkte, obwohl es bei anderen Gelegenheiten den Eindruck eines Märchenschlosses erweckte, das auf einem Meer von Wolken dahinschwamm.

Im Gegensatz zu einem buddhistischen Kloster hatte man es absichtlich asymmetrisch angelegt. Seine Außenmauern, mit glasierten grünen Ziegeln gedeckt, hob und senkte sich in drachenartigen Windungen, um sich den natürlichen Konturen des Berges anzupassen. Jenseits des Pförtnerhauses erhoben sich die Dächer vieler Gebäude, einiger kleiner, einiger sehr großer, und alle schienen in malerischer Unordnung gruppiert, bis ich erkannte, welch raffiniert subtile Regelmäßigkeit diesem scheinbaren Gewirr zu Grunde lag. Zwischen dem Pförtnerhaus und dem ersten dieser Gebäude lag ein Steingarten, eine Imitation einer Naturlandschaft. Dieser Pfad fand seine Gegenstücke in mehreren der inneren Höfe, aber jeder war in einem so individuellen Stil gestaltet, dass ich jedesmal überrascht war.

Um einen Kontrast zu bilden, gab es in den meisten größeren Höfen etwas gekünstelt wirkende Arrangements von seltsam knorrigen Bäumen oder von Blumen und Sträuchern in Porzellangefäßen. Die verschiedenen Wohngebäude waren ziemlich gedrungen und wirkten durch die weit vorspringenden Dächer noch kleiner, während die eigentliche Schreinhalle und die große Bibliothek dahinter so groß waren, dass sogar das dreifache Dach der Schreinhalle mit seinen weit ausladenden, fantastisch geformten Kanten auf den Mauern und Pfeilern zu schweben schien.

Das einzige unerfreuliche Merkmal waren die schimmernde Vergoldung und der karmesinrote Lack als Verzierung dieses Gebäudes (zweifellos in Nachahmung der reich geschmückten Schreinhallen buddhistischer Klöster, deren Pracht jedoch dem Auge gefälliger war, weil strenge Symmetrie und gewisse andere Züge ihnen das Aussehen kaiserlicher Paläste verlieh, während in einem taoistischen Kloster jede großartige Ausstattung fehl am Platz zu sein schien). Doch von allen anderen Gebäuden einschließlich der Halle, in der die Bibliothek untergebracht war, ging ein gewisser verhaltener Zauber aus, der gerade wegen dieser einen Unvollkommenheit um so spürbarer war.

Ich brauche das allgemeine Aussehen der Bewohner dieser «Heimstatt des Geheimnisvollen Ursprungs» oder den Empfang, den sie mir bereiteten, nicht zu schildern, denn in ganz China waren das hochgesteckte Haar, die sonderbare Kopfbedeckung, die langen Gewänder und der höfische Anstand der taoistischen Einsiedler genau die Gleichen wie die, die ich auf dem Berg Nan Yeo kennengelernt hatte. Statt dessen will ich sofort über meine erste Begegnung mit dem Abt berichten, einem gut aussehenden Mann mit durchdringendem Blick, seidig weißem Bart und Wangen, die rötlich waren wie Apfelblüten.

Nachdem ich mich, wie die Höflichkeit es verlangte, zu Boden geworfen hatte, suchte ich mir einen Stuhl aus, der dicht neben der Zellentür stand, und täuschte übermächtige Schüchternheit vor, als er mich zum Nähertreten aufforderte.

«Eure Unsterblichkeit, das würde ich nicht wagen. Ich bin dessen völlig unwürdig.»

Er lächelte vor Freude, einen Barbaren vor sich zu sehen, dem zumindest die Anfangsgründe zivilisierten Verhaltens nicht fremd waren, aber dann brachte er mich in Verwirrung, indem er rückwärts auf sein Bett sprang und dabei die Beine so schnell unter sich anzog, dass es wie eine Sinnestäuschung wirkte. Es war unvorstellbar. Soeben war er noch lässig dagestanden, und im nächsten Augenblick saß er, trotz seines beachtlichen Körperumfangs, ganz ruhig und gelassen mit gekreuzten Beinen da. Ohne meine Überraschung zu beachten, begann er, einen Fliegenwedel aus Rosshaar in würdevoller Art zu bewegen. Zweifellos beabsichtigte er mit dieser Vorstellung nicht so sehr, mich durch sein persönliches Können, als vielmehr durch die bemerkenswerte Wirksamkeit taostischer Übungen zu beeindrucken.

Zu jener Zeit wusste ich vom Taoismus als einer methodischen Religion so gut wie nichts, denn Pien Tao-shi und der Einsiedler von den Westlichen Hügeln hatten dieses Thema kaum gestreift. So beschloss ich, meiner Unwissenheit abzuhelfen.

«Eure Unsterblichkeit, wie ich bemerkt habe, besitzt Euer hoch angesehenes Kloster eine prächtige Schreinhalle mit drei großen Bildwerken. Welchen Gottheiten sind sie geweiht?»

«Den Drei Reinen Wesen! In der Mitte thront der Jade-Kaiser, Verkörperung des Ersten Prinzips, das heißt, des gestaltlosen Tao selbst. Auf der anderen Seite befindet sich ein heiliges Geschöpf, das unter dem Namen des ‹Himmels Wunderbar Empfängliches Juwel› bekannt ist und das harmonische Wirken der positiven und negativen Kräfte des Tao veranschaulicht. Auf der anderen Seite haben Sie bestimmt eine Darstellung des Verehrungswürdigen Weisen Lao tse erkannt. Sie müssen verstehen, dass wenig gebildete Menschen, unfähig, das Gestaltlose zu begreifen, es vorziehen, leicht erkennbaren Formen ihre Verehrung darzubringen. Es ist ganz richtig, das Geheimnisvolle so darzustellen, dass sie es ohne allzu große Mühe verstehen, sonst wären sie nicht im Stande, der Heiligen Quelle und ihren zahllosen Erscheinungsformen ihre Ehrerbietung zu erweisen. Selbstverständlich können sie nicht die scharfsinnigen Lehren unserer großen Weisen in sich aufnehmen. Dennoch verehren sie Lao tse aus anderen Gründen, zum Beispiel, weil er als Folge seines Aufenthalts von zweiundachtzig Jahren im Mutterleib weißbärtig und tief gefurcht zur Welt gekommen ist oder weil er ein unermesslich hohes Alter erreicht hat. Mag auch die Wahrheit in diesen Dingen umstritten sein, so helfen solche Überzeugungen diesen Menschen doch, in ihm eine sehr geheimnisvolle, Wunder wirkende Gestalt zu sehen, denn das war er auch. So dringen sie trotz ihrer bedauerlichen Unwissenheit zum inneren Kern der Wahrheit vor. Als Anhänger Chang Tao-lings befolgen wir Methoden, die auf Menschen aller Art anwendbar sind. Wenn Sie lange genug hier bleiben, werden Sie sich selbst überzeugen.»

Der Abt hob eine Teetasse an die Lippen und deutete damit an, dass meine erste Audienz beendet sei, wahrscheinlich weil es Pflichten gab, die seine Aufmerksamkeit erforderten. Seine Erwähnung Chang Tao-lings verriet mir, dass die «Heimstatt des Geheimnisvollen Ursprungs» aller Wahrscheinlichkeit nach einige Zauberer oder Männer beherbergte, die, wie man glaubte, mit echten Dämonen kämpften. Vielleicht würde ich Zeuge von Geisterbeschwörungen und Exorzismus werden. Diese Aussichten waren so faszinierend, dass ich meinem soeben erst erwachten Interesse für die taoistische religiöse Ikonographie untreu wurde. Ich hatte nämlich gelesen, dass man die Taoistische Dreieinigkeit ebenso wie die Schreinhallen, die Liturgien und Riten hauptsächlich deswegen eingeführt hatte, um die Klöster in den Stand zu setzen, mit ihren buddhistischen Gegenspielern zu konkurrieren. Hingegen waren Magie und Dämonenlehre in gewissem Sinn echte Bestandteile der alten taoistischen Überlieferung.

Zum Zeitpunkt meines ersten Besuches in der «Heimstatt des Geheimnisvollen Ursprungs» war meine Einstellung gegenüber taoistischer Magie und Dämonenlehre von offener Skepsis geprägt, verbunden mit dem mir selbst nicht recht eingestandenen Wunsch, dennoch zu glauben. Erst allmählich überzeugten mich gewisse Furcht einflößende Begebenheiten, dass es gute und böse übersinnliche Kräfte tatsächlich gibt, wenn auch nicht notwendigerweise in anthropomorphen Gestalten, wie sie im Allgemeinen geschildert werden, und dass es möglich ist, wenn auch in keiner Weise ratsam, mit ihnen in Verbindung zu treten. Einige der folgenden Schilderungen sind nicht etwa nur als Unterhaltung gedacht, sondern auch um aufzuzeigen, dass es taoistischen Einsiedlern gelang, in einen unheimlichen Bereich vorzudringen, weit jenseits der Grenzen der Erfahrungen der meisten modernen Menschen.

Nach meinem Höflichkeitsbesuch beim Abt, dessen jäher Abbruch mich noch immer ein wenig verdross, begann ich im Kloster umherzuwandeln, um mir seine Höfe und Gebäude anzusehen, von denen die meisten bezaubernd und gleichzeitig bizarr wirkten. Unerwartet bekam ich etwas zu sehen, was ich durch seinen Gegensatz als absolut abstoßend empfand.

In einem stillen Winkel des von Mauern eingeschlossenen Geländes stand nicht weit von dem eleganten Pförtnerhaus des Haupttors ein Gebäude. Es war zu groß für die Behausung eines Einsiedlers und diente bestimmt irgendwelchen gemeinschaftlichen Zwecken. In einem solchen Fall würde niemand etwas dagegen haben, wenn ich ohne Erlaubnis hineinginge, nur um festzustellen, was darin war. Die malerischen Gitterfenster bestanden aus bemaltem Holz, mit durchschimmerndem Reispapier überzogen, durch das ich aber nicht hineinspähen konnte. Die Tür war von außen mit einem schweren Holzbalken versperrt, der sich jedoch leicht abheben ließ. Ein wenig schuldbewusst blickte ich mich um, um mich zu vergewissern, dass ich nicht beobachtet wurde, oder auch um festzustellen, ob jemand da sei, von dem ich die Erlaubnis zum Betreten erbitten könnte. Dann hob ich den Balken aus seinen Stützen und setzte ihn leise auf den Boden. Die in schweren Messingangeln hängende Tür hatte zwei Flügel, die sich nach innen öffneten. Als keiner von ihnen einem probeweisen sanften Druck nachgab, stemmte ich mich ziemlich heftig gegen den einen, so dass er sich mit einem entsetzlich lauten Ächzen in den Angeln bewegte und ich mit allzu großem Schwung in das dunkle Innere taumelte.

Es war dort nicht nur dunkel, sondern auch unheimlich. Als sich meine Augen an die trübe Beleuchtung gewöhnt hatten, wurde mir klar, dass mich meine Neugier in eine richtige Schreckenskammer gestürzt hatte – vor drei von den vier Wänden standen Gipsdämonen von unheilvollem Aussehen in Lebensgröße, die eifrig damit beschäftigt waren, die Geister von umherirrenden Menschen zu bestrafen. Die Zungen früherer Lästermäuler waren durchbohrt und mit Metallzinken aufgerissen. Andere trugen Täfelchen um ihren Gespensterhals, auf denen ihre zu Lebzeiten begangenen Verbrechen einzeln aufgezeichnet waren. Diese Delinquenten wurden in der Mitte zersägt, gegen eiserne Stacheln gepresst, in einen See aus Feuer geworfen, gezwungen, nackt auf nadelscharfen Eiszapfen zu sitzen, oder sie wurden ausgeklügelten Folterungen ähnlicher Art überantwortet, von denen die meisten offenkundig in Beziehung zu der Art des Verbrechens dieser armen Teufel standen.

Am Ehrenplatz gegenüber der Tür thronte alle überragend und drohend Yen Lo Wang, der dunkelgesichtige Herr des Todes, von dem sich nur ein einziger freundlicher Zug berichten ließ, dass er nämlich nicht wie ein Dämon tückisch um sich blickte, sondern seine Aufgabe als Richter mit dem Ausdruck strenger Unparteilichkeit erfüllte. Ob der zitternde, nackte Geist vor ihm einen gewissen Vorrat an guten Taten angesammelt hatte, die seine früheren Sünden aufwogen, war eine Angelegenheit mathematischer Berechnungen. Ihm zur Seite saßen Buchhalter mit einnehmendem Äußeren und ruhigen Zügen, die Soll und Haben addierten, und gegenüber standen die grimmigen, rotäugigen Gerichtsdiener, bereit, sich auf jeden Geist zu stürzen, der mangelnder Tugend überführt wurde.

Der ganze Auftritt hatte etwas von einer grausamen Parodie chinesischer Gerichtsverfahren aus alter Zeit, als die Söhne des Himmels von einer Generation zur anderen das Reich von ihrem Purpurpalast in Peking nach einem Strafgesetzbuch regierten, in dem die genaue Strafe für jedes einzelne Vergehen festgelegt war. Während ich in diesem düsteren Raum stand, umgeben von diesen grauenhaften Wesen, die von dem satanischen Erfindungsgeist des Menschen zeugten im Ersinnen von Möglichkeiten, anderen Schmerz zu bereiten, stimmte ich vorübergehend den Gelehrten zu, die den Anhängern des Himmlischen Lehrers Gefühle der Verachtung entgegenbrachten. Als ich mir die Sache genauer überlegte, fiel mir aber ein, dass die Christen, Katholiken wie Protestanten, und sogar die Buddhisten die Hölle in ebenso abstoßenden Bildern darzustellen gewohnt waren, wenn auch selten durch lebensgroße Figuren. Nachdenklich ging ich wieder auf den blassgoldenen Strahl von Sonnenlicht zu, der durch die offene Tür fiel.

Ich hatte gerade den Balken wieder an seine Stelle gelegt, als ein älterer Klosterbruder, dessen kleiner Kopf und magerer Hals mich an eine Schildkröte erinnerten, auf mich zustürzte, als wollte er mich wegen meiner Schnüffelei ausschelten.

«Dieser Raum bleibt besser geschlossen», bemerkte er. «Er könnte unserem verehrten Gast Angstträume bescheren.»

«Keine Sorge, Ehrwürden. Erlauben Sie mir trotzdem die Bemerkung, dass dieser Ort nicht in Einklang steht mit dem Wenigen, was ich von Ihrem erhabenen Glauben gehört habe.»

Das schien ihm zu gefallen, denn sein zerfurchtes Gesicht erstrahlte in einem Lächeln. «Ganz richtig», antwortete er. «Aber sehen Sie, die Pilger erwarten so etwas, und es ist ihnen auf diese Weise am besten beizubringen, welche Vergehen besonders ernst sind. Wenn Sie die Figuren aufmerksam betrachten, werden Sie feststellen, dass manches, was auf dieser Welt nicht als Vergehen gilt, zum Beispiel Klatsch, Gewinnsucht, Anmaßung und dergleichen, als schwerer wiegend eingestuft wird als reine Eigentumsdelikte. Es liegt doch eine gewisse Logik darin. Trotzdem mögen auch wir diesen Raum nicht und halten ihn mit Ausnahme der Feiertage, an denen die Pilger kommen, geschlossen. Man könnte meinen, dass der Balken da sei, um die Dämonen darin festzuhalten. Tatsächlich aber wird die Tür verriegelt, weil wir uns nicht gern an eine solche Beeinträchtigung der Schönheit unseres Klosters erinnern.»

«Aber Sie glauben an die Hölle?»

«Tun wir das?», antwortete er. «Ja, offiziell tun wir es wohl. Unser Glaube hat eine große Zahl alter Glaubensinhalte geerbt. Diejenigen unter uns, die sich gegen die widersinnigsten unter ihnen wenden, sind bei den Pilgern nicht beliebt. *Begeistert* suchen sie dieses Gebäude auf, verstehen Sie. Die meisten Menschen sind sehr überzeugt von ihrem eigenen Wert, finden Sie nicht, und können eine ganze Liste von mildernden Umständen anführen, um ihre Fehler zu entschuldigen. Beim Anblick dieser Folterungen läuft ihnen keineswegs ein Schauer über den Rücken, sondern sie empfinden die gleiche Art von Befriedigung wie ein

Mann, der im Winter neben einem Holzkohlenbecken sitzt und sich über sein Glück freut, dass er nicht draußen im tobenden Schneesturm sein muß. Es lässt sich kaum ein Mensch vorstellen, der sich seiner eigenen Unzulänglichkeiten so stark bewusst ist, dass er *damit rechnet*, in die Hölle zu kommen. Eine solche Objektivität wäre unnatürlich.»

Mit freundlicheren Gefühlen gegenüber den Taoisten dankte ich dem Alten für seine Erklärung und schlenderte in einen Hof, wo zwei ältere Brüder im Sonnenschein saßen und eine Art Schach spielten mit dreihundertsechzig schwarzen und weißen Figuren. Da ich unmittelbar aus der Hölle kam, wurde ich an taoistische Gemälde erinnert, auf denen zwei bärtige alte Männer dargestellt sind, die um Menschenleben Schach spielen. Jedesmal, wenn Weiß im Vorteil ist, wird ein Leben gerettet; wenn Schwarz zurückschlägt, geht ein anderes Leben verloren. Es gehörte zu den Freuden eines Aufenthaltes in einem taoistischen Kloster, dass man dort so vieles sah, was Menschenaugen schon vor tausend Jahren genau so erblickt hatten – die gleiche Architektur, die gleiche Haartracht, Kleidung, Gesten, Umgangsformen, Tätigkeiten und Vergnügungen.

Als ich in jener Nacht in meinen Gedanken in die abscheuliche Schreckenskammer zurückkehrte, fielen mir zwei (nicht speziell taoistische) Geschichten ein, die eine materialistische Vorstellung vom Leben nach dem Tode auf krasse Weise veranschaulichen und auf die Urzeit zurückgehen müssen. Seltsamerweise sind sie noch immer vielen Chinesen bekannt – und nicht alle von ihnen sind ungebildet, wie die Geschichte vom Himmel zeigen wird. Die erste hatte ich aus einem Werk von P'u Sungling ausgewählt, einem exzentrischen Gelehrten, der dadurch bekannt wurde, dass er eine Anthologie seltsamer Begebenheiten, die sich auf übernatürliche Dinge bezogen, zusammengestellt hatte. Sie lautete folgendermaßen:

Ein vornehmer Mann brachte bei der Rückkehr von einem Besuch auf dem Lande ein paar ungewöhnlich schöne Wassermelonen mit, die er sicherheitshalber in seinem Schlafzimmer aufbewahrte. Aber bevor er sie genießen konnte, ereilte ihn in der gleichen Nacht der Tod. Als Yen Lo Wangs Dämonenhäscher kamen, um sich seines Geistes zu bemächtigen, war der Zustand des Entsetzens, in dem er sich befand, so mitleiderregend, dass er sogar diese Geschöpfe mit ihren steinharten Herzen und eisernen Schnäbeln rührte. Eines von ihnen betrachtete nachdenklich die Melonen und riet dann dem armen Geist, sie mit sich hinunter in den Gerichtssaal zu nehmen, um mildernde Umstände zu erwirken. Seine Ehrfurcht gebietende Majestät nahm gutmütig das duftende Geschenk entgegen und änderte das Protokoll ein klein wenig, so dass der Geist in seinen früheren Körper zurückkehren und sich weiterer sieben Lebensjahre erfreuen konnte. Von da an trieb die lebhafte Erinnerung an Yen Los entsetzliches Königreich den Melonenliebhaber zu so beispielhafter Frömmigkeit, dass er sich das Recht auf Wiedergeburt in kongenialer Umgebung erwarb.

Die andere Geschichte, die eine ebenso grobe Vorstellung vom Leben nach dem Tode veranschaulicht, diesmal jedoch von himmlischen Bereichen, wurde mir allen Ernstes von einem chinesischen Studenten aus Malaya während unserer Studentenzeit in Cambridge erzählt. Als er noch zu klein war, um den Tod zu begreifen, erzählten ihm seine Eltern, sein Großvater sei gestorben. Er konnte nur schwer verstehen, warum sein Vater und seine Mutter so verstört aussahen, denn was immer der Tod bedeuten mochte, er hatte den Großvater keineswegs sonderlich verändert. Oft sah man ihn nachts im Haus umherwandern, und da wirkte er genau so mürrisch wie sonst. Aber als sein Vater davon erfuhr, erbleichte er und sagte etwa folgendes: «Ach, mein lieber Junge, dein Opa muss in schrecklicher Not sein, denn sonst hätte sein ruheloser Geist dieses Haus für immer verlassen. Wenn du ihn das nächstemal siehst, musst du ihn unbedingt fragen.»

Furchtlos fragte das naive Kind seinen Großvater bei ihrer nächsten Begegnung.

«Mein Junge, du hast keine Ahnung», erwiderte der Geist. «Ich kann keine Ruhe finden. Die Torhüter des chinesischen Himmels jagen mich fort und erklären, Menschen in europäischer Kleidung wie diesem weißen Drillichanzug, mit dem dein Vater meinen Leichnam so gedankenlos bekleidete, werden nicht eingelassen. Vor dem christlichen Himmel ist es das gleiche.

Die Wächter vertreiben mich, weil jemand vergessen hat, meine Stirn mit Weihwasser zu besprenkeln. Jetzt bleibt mir nichts anderes übrig, als ewig zwischen diesen unglücklichen Schatten umherzuziehen, Kinderlose, die keine Nachkommen besitzen, die an ihren Grabstätten Opfergaben darbringen. Das ist wirklich ganz ungerecht, wenn man bedenkt, dass ich nicht weniger als sieben Söhne gezeugt habe. Sie bringen Opfergaben dar, aber ich bekomme nicht einen Hauch davon zu spüren, weil die Essenz von Speise und Trank unmittelbar zum Himmel emporschwebt.»

Als das Kind seinen Eltern von diesen Schwierigkeiten erzählte, wurde der Leichnam des alten Mannes in aller Eile ausgegraben und der unbefriedigende Drillichanzug gegen ein chinesisches Gewand ausgetauscht, wonach man den Geist nie wieder sah!

Derartige Geschichten sind in ihrer Art ganz amüsant, aber es fehlt ihnen das Element des Schrecklichen, und sie sagen nur wenig über die wirkliche Welt der Geister und Dämonen aus.

Unter den Klosterbrüdern, die dauernd in der «Heimstatt des Geheimnisvollen Ursprungs» lebten, befanden sich zwei Exorzisten, in deren Gegenwart ich mich stets unbehaglich fühlte, noch bevor man mir von ihrem dunklen Ruf etwas gesagt hatte. Beide waren Männer von eindrucksvoller Erscheinung mit übernatürlich leuchtenden Augen, mit beunruhigendem Blick und abstoßend bleicher Gesichtsfarbe. Man sagte ihnen nach, dass sie viel Zeit mit Meditation verbrachten und die Anwendung ihrer besonderen Fähigkeiten als Exorzisten als eine lästige Unannehmlichkeit ansahen, die sie hauptsächlich aus Mitleid für ihre Patienten auf sich nahmen. Darüber hinaus hingen die Einkünfte des Klosters und sein Ansehen in der Öffentlichkeit bis zu einem gewissen Grad von der Schaustellung von Wundern ab. Ob diese beiden seltsamen Männer nun wirklich hochherzig gesinnt waren oder nicht, auf jeden Fall wurden sie von den anderen Klosterbrüdern bewundert, die von ihnen behaupteten, dass sie «ein hohes Maß an Lebensenergie aufwandten, um die Leiden der von Dämonen gequälten Menschen zu lindern».

Ich unterdrückte meine instinktive Abneigung und gab mir alle Mühe, ihnen freundlich näher zu treten, in der Hoffnung, sie würden mir erlauben, die angeblich durch dämonische Besessenheit verursachten Symptome zu beobachten und Zeuge des exorzistischen Rituals zu werden. Das letztere Ziel erwies sich als unerreichbar, denn ich erfuhr, dass ein Exorzist mit seinem zuckenden Patienten allein bleiben muss, aber diese beiden grimmigen Klosterbrüder versprachen mir, mich den nächsten Patienten sehen zu lassen, bevor einer von ihnen seinen Dämon austrieb. Während ich auf die Erfüllung dieses Versprechens wartete, hatte ich das Glück, aus dem Mund eines Pilgers aus Kanton einen Bericht von einer Austreibung zu erhalten, der nach allem, was man unter diesen Umständen erwarten konnte, einem Augenzeugenbericht am nächsten kam. Dieser Li war zwar ein gerissener Händler, aber ich betrachtete ihn als einen rechtschaffenen Mann, der aller Wahrscheinlichkeit nach keine tollen Geschichten auftischte um ihrer Wirkung willen. Der wesentliche Inhalt dieser Geschichte war etwa folgender:

«Auf dem Berg Lo-fu in meiner heimatlichen Provinz Kuangtung gibt es einen berühmten Unsterblichen, der unter dem Namen Wolkenwanderer bekannt ist. Vor nicht langer Zeit wurde die jüngste Tochter meines Vetters, der nebenbei gesagt Teehändler ist, von einer Krankheit heimgesucht, die zu heftigen Anfällen führte. Sie erkrankte nur einige Monate vor dem für ihre Eheschließung mit einem reichen Anwalt aus Hongkong festgesetzten Datum, und so versuchten ihre Eltern natürlich, ihr Unglück so weit wie möglich zu verbergen, in der Hoffnung, sie würde bis zur Hochzeit geheilt sein. Vergeblich ließen sie Ärzte kommen, die sie nach westlichen Methoden behandelten, und solche, die in unserer chinesischen Heilkunst bewandert sind. Zwei Monate wurden vertan, bevor ein enger Freund der Familie daran dachte, den Wolkenwanderer heranzuziehen. Dieser stellte sofort die wohlbegründete Diagnose, dass sie von einem Angehörigen jener besonders bösartigen Dämonen besessen war, die ihr Dasein zu verlängern suchen, indem sie sich am Körper gesunder junger Männer und Mädchen mästen. So vernichten sie allmählich ihre Opfer. Es ist schrecklich.

‹Seien Sie ganz ruhig›, erklärte der Unsterbliche ihren Eltern. ‹Die Krankheit hätte lange nachwirkende Folgen haben können, aber sobald ich diesen Dämon ausgetrieben habe, wird sie wieder stark und gesund sein – es sei denn, dass ihr Vorrat an Lebenenergie bereits in entscheidender Weise aufgezehrt wurde. Es wäre besser gewesen, Sie hätten mich früher kommen lassen.›

Sie wissen vielleicht, dass Exorzisten mit ihrer Erscheinung ziemlich beängstigend wirken können, aber der Wolkenwanderer gehörte nicht zu den Leuten, bei deren Anblick ein junges Mädchen den Verstand verliert. Nun gut. Ich werde es Ihnen erzählen. Zwischen ihren Anfällen zeigte die Tochter meines Vetters keinerlei Krankheitssymptome außer starker Müdigkeit, und sie hatte sich seit einigen Tagen einigermaßen wohl gefühlt, als der Unsterbliche erschien, um ihre Beschwerden zu diagnostizieren. Kaum hatten ihre Eltern ihn in ihr Zimmer geführt, als ein Anfall einsetzte. Sich windend wie auf einer Folter, beschimpfte das Mädchen ihn mit den übelsten Schimpfworten und gebrauchte Worte, die kein wohl erzogenes Mädchen kennt, geschweige denn aussprechen würde.

‹Du bist es also schon wieder!›, rief der Unsterbliche streng. Das überraschte etwas, denn er hatte das Mädchen früher nie gesehen, aber in Wirklichkeit galt dieser Ausruf dem Dämon, den er schon einmal aus dem Körper eines jungen Burschen aus der Familie Auyang in Tungshan vertrieben hatte.

‹Wie kannst du es wagen, *mich* kennen zu wollen!›, erwiderte der Dämon hochmütig. ‹Verschwinde und … dich selber in dieser Ruine von einem Kloster. Es ist die einzige Liebe, die du zu erwarten hast, du fauler taoistischer Knochen!›

Von so würdelosen Beschimpfungen verletzt, rief der Unsterbliche streng: ‹Wenn König Yen Lo dich nicht in sein dunkles Reich zurück holt, werde ich dich vernichten, du schwachsinniger Teufel!› Mit diesen Worten verschlang er seine Finger zum Zeichen seiner großen Kraft, woraufhin das Mädchen aufschrie wie getroffen und sich an die Wand kauerte. Zu den Eltern gewandt, erklärte der Unsterbliche: ‹Sie werden feststellen, dass dieser Fall keine Schwierigkeiten bietet. In einer einzigen Nacht kann ich diesen jämmerlichen Dämon bezwingen, dass er, um sein Leben zu retten, die Flucht ergreift. Sollte er sie aber morgen mittag noch belästigen, gebrauche ich noch schärfere Maßnahmen, gebe Ihnen aber das Honorar für meine Dienste zurück.›

Da er die Rachsucht dieses bösartigen Dämons kannte, ordnete er an, man sollte alle Möbel und sonstigen Gegenstände aus einem Zimmer entfernen, und er befahl den Bediensteten, es gründlich zu fegen, damit, falls das Mädchen am Boden entlanggeschleift werden sollte, die Kleider nicht beschmutzt würden.

Am nächsten Abend kehrte er zurück, nachdem er einen ganzen Tag gefastet hatte, und stellte einen Altar für seine Schutzgottheit auf. Dann riet er meinem Vetter, seine Tochter in einem möglichst weit entfernten Zimmer einzuschließen, damit der Dämon, wenn er nun die Geräusche vernahm, die den Vorbereitungen dienten, sie nicht doppelt so heftig quälte, zündete Kerzen und Räucherwerk in dicken Zinngefäßen an und begann hinter verschlossenen Türen mit den einleitenden Riten. Leider drang das Dröhnen seiner Becken bis in die entlegensten Winkel des Hauses und trieb das kranke Mädchen zur Raserei. Die Frauen, die sie beaufsichtigten, mussten ihr die Arme fesseln, aus Angst, sie würde sich etwas antun.

Eine Stunde vor Tagesanbruch ließ sich der Unsterbliche einen schönen jungen Hahn bringen, köpfte den Vogel und verspritzte sein Blut überall im Zimmer als eine Opfergabe für die Geister, die er zu seiner Unterstützung herbeigerufen hatte. Was das Fleisch betraf, so sollte es den Dämon dazu verleiten, sich aus dem Körper des Mädchens vertreiben zu lassen. Als alles bereit war, wurde das schreiende Mädchen, an dessen Armen der Unsterbliche nun die Fesseln lösen ließ, in das Zimmer gestoßen. Hinter ihr verschloss man die Tür.

Was dann geschah, kann man sich vorstellen, obwohl der Unsterbliche niemals von seinen Fähigkeiten spricht und man von dem, was geschehen ist, nur das erfährt, was die Familie des Patienten bekannt gibt, wenn sie in den Tempel geht, um den Göttern zu danken. Stunde um Stunde mussten die verängstigten Eltern ausharren und dem Dröhnen der Becken lauschen, den schweren Kniefällen, dem Geklirr der rituellen Gegenstände aus Metall, die durch das Zimmer geschleudert wurden, dem Gelächter, den Schreien und Verwünschungen und schließlich einem Ringen und Keuchen wie von Männern, die miteinander kämpfen. Und dann die Stimmen! Die des Unsterblichen, laut und herausfordernd; die des Mädchens abwechselnd gellend und jämmerlich; die des Dämons wild und trotzig und dann wieder klagend wie die eines unstet umherirrenden Geistes. Die Mutter, die glaubte, ihre Tochter werde gefoltert, war außer sich und versuchte, in den geschlossenen Raum einzudringen, und ihr Mann musste sie mit Gewalt in das Haus eines Nachbarn schaffen lassen.

Lange vor der Mittagsstunde wurde die Tür aufgestoßen, und der Unsterbliche erschien keuchend und entsetzlich zerzaust. ‹Es ist geschafft!›, rief er. Als der Vater und die Dienerschaft hereinstürzten, fanden sie ein wildes Durcheinander vor. Verbogene und zerbrochene Überreste der Räucherbüchse und Kerzenhalter aus Zinn lagen zwischen den geborstenen Trümmern der Marmorplatte und dem Ebenholz des Altars. Der Boden, dem Ritual gemäß mit dem Blut des Hahns besprengt, war von den Knochen und Federn des Vogels beschmutzt, und dazu kamen noch die Klumpen von Kerzenwachs und die Asche aus der umgekippten Räucherbüchse. Die Knochen des Hahns waren selbstverständlich sauber abgeleckt, nicht ein bisschen Fleisch oder Mark haftete noch an ihnen.

Nachdem der Unsterbliche die Tür aufgestoßen hatte, lehnte er sich ermattet an die Wand, erschöpft bis zum Äußersten. Das arme Mädchen lag zusammengesunken in einer Ecke, bewusstlos und kaum noch atmend. Behutsam wurde sie in ein Schlafzimmer getragen, wo eine sorgfältige Untersuchung durch die Frauen keinerlei Anzeichen von Gewalttätigkeit ergab. Ihre blasse Haut war weder zerkratzt noch zerschunden, mit Ausnahme der Verletzungen, die sie sich mit ihren Nägeln selbst im Gesicht beigebracht hatte. Ihre Haare und ihre Kleidung waren kaum in größerer Unordnung als zu dem Zeitpunkt, als sie zum Unsterblichen hineingetrieben wurde. Offensichtlich hatte das eigentliche Ringen stattgefunden, *nachdem* der Unsterbliche den Dämon durch seine Beschwörung herausgeholt hatte.

Später berichtete der Unsterbliche den Eltern, er hätte den Dämon in weniger als einer Stunde besiegen können, wenn der angegriffene Zustand des Mädchens es nicht als wesentlich hätte erscheinen lassen, ihn aus ihr herauszulocken, bevor er Gewalt anwenden konnte. Als er endlich auf seine Zauberkünste ansprach, hatte der Dämon das Hühnerfleisch entdeckt und versprochen, in Frieden seines Weges zu ziehen. Aber kaum hatte er den Vogel verschlungen, unternahm er mit neuen Kräften einen tückischen Angriff, der dem Unsterblichen fast das Leben gekostet hätte!

Nachdem der Unsterbliche gebadet, sich umgezogen und ein reichhaltiges Frühstück zu sich genommen hatte, steckte er sein Honorar ein, ohne überhaupt einen Blick auf das Geld zu werfen, und entfernte sich, nachdem er den Eltern noch gesagt hatte: ‹Sie haben von dem Dämon nichts mehr zu befürchten, aber die Lebenskraft Ihrer ehrenwerten Tochter wurde fast bis zum Tode aufgezehrt. Sie müssen sie gut ernähren.›

Als das Mädchen wieder zu Bewusstsein kam, erinnerte sie sich an nichts von all dem, was geschehen war. Sie bekam keine Anfälle mehr und verhielt sich ihren Eltern gegenüber freundlich und gehorsam, aber ihre Kräfte waren schon vor Erscheinen des Unsterblichen aufgesogen worden. So war sie kaum fähig, in den Garten hinunterzugehen, und musste sich auf die Schultern der Dienerinnen stützen. Zwei Monate später lag sie im Koma und starb. Wie Sie sehen, hat diese Geschichte ein tragisches Ende, ganz im Gegensatz zu den übrigen Erfolgen des Wolkenwanderers, aber sie stellt einen klassischen Fall von Exorzismus dar, ungetrübt von anomalen oder unerwarteten Begebenheiten.»

Etwa eine Woche, nachdem ich Lis Geschichte gehört hatte, wurde ich in die Zelle gerufen, die Shen Tao-shi, der jüngere der beiden Exorzisten, die in der «Heimstatt des Geheimnisvollen Ursprungs» lebten, bewohnte. Er machte mir ein Zeichen, ihm zu folgen, und führte mich in einen Hof, der von den zu dieser Jahreszeit selten besetzten Schlafsälen der Pilger eingeschlossen war. In einem von ihnen lag eine einsame Gestalt auf dem Schlafpodium – eine Bäuerin mittleren Alters, die offenbar in einem Zustand der Benommenheit war, denn sie beachtete uns nicht, zupfte nur abwesend an ihrem zerzausten Haar und gab blökende Laute von sich.

«Sie hat großes Glück, denn sie scheint nur von einem Wassergeist besessen zu sein. Offenbar hat sich, während sie Kleider am Flussufer wusch, ein Kobold in ihrem Körper niedergelassen. Solche Kobolde werden eigentlich nur dann gefährlich, wenn tiefes Wasser in der Nähe ist. Ihr Mann hat sie hier heraufgebracht, nachdem er drei schlaflose Nächte durchgemacht hatte, um sie daran zu hindern, zum Fluss zu laufen. Anscheinend schläft der Kobold den größten Teil des Tages, denn die Patientin weist erst gegen Abend Merkmale akuter Bedrängnis auf.»

«Und wie beabsichtigen Sie, sie zu heilen?», fragte ich und hoffte, dass er mich auffordern würde, dem Ritus beizuwohnen.

«Natürlich mit Feuer, da Feuer und Wasser Elemente sind, die am häufigsten miteinander im Streit liegen.»

«Mit Feuer?», wiederholte ich. «Wird die Patientin dabei nicht verletzt?»

«Sie könnten mich ebensogut fragen, ob ich mich auf meinen Beruf als Arzt verstehe», erwiderte er mit einer gewissen Schärfe. «Was Sie da sagen, ist höchst unwahrscheinlich. Sehen Sie mal!» Er zündete ein Streichholz an, und obwohl es heller Tag war, entlockte der Anblick der schwachen Flamme der Frau einen gellenden Schrei. Sie sprang auf, kauerte sich am Kopfende ihres Bettes zusammen und stöhnte erbärmlich.

«Da sehen Sie, wie leicht Wasserkobolde einzuschüchtern sind. Heute Nacht werden wir diesem Geschöpf beibringen, von jetzt an Menschen in Frieden zu lassen.»

Obwohl ich ihn eindringlich bat, mir zu erlauben, bei der Behandlung zuzusehen, blieb Shen Tao-shi unerbittlich. Als ich mich in meiner kleinen Gastzelle am anderen Ende des Klosters an diesem Abend schlafen legte, vernahm ich ein fernes Dröhnen von Becken, das ungefähr eine Stunde anhielt. Das war alles.

Während ich am Morgen mit zwei oder drei anderen Gästen beim Frühstück saß – mit gesalzenen Flusskrabben gewürztem Reisbrei –, trat der Exorzist strahlend lächelnd ein, um mich aufzufordern, mir die Frau, bevor sie aufbrach, anzusehen. Ich legte meine Essstäbchen hin und folgte ihm.

Sie stand vor der Tür des Gästerefektoriums. Sie hatte ihr langes Haar jetzt ordentlich zu einem Knoten zusammengesteckt, und obwohl sie müde und blass aussah, befand sie sich doch offensichtlich in einem weit besseren Zustand als zuvor. Als sie sich so plötzlich einem Barbaren von jenseits des Westlichen Ozeans gegenübergestellt sah, machte sie instinktiv eine Bewegung, als wollte sie davonlaufen. Aber das war bei einer chinesischen Bäuerin eine normale Reaktion und stand in absolutem Gegensatz zu ihrer früheren Apathie. Doch im Großen und Ganzen war ich enttäuscht und konnte mich des Verdachts nicht erwehren, der gerissene Exorzist habe eine kleinere Unpässlichkeit bei ihr festgestellt und nur versucht, mich zu beeindrucken, indem er einen Fall von Besessenheit vortäuschte und ihr ein entsprechendes Medikament gegeben hatte, bevor er sie verließ und sich selbst zur Ruhe begab.

Und dennoch. Ich dachte an ihr entsetzliches Zurückweichen vor einer Streichholzflamme und das Lärmen der Becken in der Nacht. Ich nahm eine Zigarette und zündete sie an, wobei ich die Frau auf Anzeichen von Furcht hin beobachtete, aber ihr teilnahmsloses Gesicht blieb unverändert. Diese Begebenheit war, wenn auch nicht sehr eindrucksvoll, so doch gewiss seltsam.

In den dreißiger Jahren wurde taoistischer Exorzismus noch immer häufig praktiziert und offenbar mit Erfolg. Denn ob nun die Patienten tatsächlich von Dämonen besessen oder ganz einfach schizophren waren, wie wir es nennen würden, gab es doch zuverlässige Berichte über erfolgreiche Heilungen. Andererseits war die gefährliche Kunst, Geister zu beschwören (andere als die unsichtbaren Wesen, die durch den Mund orakelnder Medien sprachen), äußerst selten geworden, so dass ich während meiner mehrfachen Besuche in der «Heimstatt des Geheimnisvollen Ursprungs» vergeblich versuchte, unmittelbare Informationen über Beschwörungsriten zu erhalten. Die Klosterbrüder betrachteten es als selbstverständlich, dass Dämonenbeschwörungen innerhalb der Grenzen des Möglichen lag, denn sie hatten sehr viel von dieser geheimnisvollen Tätigkeit gelesen oder gehört, wie sie von Taoisten in früheren Zeiten ausgeübt wurde. Aber keiner von ihnen hätte einen Fall aus jüngerer Zeit nennen können, der durch zuverlässige Zeugenaussagen belegt war.

Schließlich erklärte sich ein ziemlich dicker, gemütlicher Klosterbruder bereit, der in der Umgebung von Peking geboren war und dessen Fähigkeiten als Musiker hoch geschätzt wurden, meine Neugier zu befriedigen, indem er mir die Geschichte von einem mongolischen Schamanen erzählte, der, wie er mir versicherte, einen Dämon unter Umständen beschworen hatte, die auf eine der taoistischen Beschwörungsweise ähnliche Methode hindeutete.

«Die Geschichte liegt einige Jahre zurück, mein Freund, sagen wir zehn oder zwölf Jahre nach Gründung der Republik, als Sun Yat-sen noch immer das Idol des Volkes war – ein langweiliger, demagogischer, pathetischer Redner, wie wir Taoisten fanden. Zu jener Zeit diente ich als junger Mann im Tung-Yü-Tempel in Peking und kannte mehrere Angehörige der betreffenden Familie. Die Hauptfigur war ein Pelzhändler mit Namen Chang I-lo, dessen Mutter und dritter Onkel sich lange wegen eines Landbesitzes in Pao-ting Fu, ihrem Geburtsort, in den Haaren gelegen waren. Die alte Dame starb plötzlich an einer geheimnisvollen Krankheit, und Chang I-lo, davon überzeugt, sein Onkel habe sie vergiftet, beschuldigte ihn vor allen und nahm sich kein Blatt vor den Mund. Der Onkel war bestimmt ein bösartiger Mensch, abgesehen davon, dass er einem Kult angehörte – einem Kult, dessen Name man sogar unter guten Freunden nicht erwähnt. Seine Anhänger frönten entsetzlichen Riten, die schon seit Hunderten von Jahren als gesetzwidrig gelten. Gefährliche Leute! Als Junge ging ich Changs unheimlichem Verwandten jedesmal aus dem Weg, wenn er unseren Tempel aufsuchte.

Als Pelzhändler musste Chang I-lo alljährlich nach Kalgan reisen, um von den mongolischen Fallenstellern, die sich mit ihren Waren in seinem Gasthaus einfanden, Bälge und Tierhäute zu kaufen. In dem Jahr, in dem seine Mutter starb, suchte ihn, während er seine Vorbereitungen zum Besuch in dieser Stadt traf, ein Verkäufer auf, der in der Arzneihandlung in der Nähe des Tung-An-Markts arbeitete, als habe er geschäftlich mit ihm zu tun, und überredete ihn, einen gewissen mongolischen Schamanen, der in Kalgan wohnte, zu besuchen, einen Mann, der im Ruf stand, die

Geister der Toten beschwören zu können. Durch ein Gespräch mit seiner verstorbenen Mutter könnte Chang feststellen, ob und wie sein Onkel sie vergiftet hätte.

‹Ein Mann darf nicht unter dem gleichen Himmel leben wie der Mörder eines seiner Eltern›, erklärte der Arzneiverkäufer. ‹Wenn Ihr Verdacht durch eine so zuverlässige Quelle bestätigt wird, kann kein ehrenhafter Mann Sie tadeln, wenn Sie Ihren Onkel aus dem Weg räumen. Selbstverständlich, Gesetz ist Gesetz, und Sun Yat-sens Leute haben alles auf den Kopf gestellt. Es könnte also sein, dass die Behörden ein solches Vorgehen scharf verurteilen, aber im Allgemeinen werden die Menschen Sie als einen pietätvollen Sohn ehren.›

Als Chang I-lo nach Kalgan kam, erfuhr er, dass der Schamane in einer kleinen Jurte (Filzzelt) lebte, die er auf dem Kamm eines steilen Höhenzugs einige Meilen nördlich der Stadtmauer aufgeschlagen hatte. Es gab keine Straße dorthin, und so heuerte er sich einen jungen Mann, der neben seinem Pferd herlaufen und ihm den Weg zeigen sollte. Als sie auf die Höhe einer Steigung gelangten, von wo aus die Jurte sichtbar wurde, bat der Bursche um sein Geld und erklärte, er habe Angst, sich ihr weiter zu nähern. So zahlte Chang ihn aus und freute sich vielleicht, dass es noch immer früh genug wäre, vor Sonnenuntergang sicher in den Schutz der Stadtmauern zurückzukehren.

Am Eingang der Jurte – einer in den Filz eingelassenen Holztür – traf er ein mongolisches Kind mit schmutzigem Gesicht, das ihn aufforderte, gleich einzutreten. Im Innern war es düster, aber doch nicht zu dunkel, um etwas zu sehen. Auf der anderen Seite der Herdstelle saß ein älterer Mongole lässig zurückgelehnt auf einem Stapel alter Decken. Er war nicht weniger dreckig als der Junge und trug ein zerrissenes, gelblich-ockerfarbenes Gewand, das mit Fettflecken ganz bedeckt war – wahrscheinlich wischte er nach jeder Mahlzeit seine Essstäbchen daran ab. Es stank dort überhaupt entsetzlich. Zu den Gerüchen von Schmutz und Armut kam noch der Gestank ranziger Butter hinzu, der aus einigen brennenden Lampen vor dem üblichen buddhistischen Wandschrein aufstieg.

Chang fühlte sich sehr beunruhigt. Ein erfolgreicher Dämonenbeschwörer sollte doch bestimmt imstande sein, sich eine feinere Behausung zu leisten. Im Übrigen gab es in dem ganzen Raum nichts außer dem Schrein, dem Haufen alter Decken und einem zerbeulten bronzenen Teekessel auf der Feuerstelle, in dem es brodelte.

Der Schamane begrüßte ihn auf mongolisch, einer Sprache, die alle Pelzhändler aus Peking aus geschäftlichen Gründen beherrschen müssen. Chang sprach es fließend, während der Schamane wahrscheinlich nur sehr wenig chinesisch reden konnte, wenn überhaupt. Seine nächsten Worte trafen Chang wie ein Schlag.

‹Sie kommen in einer ernsten Angelegenheit zu mir und möchten mit Ihrer Mutter sprechen.›

Wer könnte angesichts solchen übernatürlichen Wissens auch ruhig bleiben? Und wie ich mich erinnere, war Chang ein recht ängstlicher Mensch. Andererseits aber war es eine Genugtuung festzustellen, dass der Schamane wirklich ungewöhnliche Kräfte besaß.

‹Zehn Silberdollar›, lautete die nächste Äußerung. Mein Freund, wenn Sie unsere sparsamen Pekinger Kaufleute kennen, so werden Sie begreifen, was in Changs Kopf vorging. Wäre der Mongole in Seide gekleidet und seine Jurte mit feinen Teppichen und anderen Luxusgegenständen ausgestattet gewesen, hätte er leicht vierzig oder sogar fünfzig Dollar aus ihm herausholen können, so aber beschloss Chang, dem all die Merkmale der Armut um ihn her nicht entgangen waren, törichterweise, ihm weniger zu geben, als er verlangt hatte. Ruhig legte er nur fünf Silberdollar auf den Rand des Deckenstapels und fügte ein wenig beschämt noch einen sechsten hinzu, als er den zornigen Gesichtsausdruck des Schamanen bemerkte. Ein solcher Geiz hätte jeden gegen ihn aufgebracht, doch wird es nicht der einzige Grund gewesen sein. Später hat ihn der Mongole grausam bestraft, aber man kann kaum annehmen, dass diese schäbige Knauserei die eigentliche Ursache war. Nach meiner unmaßgeblichen Meinung hätte Chang bestimmt eine sehr viel höhere Summe gebraucht, um dem, was ihn erwartete, zu entgehen.

Der Mongole steckte das erbärmliche Honorar in seinen Ärmel, kreuzte wie zur Meditation seine Beine und schlug dabei den Schoß seines Gewands sorgfältig unter, um seine Füße vor der Zugluft zu schützen. Später sagte Chang, das habe ihn verwundert, denn im Zelt war es so stickig, dass er selber schwitzte. Dann griff der Mongole zu einem Tamburin mit Metallkügelchen, die mit Riemen an ihm befestigt waren, wirbelte es mit solcher Kraft herum, dass der dabei entstehende Laut dem von Hagel glich, der auf ein mit dünnen Ziegeln gedecktes Dach niederprasselt, und stimmte einen monotonen Gesang an.

‹Durra-durra-drrrrh›, dröhnte das Tamburin. ‹Ooooah aiejii jaaauu›, sang der Mongole mit tiefer Bassstimme. Sie kennen ja so etwas. Nach einer Weile begann sein Körper zu zucken und zu schaukeln, die Arme wirbelten herum, und hin und wieder wirkten seine Bewegungen so bedrohlich, dass Chang, der am Boden saß, hastig zurückwich, wobei er sich fast den Rücken am Herd verbrannt hätte. Plötzlich fiel ein Windstoß ein. Der Mongole stieß gellende Schreie aus, und die Filzwände der Jurte begannen sich zu straffen und zu zittern – und doch blieb der von der Sonne erhellte Saum des Materials so hell wie zuvor, und Chang bemerkte, dass, während ein kalter Wind im Innern der Jurte tobte, es auf der Steppe draußen ebenso windstill und friedlich blieb wie vorher! Bald fiel ihm auch auf, dass die Dunkelheit im Innern zugenommen hatte. Denn obwohl er noch immer die heftigen Bewegungen des Mongolen verfolgen konnte, waren doch Einzelheiten wie die Fettflecken auf seinem Gewand nicht mehr sichtbar. Als typischer Kaufmann dachte Chang, man würde bald einen Versuch unternehmen, ihn zu berauben!

Ungeheurer Lärm und dann eine zerschmetternde Stille! Der Wind setzte ebenso jäh aus wie das Rasseln des Tamburins. Außer dem leisen Singen des Teekessels war kein Laut zu hören. Eine lange, lange Stille. Das also war der Augenblick! Der Schatten seiner verstorbenen Mutter stand im Begriff, sich zu manifestieren. Er würde ihre Stimme hören, vielleicht sogar ihr geliebtes Gesicht sehen! Er hielt den Atem an und erstarrte. Tränen begannen ihm in die Augen zu steigen.

‹Blutschänderische Schildkröte! Schwester-schändender Hund! Stinkender Klumpen menschlichen Kots! Wie kannst du

73

es wagen, das Verbrechen des Mordes deinem ehrenwerten Onkel anzuhängen, ruchloser Chang I-lo!›

Chang fuhr entsetzt zurück. Wieso kannte der unsichtbare Besitzer dieser hohen, metallischen Stimme seinen Namen oder die Anschuldigungen, die er im fernen Peking erhoben hatte? Es war nicht die Stimme eines Menschen, den er kannte, eines Lebenden oder Toten, und ganz gewiss nicht die seiner Mutter. Auch konnte es nicht die des Mongolen sein, denn die Beschimpfungen erklangen in tadellosem Chinesisch, mit dem Akzent seiner Heimatstadt Pao-ting Fu. Was für ein Mensch mochte es sein, der seine innersten Gedanken las und seinen Tonfall nachzuahmen verstand? Um nicht den Verstand zu verlieren, gelangte er zu dem Schluss, dass es doch der Schamane gewesen war, der ihn mit diesen üblen Beschimpfungen überschüttet und sich irgendwo die vollkommene Kenntnis der chinesischen Sprache angeeignet hatte. Das alles waren nur dunkle Machenschaften, die es auf seinen Beutel mit Silber, den er unter seinem Gewand trug, abgesehen hatten. Das war es!

Seine Furcht wich dem Zorn, und er wollte schon auf die Betrüger losgehen, als neues Entsetzen ihn packte. Denn jetzt erkannte er eine zweite, größere Gestalt, die so auf dem Deckenhaufen saß, dass sie Gesicht und Körper des Schamanen hätte verbergen müssen. Aber so war es nicht! Zwei Gestalten, die einander überschnitten und dennoch völlig sichtbar blieben? Wie war das möglich! Durch das trübe Licht musste sein Geist einer Täuschung anheimgefallen sein. Welche Beruhigung er auch immer in dieser Überlegung fand, so hielt sie doch nicht lange an, denn schon bald sah er, wie die bis dahin schemenhafte Gestalt die viel solidere Form eines stämmigen Mannes annahm, der mit gekreuzten Beinen dort saß, wobei die weißen Sohlen seiner chinesischen Filzpantoffeln sich schimmernd vom Hintergrund des dunklen Stoffes seines Gewandes abhoben. Changs Überzeugung, er sei das Opfer einer Halluzination, begann bereits zu schwinden, als aus ein paar Stücken halbverglühter Holzkohle in dem Ofen hinter ihm Flammen emporzüngelten, die ein unheimliches Licht auf das Gesicht des Fremden warfen. Vorbei war es mit den beruhigenden Zweifeln. So entsetzlich hässliche

Gesichtszüge mit einem Ausdruck so unmenschlicher Bösartigkeit konnten nur einem Dämon gehören!

Der Schamane hatte seine Rolle so gut gespielt, dass unser Pelzhändler, dieser pietätvolle Sohn, schreiend aus der Jurte stürzte, dabei über die Schwelle stolperte und draußen mit dem Gesicht auf die staubige Erde fiel. Er raffte sich wieder auf und vernahm inmitten schrillen, tosenden Gelächters die entsetzlichen Worte: ‹Kein Mensch entflieht seinem Schatten. Wohin er auch geht, er folgt ihm!› Er warf sich auf sein Pferd und stieß ihm die Absätze in die Flanken, bevor ihm einfiel, den Zügel vom Haltepfahl zu lösen. Nun fiel das abscheuliche mongolische Kind mit seinem Lachen in das des Dämons ein.

Man kann sich vorstellen, wie der arme Chang I-lo sein Pferd antrieb, um so schnell wie nur möglich weiterzukommen, und den Vorübergehenden Wolken von Sand in die Augen wirbelte.

Ein paar Tage später, als er mit seiner Ladung von Häuten und Fellen nach Peking zurückgekehrt war, brach die ganze Geschichte im Beisein seiner Familie aus ihm heraus. Dazu gehörte auch ein junger Vetter, von dem wir sie bald danach im Tung-Yü-Tempel hörten. In gewissem Sinn war die Sache zum Lachen, nicht so ihr weiterer Verlauf. Alle versuchten, Chang zu beruhigen, und behaupteten, er sei auf grausame Weise wegen seines Geizes dem Schamanen gegenüber betrogen worden.

Aber Chang I-lo vermochte, besessen von den Worten: ‹Kein Mensch entflieht seinem Schatten›, von nichts anderem als von den Vorbereitungen für seine Bestattung zu reden. Ein paar Tage später erkrankte er. Der Arzt stellte ein Überwiegen des Feuerelementes im Bereich seiner Leber fest, aber es ist zweifelhaft, ob er die eigentliche Krankheit erkannt hatte. Nach einer Weile wurde bekannt, dass Changs Frau nicht länger wagte, die Nacht mit ihm zu verbringen, denn immer wieder erwachte sie, weil ihr Mann zwischen Anfällen von Weinen und Lachen laut mit sich selbst redete. Am meisten erschreckte sie, dass er *zwei* Stimmen zu haben schien, die eine, die in vertrautem Tonfall argumentierte, weinte und flehte, und eine andere, die Drohungen und Obszönitäten hervorstieß oder mit schrillen Lauten, die einem Fremden zu gehören schienen, lachte oder vor sich hinmurmelte.

Als man ihr riet, einen taoistischen Exorzisten kommen zu lassen, weigerte sich die Frau, dies zu tun, und erklärte, Taoisten gäben den Leuten nichts weiter als wertlose Papiertalismane für gutes Geld. Daher musste Chang I-lo bald sterben, aber nicht infolge einer Krankheit. Eines Morgens betraten seine Frau und eine Dienerin sein Zimmer, um ihn wie üblich zu versorgen. Sie fanden das Bettzeug von Blut durchtränkt, das aus Wunden geflossen war, die er, wie die Behörden feststellten, sich selbst beigebracht hatte. Darüber kann man sich seine eigenen Gedanken machen. Bei der Bestattungsfeier war natürlich von Besessenheit durch Dämonen viel die Rede, bis sein unheimlicher dritter Onkel, der eine geziemende Trauer zur Schau trug, dem Ganzen ein Ende setzte, indem er solch abergläubisches Geschwätz als eine Schande bezeichnete.»

An diesem Punkt angelangt, schwieg mein pausbäckiger taoistischer Freund, denn offenbar sah er keinen Grund für eine weitere Erklärung. Als ich eine solche verlangte, sah er mich überrascht an, kam aber meinem Wunsch in seiner üblichen freundlichen Art nach.

«Selbstverständlich steckte der Onkel hinter allem, was sich dort ereignete. Als er erfuhr, dass I-lo ihn ganz zu Recht des Mordes verdächtigte, muss er in aller Eile mit dem Zug nach Kalgan gereist sein und dem Schamanen eine hübsche Summe gezahlt haben, um einen Dämon heraufzubeschwören, der mächtig genug war, seinen Neffen zu vernichten. Der Medizinverkäufer wurde vielleicht bestochen oder unwissentlich dazu gebracht, Chang I-lo zu veranlassen, den Schamanen aufzusuchen.»

«Aber warum wählte man eine so seltsame, komplizierte Methode, um den armen Chang zum Schweigen zu bringen?»

«Welch bessere Alternative hätte es gegeben? Innerhalb eines Jahres zwei Angehörige seiner Familie zu vergiften, hätte gefährlich werden können, meinen Sie nicht? Hingegen war an seinem Vorgehen nichts auszusetzen, da das heute geltende Recht Dämonen nicht einbezieht. Vielleicht hätte Changs Familie den einen oder anderen Polizisten dazu bringen können, die Wahrheit zu erkennen, aber man hätte die Polizei vor Gericht ausgelacht, hätte sie versucht, einen Mordfall auf Dämonenbesessenheit zurückzuführen!»

«Ganz richtig! Vielen Dank für die Geschichte, aber nun würde ich allzu gern etwas über spezifisch taoistische Methoden der Dämonenbeschwörung erfahren.»

«Mein lieber Freund, mein lieber Freund», rief der Mönch inmitten herzlichen Gelächters. «Sie glauben doch nicht etwa, dass es mehrere Möglichkeiten geben könnte, Dämonen zu beschwören! Schamane oder Taoist, was ist der Unterschied?»

«Aber Sie haben mir nicht erzählt, *wie* der Schamane vorgegangen ist.»

«Ach», erwiderte er und schüttelte den Kopf. «Wenn ich das nur wüsste. Ja, ich wünsche von ganzem Herzen, mich mit dieser faszinierenden Kunst eingehend zu befassen, aber wo könnte man heute einen Lehrer finden! Ich kann Ihnen nur sagen, dass manche Dämonen unabhängig existierende Wesen sind, die man mit Hilfe von Zaubersprüchen und Überredungskünsten herbeirufen muss, während andere die geistigen Schöpfungen dessen sind, der sie aussendet.

Die letzteren sind die gefährlicheren, falls das vorgesehene Opfer seinen Quälgeist nicht als reines Phantom erkennt und mit einer Waffe aus Eisen oder Stahl kühn zuschlägt. Denn dann schwindet seine Kraft, und dem Sieger bleibt nur eine zerfetzte Puppe aus Papier, die nicht länger von dem übernatürlichen Atem des Zauberers belebt ist. Solche Phantome sind besonders gefährlich, weil man sie, im Gegensatz zu natürlichen Dämonen, nicht dadurch gewinnen kann, dass man ihnen schmackhafte Leichen, Krüge mit frischem Blut oder ähnliche Köstlichkeiten verspricht. Niemand würde sich die Mühe geben, nur durch Geisteskraft ein Phantom zu erschaffen, falls er nicht die Absicht hätte, jemandem zu schaden, und da seine Existenz in seinem Schöpfer wurzelt, hat es kein anderes Ziel und keine andere Absicht, als das ihm bestimmte Opfer zu vernichten. Hätte Chang I-los Frau einen sachkundigen Taoisten hinzugezogen, so hätte man den Typ des Dämons, der ihn befallen hatte, feststellen und damit auch entsprechende Maßnahmen ergreifen können.

Nur ungern *vernichtet* man echte Dämonen, das hebt man sich als letzten Ausweg auf. Diese Dämonen lieben nämlich ihr Leben ebenso sehr wie wir das unsere und haben ein gleiches Recht auf Existenz. Nur in dem Fall eines durch geistige Einwirkung geschaffenen Phantoms würde ein Taoist Gewalt anwenden, ohne ihm die Möglichkeit zu lassen, sich in Frieden zurückzuziehen, denn ein solcher Dämon hat kein eigenes Leben zu verlieren, da er nichts weiter als die Verlängerung des Geistes des Zauberers darstellt. Man kann ihn daher ohne alle Gewissensbisse vernichten, aber der Schwertstreich muss kraftvoll, schnell und wirksam sein. Sollte man ein solches Phantom nur verwunden, könnte es davoneilen und sich dadurch retten, dass es seinen Schöpfer vernichtet. Man könnte der Ansicht sein, dass der mongolische Schamane den Tod verdiente, aber diese drastische Strafe wäre in meinen Augen ungerecht. Wahrscheinlich war er Chang I-lo gar nicht feindselig gesinnt, sondern erschuf das Phantom nur, um Changs Onkel einen Dienst zu erweisen, ebenso wie ein Waffenschmied ein gutes Schwert schmiedet, wenn man ihn gut bezahlt. Niemand bestraft den Waffenschmied wegen Mordes, der mit einer Waffe, für deren Herstellung er bezahlt wurde, verübt worden ist.

Im Fall von Dämonen, die von den Ausdünstungen verwesender Leichen, verrottender Besen, verfaulender Stricke und dergleichen leben, genügt es, die Gegenstände zu vernichten, denen sie ihr Dasein verdanken, woraufhin solche Dämonen verschwinden. Selbstverständlich gibt es auch Wer-Tiger und Vampir-Dämonen, die es so sehr auf die Vernichtung menschlichen Lebens abgesehen haben und so gierig nach dem zarten Fleisch von Kindern sind, dass manche Menschen es für notwendig halten, sie auszurotten. Aber selbst da bin ich der Ansicht, dass weniger drastische Maßnahmen genügen würden, zum Beispiel, dass man sie in fest abgesicherte Höhlen sperrte. Es gibt eine ganze Reihe zuverlässig verbürgter Berichte von Wer-Tigern in Gestalt von Frauen, die hingebungsvolle Gattinnen und Mütter waren, nachdem sie aus dem einen oder anderen Grund einen Menschen geheiratet hatten. Wird ihre wirkliche Identität erkannt, wie dies im Verlauf einer langen Ehe früher oder später unweigerlich geschieht, entschwinden sie gewöhnlich in einen

Wald oder in unwegsames Gebirge, um einer Hinrichtung zu entgehen, ohne sich dadurch retten zu müssen, dass sie ihre Männer und Kinder verschlingen, um die Sache vor den Nachbarn geheim zu halten.

Menschen, Tiere, Geister und Dämonen – alle verdienen Mitgefühl und Rücksichtnahme. Aus dem großen Tao hervorgegangen, dem Urgrund des Universums, sind alle für die Ziele der Natur in gleicher Weise notwendig. Wie können wir erwarten, dass unsere Mitmenschen uns weniger feindlich gegenübertreten, wenn wir ein Wesen ohne triftigen Grund vernichten? Die anderen leben lassen, sich nicht störend einmischen, sich übertriebener Reaktionen enthalten – dann kann man sicher sein, mit allen Bewohnern von Himmel, Erde und Hölle auf gutem Fuß zu stehen. Sogar leichenverschlingende Dämonen sind der Dankbarkeit fähig.

In meiner Jugend freundete ich mich mit einem solchen bösen Geist an, der damals in einem ausgetrockneten Brunnen des Tung-Yü-Tempels wohnte. Seit jener Zeit spielt er die Rolle meines Beschützers. Hin und wieder streunt er umher und frisst jemandem die Hühner weg, aber er ist sich seiner Anhänglichkeit zu sehr bewusst, als dass er den anderen Dämonen erlauben würde, mich oder meine Freunde zu belästigen. Als ich einmal die Nacht in einer Laubhütte in der Nähe eines Berggipfels verbrachte, wohin ich manchmal gehe, um Heilkräuter zu sammeln, stürzte sich ein ausgehungerter Baumgeist auf mich und wollte meine Lebensenergie aussaugen. Von seinem glühenden Blick gebannt, konnte ich mich nicht rühren, um mein Leben zu retten. Dieses Geschöpf hätte mir Blut, Atem und Samen ausgesogen und mich tot liegen lassen, hätte mein Schutzdämon nicht eingegriffen, indem er meine armseligen, geringen Tugenden mit solchen Worten darstellte, dass der Baumgeist mich zerknirscht um Verzeihung bat und dann davoneilte, um seine Schande zu verbergen.»

Es ist etwas Erfreuliches, sich von Dämonen einer poetischeren, wenn auch zuweilen ebenso gefährlichen Art übernatürlicher Wesen zuzuwenden, die als Fuchs-Geister bekannt sind. Überall in China gab es früher kleine Fuchs-Türme, eine Spiegelung des weit verbreiteten Glaubens, dass manche Füchse verspielte, feenhafte Geschöpfe sind und die Fähigkeit besitzen, menschliche Gestalt anzunehmen und lustige, aber auch ärgerliche Streiche zu spielen. Es gab auch noch die gefürchteten *hu-li ching* – Füchse, die die Gestalt lieblicher Mädchen annahmen, um ihren betörten menschlichen Liebhabern große Mengen an Lebensenergie auszusaugen. Da ihre Opfer häufig dahinsiechten und starben, scheint die Bezeichnung «poetisch» ein wenig unpassend; doch sollen die *hu-li ching* von so hinreißender Schönheit gewesen sein, dass so mancher junge Mann sein Leben als geringen Preis ansah für die Monate höchster Wonnen, die seinem Tod vorangingen. Es gibt unzählige Anekdoten über Fuchs-Geister, über die verspielten ebenso wie über die bösartigen. In den dreißiger Jahren stieß ich auf einen Tatsachenbericht in einer Zeitung über einen Fuchs-Geist, der einen Polizisten bei Tag in einer von Pekings größten Verkehrsstraßen belästigte. Eine andere Geschichte, die vom jüngsten Bruder des Opfers erzählt wurde, einem taoistischen Mönch mit dem Beinamen T'ang, lautete folgendermaßen:

«In meiner Jugend», begann T'ang Tao-shi, während er einen seidenen Fächer leicht bewegte, auf dem er mit meisterhaften, sparsamen Pinselstrichen einen Schwarm von Garnelen gemalt hatte, «lebte ich mit meinen Eltern und älteren Brüdern nicht weit von Si-an entfernt. Der mir im Alter nächste Bruder war so versessen darauf, alte Geschichten zu lesen, dass mein Vater ihn schlagen musste, weil er bei der Prüfung in der Schule versagt hatte. Am nächsten Tag lief er davon, und einige Zeit später erhielten wir die Nachricht, er sei einer Gemeinschaft taoistischer Mönche auf dem Berg Hua beigetreten. Mein Vater wollte ihn sofort holen lassen, aber er kehrte nicht zurück, weder damals noch später. In weniger als einem Jahr war er tot, und zwar aus einem Grund, den ich jetzt erläutern möchte.

Als er eines Abends in der Nähe seiner Einsiedelei umherwanderte, näherte sich ihm eine Gruppe weiblicher Pilger gerade in dem Augenblick, als er einen mächtigen Drang zu urinieren verspürte. Verlegen blickte er sich nach einer verborgenen Stelle um und entschied sich für eine Spalte zwischen der Bergwand und einem baufälligen Fuchs-Turm. Er war jedoch unvorsichtig und etwas Urin rann über den von der Sonne ausgedörrten Boden auf das Fundament des Fuchs-Turms! Als er in die Einsiedelei zurückkehrte, machte er im Scherz die Bemerkung, er habe sich eines Sakrilegs gegenüber den Fuchs-Geistern schuldig gemacht. Die anderen Einsiedler maßen der Sache jedoch keine geringe Bedeutung bei und rieten ihm, mit Räucherwerk, Kerzen und gebratenem Huhn die Füchse zu beschwichtigen, was er jedoch unterließ. Dadurch verschlimmerte er noch die von ihm begangene gefährliche Torheit.

Jedesmal, wenn mein Bruder danach an dem Turm vorbeikam, vernahm er spöttisches Gelächter, und einmal rief ihn eine Stimme beim Namen und nannte ihn hämisch einen ‹sterblichen Schlaffschwanz› – wie Sie bestimmt zugeben werden, eine nicht gerade schmeichelhafte Benennung –, und mein vierter Bruder erwiderte mit einem Fluch in der Annahme, ein jüngerer Klosterbruder erlaube sich mit ihm einen üblen Scherz.

Bis tief in den Herbst hinein geschah nichts Auffälliges, als es plötzlich kalt wurde und die Einsiedler am Berghang aus ihren Kleidertruhen dick wattierte Gewänder herausholten. Es war ein Wetter, bei dem man sich gern in der Nähe eines Holzkohlenbeckens zusammenkauerte, heißen Tee trank oder Maronen röstete. Das Essen wurde in Zinngeschirren angerichtet, die mit kochendem Wasser oder glühender Holzkohle angewärmt waren. Bei den eisigen Winden wollte niemand hinausgehen, aber an einem sehr kalten Tag musste mein Bruder in die Stadt hinunter, um zusätzlichen Wintervorrat zu besorgen.

Bei seiner Rückkehr verirrte er sich in einem dichten, kalten Nebel, in dem eisige Böen ihm Eisregen ins Gesicht trieben. Sie wissen ja, wie es auf dem Berg Hua ist, wenn Wolkenmeere die Einsiedeleien von der Welt der übrigen Menschen abschneiden. Durchnässt und fröstelnd blickte er sich nach einem Unterschlupf um. Plötzlich sah er durch den Nebel ein Licht schimmern. Erleichtert kämpfte er sich bis zum Ursprung dieser Helligkeit durch und stieß zu seiner Überraschung auf eine Reihe von Gebäuden, die er seiner Erinnerung nach nie gesehen hatte.

Aber der Berg Hua ist riesig, und niemand weiß mit Sicherheit, wie viele Einsiedeleien und Klöster sich in seinen Klüften verbergen.

Obwohl er mit den Fäusten gegen das Tor schlug, erschien niemand. Aber ein Torflügel gab nach, und er trat in den Außenhof eines verfallenen Klosters. Es schien unbewohnt, bis auf eine Reihe von Räumen, deren Papierfenster hell erleuchtet waren. Er trat näher und vernahm die sanften Klänge einer mit Seide bespannten Laute, von der Hand eines Meisters berührt. Er pochte an die Tür, rief nach den Leuten im Innern, und da erschien ein junger taoistischer Diener. Mit einer tiefen Verbeugung forderte ihn der Junge auf, einen erleuchteten Raum im Hintergrund zu betreten. Dort bot sich meinem Bruder ein seltsamer Anblick. Anstelle einer kleinen Gruppe von Einsiedlern, die bei ein paar Schalen Glühwein über Philosophie diskutierten, gewahrte er einen alten Mann in einem eleganten langen Gewand und einer schwarzseidenen Festjacke, wie man sie heute nur noch selten findet, der ganz hingegeben der Lautenspielerin lauschte, einem holden jungen Mädchen von noch nicht zwanzig Jahren.

Die Musikantin war einfach, aber reizend gekleidet und trug eine pfirsichfarbene Jacke zu einer weißen, mit Silberfäden bestickten Hose. Keiner von beiden warf auch nur einen Blick auf meinen Bruder, doch machte ihm der alte Herr ein ungeduldiges Zeichen, sich zu setzen. Da begann das Mädchen mit einer so melodischen, schwermütigen Stimme zu singen, dass mein Bruder den Tränen nahe war. Es war ihm, als habe sich alles Leid der Welt hier versammelt, um ihm zu begegnen. Dann stimmte sie ein neues Lied an, das von sehnender Liebe erfüllt war, und jetzt ruhten die Blicke der schönen Sängerin auf dem Gesicht meines Bruders. Er war wie verzaubert. Lange bevor das schmachtende Lied mit seinen leidenschaftlichen Tönen beendet war, hatte er bereits unbedacht sein Herz verloren. Als die Musik verklungen war, erklärte der würdige Alte:

‹Jugendlicher Unsterblicher, mein bescheidener Name ist Hu. Wir haben ungeduldig auf einen Besucher gewartet. Bitte, setzen Sie sich näher an den Tisch und geben Sie uns die Ehre, eine Schale minderwertigen Weins entgegenzunehmen, der Ihres vornehmen Gaumens ganz unwürdig ist.›

Mit diesen Worten deutete er auf den Tisch, auf dem Trinkschalen, ein Zinnkrug mit Wein und einige Schüsseln mit köstlichen Leckerbissen standen. Gerade als er das junge Mädchen vorstellen wollte, brachte ihm der Diener eine schriftliche Mitteilung, bei der er ausrief: ‹Ich bitte tausendfach um Vergebung, aber ich muß Sie allein lassen, reiner Jüngling. Eine wichtige Angelegenheit erfordert meine Anwesenheit. Bitte, lassen Sie die Zeremonien. Meine unbedeutende Tochter wird für die Erfüllung all Ihrer Bedürfnisse sorgen. Ihr vornehmes Verhalten bürgt mir dafür, dass ich Sie beide, ohne gegen die guten Sitten zu verstoßen, allein lassen kann.›

So blieb mein Bruder errötend und stammelnd in Gesellschaft einer bleichgesichtigen Schönheit, die so kühl und lieblich war wie die Mondjungfrau, deren schimmernder Schneepalast ein Symbol für ewige Jungfräulichkeit ist.

Die Leckerbissen waren so köstlich, dass sie der Tafel eines Provinzstatthalters alle Ehre gemacht hätten. Der Diener blieb draußen und erschien nur hin und wieder, um einen neuen Krug Wein zu bringen oder ihnen parfümierte Handtücher zu reichen. Die junge Dame wirkte angenehm gelassen, aber die Verlegenheit meines Bruders hinderte jede längere Unterhaltung, bis sie ihn durch ein unerwartet ungezwungenes Betragen zu der Annahme verleitete, sie könne kaum eine unberührte Jungfrau sein, die in der strengen Abgeschiedenheit der innersten Höfe ihres Vaterhauses aufgewachsen sei. Vielleicht war sie eine der Musikantinnen, die man mieten kann, um männliche Gäste auf mehr als nur eine Art zu unterhalten – mit Musik, leichtem Geplauder, und die sich, wenn erwünscht, auch dem Spiel der Mandarinenenten hingeben.

Als er sie mit diesen Augen betrachtete, wurde sein eigenes Verhalten ungezwungener, und er scheute sich nicht, Gelegenheiten zu schaffen, bei denen sich ihre Hände berührten, wenn sie seine Schale füllte. Jedesmal, wenn dies geschah, durchlief ein Strom flüssigen Feuers seinen Körper, loderte bis zu seinem Scheitel auf und sank bis zu seinen Zehenspitzen hinab. Seine

Verliebtheit überstieg alle Grenzen, und als sie, nachdem der dritte Krug Wein durch eine Kanne mit duftendem Tee ersetzt worden war, lächelnd dem Burschen die Anweisung gab, sie nicht mehr zu stören, es sei denn, er werde gerufen, verspürte mein Bruder ein unwiderstehliches Verlangen, sich in den Wettkampf von Wolke und Regen zu stürzen.

Als er einen kühnen Versuch machte und seine Hand leicht auf ihre Schulter legte, ließ sie diese Liebkosung mit solch scheuem Entzücken geschehen, dass seine letzten Zweifel schwanden. Bei einem solchen Mädchen, einer Bewohnerin der Welt von Wind und Weiden, wäre Schüchternheit von seiner Seite fehl am Platz gewesen, und er war zu jung, um die Bedeutung der Bewahrung seiner vitalen Kräfte zu erkennen. Schon bald lag sie in seinen Armen auf einem niedrigen, mit dicken Teppichen bedeckten Diwan, der vielleicht zu diesem Zweck dort stand. Dabei aber beunruhigte ihn vage der Gedanke, dass er ihn erst in dem Augenblick gesehen hatte, als ein dringendes Verlangen, sich hinzulegen, in seinem vom Wein erhitzten Gemüt aufgestiegen war.

Bis spät in die Nacht vergnügten sie sich. Auch als die Kerzen tropften und erloschen, gaben sie sich nicht die Mühe, um neue zu bitten. Meinen vierten Bruder übermannte eine ihm bis dahin unbekannte Glückseligkeit, obwohl er ein junger Mann war, der in der Kunst, Wolken und Regen heraufzubeschwören, nicht ganz unerfahren war. Jedesmal, wenn ihn erneute Zweifel oder Ängste beschlichen, brauchte er nur zu sagen: ‹Was ist, wenn dein erhabener Vater hier …›, und schon legte sich ein schlanker Finger an seine Lippen, und leises Lachen lud ihn zu neuen Ekstasen ein.

Bevor das erste Licht einer kalten Winterdämmerung heraufzog, flüsterte das Mädchen:

‹Geliebter älterer Bruder, du musst mich nun verlassen. Es wäre nicht gut, wenn Fremde kämen und uns so fänden. Kehr in deine Einsiedelei zurück, du stärkster Geliebter unter allen Unsterblichen, aber du musst bestimmt wiederkommen und mich sehr, sehr bald besuchen.›

Sie mahnte ihn, sie niemals bei Tage zu besuchen und ihre Gegenwart auf diesem Berg anderen nicht zu verraten. Auf die

Frage, warum sie sich in einem so abgelegenen und schon so lange verlassenen Kloster niedergelassen habe, das bis auf eine Anzahl von Räumen in Ruinen läge, erklärte sie lachend, sie habe ernsthaft um die Freude gebeten, die Gunst eines begabten jungen Unsterblichen zu finden, und als Folge ihrer frommen Enthaltsamkeit sei ihr dieser Wunsch schließlich erfüllt worden. Alle Fragen über das Verbleiben ihres Vaters wehrte sie ab und versicherte ihm, alles werde sich zur rechten Zeit klären.

Einer der seltsamsten Umstände dieser längeren Beziehung, die sich nun zwischen ihnen entspann, war, dass er, in seine Einsiedelei zurückgekehrt, sich nie genau erinnern konnte, wo das Kloster eigentlich lag, in dem sie wohnte, aber dennoch verfehlten seine Füße nie den kürzesten Weg dorthin, obwohl er sie stets nur bei Nacht aufsuchte. Zum Abschied versuchte er, das große Namensschild über dem baufälligen Pförtnerhaus zu entziffern, aber in der Dunkelheit vor Anbruch der Dämmerung, noch verstärkt durch den Schatten des vorspringenden Daches, verschwammen die großen goldenen Schriftzeichen.

Monate hindurch setzten sie ihre leidenschaftlichen Begegnungen fort. In der Einsiedelei wunderten sich seine Gefährten, dass ihr junger Bruder so häufig beim abendlichen Reis im Refektorium fehlte und sein Bett unberührt blieb, denn die Kälte war noch schärfer geworden, und selbst zur Mittagszeit wollte niemand die Wärme des Holzkohlenbeckens verlassen, wenn es nicht dringend nötig war. Aber es waren Einsiedler, die keine Mönchsgelübde abgelegt hatten, und der Abt war ein zu guter Taoist, um Strafen zu verhängen oder sich einzumischen, und das bedeutete, dass jede gute Ordnung spontan entstand, da es jedem Einsiedler freistand, selbst seine Lebensführung zu bestimmen. Fragen zu stellen oder den Versuch zu machen, das Kommen und Gehen meines Bruders einzuschränken, wäre der absoluten Verneinung von Laotses erhabener Philosophie gleichgekommen.

Gegen Ende des ersten Monats (das heißt, irgendwann im März) ließ der Abt zufällig meinen Bruder rufen und fand, dass er blass und kränklich aussehe. Aufgrund seiner esoterischen Kräfte kam er zu dem Schluss, dass der unglückliche junge Mann

Opfer eines gefährlichen Fuchs-Geistes geworden sei! Voller Mitgefühl und stiller Gelassenheit sagte er zu ihm:

‹Mein lieber junger Schüler, wenn du in dieser Torheit verharrst, wird dein Leben seine Bahn beendet haben, noch bevor es richtig begonnen hat. Es sollte mich wundern, wenn das diesjährige Herbstfest (etwa im Oktober) dich noch im Land der Sterblichen anträfe.›

Obwohl mein vierter Bruder die Richtigkeit der Diagnose des Abts bezüglich seiner zunehmenden Erschöpfung erkannte, setzte er doch eigensinnig seinen Weg fort, in dem Bewusstsein, dass das Leben ohne seine angebetete Gefährtin nicht lebenswert sei. Doch er weinte bei dem Gedanken, so jung sterben und in das zukünftige Leben mit seinen beiden so unentwickelten Seelen (*hun* und *p'o*) eintreten zu müssen, dass völlige Auflösung sein Schicksal sein müsse.

Als der Abt mit Hilfe seiner okkulten Kräfte den Geisteszustand des jungen Menschen erriet, gab er gegen seine hohen Grundsätze den Befehl, mein Bruder solle von der Abenddämmerung bis Sonnenaufgang in seiner Zelle eingeschlossen werden, mit Ausnahme der Stunde des abendlichen Reismahls, in der er unter Bewachung eines Mitbruders in das Refektorium geführt wurde. Ein- oder zweimal gelang es meinem vierten Bruder, seinen Wächtern zu entkommen, indem er das Kloster eine Stunde vor Anbruch der Dämmerung verließ, aber dieser List wurde bald begegnet, denn er erhielt den Befehl, sich Tag und Nacht in seiner Zelle aufzuhalten. Dort blieb er allein, sein Herz von leidenschaftlicher Sehnsucht verzehrt.

Eines Nachts aber vernahm der Wächter, der eine Runde durch das Einsiedlerkloster machte, unerwartete Laute, die aus der Zelle meines Bruders drangen. Unter das leise Lachen eines jungen Mannes mischten sich silberhelle Laute, die verräterisch genug waren.

Als der Abt den Bericht des Wächters vernahm, musste er zu dem Schluss gelangen, dass der Fuchs-Geist so schamlos geworden war, sich nun sogar unter den Augen der frommen Gemeinschaft unzüchtigen Spielen hinzugeben. Das war in gewisser Weise eine befriedigende Entwicklung, da es nun möglich schien, die kühne Füchsin rechtzeitig zu vertreiben und somit meinem Bruder das Leben zu retten.

Mehrere Einsiedler wurden beauftragt, heilige Schwerter aus alten Münzen zu schmieden, die aneinandergefügt wurden, um Griff und Schneide zu bilden. Solche Waffen, wohl wirkungsvoll, aber nicht tödlich, sollten dem Fuchs-Geist, der Feuer oder Stahl gegenüber unempfindlich war, eine wohlverdiente Lehre sein. Auf irgendeine Weise erfuhr jedoch die Füchsin von diesen Plänen. Von da an unterhielten sich die beiden Liebenden bei ihren Besuchen im Flüsterton, unhörbar für die Lauscher, die draußen im Hof standen.

Eines Nachts stürzten auf Befehl des Abts sechs oder acht mit magischen Schwertern bewaffnete Einsiedler in seine Zelle, fanden ihn jedoch allein vor, friedlich schlafend. Aber sein mattes, abgemagertes Aussehen verriet ihnen, dass sich ihr Freund rasch seinem Ende näherte, so sehr ähnelte er jetzt einem Menschen in den letzten Phase einer tödlichen Krankheit. Zweifellos sah der Fuchs-Geist, nachdem er die Lebenskraft meines armen Bruders fast bis zum letzten Tropfen mit seinem verführerischen Körper ausgesogen hatte, jetzt noch lieblicher und vor Gesundheit noch strahlender aus als je zuvor.

Die Vorbereitungen, um dem Besuch des Fuchs-Geistes ein Ende zu setzen, wurden verstärkt. Obwohl der Abt sich der Gefahr für die gesamte Gemeinschaft bewusst war, wenn man den unerbittlichen Hass einer ganzen Brut von Fuchs-Geistern weckte, fühlte er sich doch verpflichtet, alle seine Macht auszuüben, um das Leben des armen jungen Menschen zu retten. Wenn er auch die hinterlistige Füchsin nicht gerade töten wollte, war er doch bereit, alles nur Mögliche zu unternehmen, um ihre Macht über meinen Bruder zu brechen. (Selbstverständlich wäre das Töten dieses Geschöpfes ein grober Verstoß gegen seine eigenen Grundsätze gewesen, da Füchse, nicht weniger als Menschen, das Recht haben, ihr Leben ganz auszuschöpfen. Den einen ermordet zu haben, um das Leben des anderen zu retten, hätte einen willkürlichen Eingriff in die Schöpfung der Natur bedeutet.)

Wie gut waren die Absichten dieses Mannes! Am Vorabend

des Geburtstages des Jade-Kaisers, als die Einsiedler und Diener ihre Vorbereitungen für einen großen Zustrom von Pilgern trafen, schlich mein Bruder während der Stunde vor dem mittäglichen Reismahl unbemerkt hinaus. Bis zum Morgen des Festes blieb er unsichtbar, als einige Kinder, die zwischen den Ruinen eines längst verlassenen Klosters am Fuß des Berges Hua zufällig auf ein Furcht einflößendes, grauenhaftes Bild stießen.

Ihr Ball war in den westlichen Hof geflogen, einen besonders unheimlichen Ort, den die Leute instinktiv mieden. Sie liefen hinein, um den Ball zu holen, und gelangten zwischen niedrige Gebäude mit gähnenden Eingängen und mit Holzgittern versehenen Fenstern, von denen Reste des Fensterpapiers in Fetzen herabhingen. Große Teile des Daches waren eingestürzt, so dass der größte Raum zum Himmel hin offen war. In der Annahme, der Ball könnte dort heruntergefallen sein, sprang der kleine Junge, der zufällig der erste war, über die Türschwelle und blieb mit einem Aufschrei jäh stehen, der die anderen herbeilockte, die sich nun hinter ihm drängten. Auf dem Boden, bei den morschen Überresten einer ehemals hübsch lackierten Laute, lag der blutüberströmte Leichnam eines taoistischen Einsiedlers. Wer er war, und ob jung oder alt, vermochten sie nicht zu erkennen, denn die Augen und die Fleischteile seines Gesichts und Körpers waren von den Knochen gerissen, wahrscheinlich von ausgehungerten Hunden oder wilden Tieren. Auf die entsetzten Schreie der Kinder hin stürzten Bauern herbei, und diese sahen voller Schrecken, dass der Staub ringsum Spuren zahlreicher Pfoten aufwies. Offenbar hatte ein ganzes Volk von Füchsen sich am Fleisch des Toten gütlich getan. Ich brauche Ihnen wohl nicht zu sagen, dass hier von meinem unglücklichen Bruder die Rede ist.

Ich habe mir oft überlegt», fuhr T'ang Tao-shi fort, «dass das Schicksal meines vierten Bruders verhältnismäßig viel härter war, als er verdient hatte. Schließlich war die Verunreinigung des Fuchsturms durch ihn nichts Schlimmeres als eine Unachtsamkeit, und er hätte wohl kaum der spöttischen Stimme mit einem Fluch geantwortet, hätte er nicht gemeint, dass dieser Spötter einer seiner Gefährten sei, der sich einen Scherz mit ihm erlaubte. Mein Bruder war alles andere als ein dummer Mensch, und nur ein Verrückter würde mit Absicht einem Fuchs-Geist gegenüber unhöflich sein! Solche hinterlistigen Geschöpfe werden stets mit höchster Achtung behandelt. Man geht ihnen soweit wie möglich aus dem Weg, aber wenn eine Begegnung unvermeidlich ist, bemüht man sich um freundliche Worte, mit welchen gemeinen Mitteln sie auch eine beleidigende Erwiderung zu provozieren suchen. Meiner Überzeugung nach hatte die Füchsin die Unachtsamkeit meines Bruders und die ihr folgende Grobheit lediglich zum Vorwand genommen, um einen lebenslustigen jungen Menschen seiner Vitalität zu berauben. Wenn Sie jemals einem Fuchs begegnen sollten, der der menschlichen Sprache mächtig ist, beschwöre ich Sie, Ihre Zunge zu hüten. Ihr Leben hängt geradezu von Ihrer Fähigkeit ab, Selbstbeherrschung zu üben.»

Diese Schilderungen von Dämonen und Fuchs-Geistern, mögen sie noch so weit hergeholt klingen, veranschaulichen sehr gut die Atmosphäre, die in vielen taoistischen Klöstern herrschte. Die Mönche und ihre Anhänger erkannten die Realität von Geistern ebenso sehr an, wie wir Menschen aus dem Westen die Bedrohung durch Millionen unsichtbarer Bakterien, von denen es in der Erdatmosphäre wimmelt, hinnehmen.

Damals ging ich davon aus, dass solchen Schilderungen relativ ungewöhnliche Ereignisse zugrunde liegen müssten, denen die allzu leichtgläubigen Taoisten fälschlicherweise einen übernatürlichen Charakter zuschrieben. Seitdem habe ich dieses Urteil revidiert, teils deshalb, weil ich so manches mit eigenen Augen gesehen habe – wenn auch nicht die Gestalten von Teufeln oder Fuchs-Geistern, aber doch andere Manifestationen, die sich nur im Sinne übernatürlicher Kräfte erklären lassen.

Zum Beispiel war es unmöglich, über die *sichtbaren* Leistungen mancher taoistischer Meister einfach hinwegzugehen, die es erreicht hatten, gegen Stahl und Feuer immun zu sein. Im Verlauf der Geschichte Chinas und der benachbarten Länder hat es viele Berichte von dieser Fähigkeit gegeben, angefangen mit den chinesischen Schwertmeistern, die sich durch Anwendung taoistischer Zaubermittel unverwundbar im Kampf machten. Es trifft allerdings zu, dass im Jahre 1900 während des Boxeraufstands

Hunderte von Bauern, durch die Macht einer kleineren Gottheit, des Affengotts, angeblich unverwundbar gemacht, von den Gewehren der ausländischen Soldaten hingemäht wurden, aber das waren unwissende Menschen, die sich lediglich auf magische Zauberformeln verließen, anstatt sich sicherer Methoden zu bedienen.

Während des großen Jahrmarkts in der «Heimstatt des Geheimnisvollen Ursprungs», zu dem die Pilger in solchen Scharen den Berghang hinaufzogen, dass die großen Schlafsäle nur einen Teil von ihnen aufnehmen konnten und Hunderte von ihnen die auf den Steinplatten des Hofes ausgebreiteten Schlafmatten benutzen mussten, veranstalteten die Klosterbrüder für ihre Besucher viele Vorführungen ungewöhnlicher Kräfte, zum Beispiel das fast unblutige Durchbohren von Fleisch und das Gehen über glühende Kohle, nicht zu reden von Wahrsagerei, angeblichen Wunderheilungen und dergleichen mehr. Was die Echtheit des Durchbohrens von Fleisch und des Laufens über glühende Kohlen betrifft, so konnte daran kein Zweifel sein.

Nachdem ich diese Vorgänge beobachtet hatte, musste ich diesen Fanatikern doch zumindest einen gewissen Grad von Unverwundbarkeit zubilligen. Es gab zwei Möglichkeiten: erstens, zeitweilige Unverwundbarkeit in einem Trancezustand, was sich vielleicht dadurch erklären ließ, dass ein verzückter Mensch imstande sei, rasch aufeinander abgestimmte Muskelbewegungen zu vollziehen und augenblicklich richtige Entscheidungen zu treffen; zweitens, eine Unverwundbarkeit, die durch Yoga-Übungen erlangt wurde und zu einem hochentwickelten Bewusstseinszustand führt, in dem der Geist normalerweise unwillkürlich ablaufende Körperfunktionen unmittelbar beherrscht, so zum Beispiel Atmung, Blutkreislauf und die Prozesse der Selbstheilung, mit denen uns die Natur ausgestattet hat.

Wie alle großen Tempelfeste in China bot auch dieses ein wunderbar vielfältiges und buntes Bild. Weihrauch stieg in Wolken vor den Altären der Götter auf, deren vergoldete Bildwerke und juwelenübersäte Gewänder im Widerschein zahlloser Kerzen schimmerten, während ein Pilger dem anderen in die große

Schreinhalle folgte. In den rund zwanzig größeren und kleineren Höfen hatte man Altäre für die weniger erhabenen, jedoch sehr populären Gottheiten aufgestellt, und um jeden drängten sich so viele Andächtige, dass kein Platz mehr blieb, sich in der üblichen Weise auf dem Boden auszustrecken.

Nicht alle Besucher, ob Männer oder Frauen, trugen die blauen, baumwollenen Jacken und Hosen der Bauern. Es gab auch viele Leute, deren seidene Gewänder oder westliche Kleidung erkennen ließen, dass das Kloster auch unter den gebildeten Schichten zahlreiche Förderer hatte. Außer ihnen gab es noch purpurgekleidete Laien, die schwere Ketten den Berg hinaufgeschleppt hatten, in Erfüllung eines Bußgelübdes, wie es üblicherweise für kranke Eltern oder Kinder abgelegt wurde. Diese Büßer waren von dem Landungsplatz heraufgekommen, indem sie sich nach jedem dritten Schritt zu Boden warfen. Nicht weniger zu bewundern waren die älteren Damen mit winzigen goldenen Lilien, das heißt mit Füßen, die zu einer Länge von nur siebeneinhalb Zentimetern verkrüppelt waren, weil sie von frühester Kindheit an fest in feuchte Verbände gewickelt wurden. Mit langsamen, taumelnden Schritten hatten sie ohne Hilfe und unverzagt den schwierigen langen Anstieg hinter sich gebracht.

Man stelle sich die Enttäuschung dieser alten Damen vor, wenn ihnen am Tor des Tempels ein gelehrter Weiser mit den Worten entgegengetreten wäre: «Hier werdet ihr keine Vorstellung vulgärer Wunderdinge zu sehen bekommen, denn wir sind echte Anhänger Laotses und haben mit Aberglauben nichts zu schaffen!» Zum Glück geschah nichts dergleichen, und die Pilger konnten sich an vielen, vielen Wunderdingen satt sehen.

Da gab es zum Beispiel einen Teich mit einer kleinen Insel, auf der drei Einsiedler saßen, die so in Meditation versunken waren, dass sie sich während der drei Tage und zwei Nächte des Festes nicht ein einziges Mal bewegten. Da waren Schaustellungen älterer Mönche von unvorstellbarer Kraft und Behendigkeit, deren Leistungen ein Gebrüll begeisterten Staunens auslösten.

Selbstverständlich hatte man auch die beiden Teufelsaustreiber aufgefordert, sich zu präsentieren. Diese letztgenannte Vorstellung vollzog sich in Form einer Pantomime, bei der durch Beschwörungen eine kreischende Frau von einem großen schwarzen Dämon mit heraushängender Zunge und lodernden Flammenaugen befreit wurde. Dieser sprang drohend auf die Menge zu und musste mit Zauberschwertern zurückgetrieben werden, die aus alten Kupfermünzen geschmiedet waren. Obwohl die Pilger wussten, dass es sich dabei um eine rein symbolische Darstellung eines Kampfes mit Dämonen handelte, waren sie doch sehr beeindruckt, denn sie zweifelten nicht daran, dass die hageren Exorzisten imstande waren, richtige Dämonen ebenso zu bannen. Tatsächlich verfiel ein junger Bursche in Zuckungen, und diese grimmigen Männer schleppten ihn, nachdem sie unter drohenden Schreien und Gesten so getan hatten, als wollten sie ihn an Ort und Stelle heilen, mit sich in ihre Wohnung, aus der er einige Stunden später offenbar völlig gesund auftauchte. Ob auch dies ein Teil der symbolischen Handlung war, wird sich später herausstellen.

Das Gehen über glühende Kohlen sollte am zweiten Morgen des Festes im großen Hof vor der Schreinhalle stattfinden, und so verbrachte das runde Dutzend von Klosterbrüdern und Laien, die daran teilnehmen sollten, die Nacht in der Ausübung eines besonderen Rituals zur Musik von Flöten und Trommeln. Die Pilger (Mann, Frau und kleine Tochter), die ich aufgefordert hatte, ihre Schlafmatten auf dem Boden meiner Zelle zu entrollen, verschliefen friedlich diesen Vorbereitungsritus, während ich Stunden hindurch wach lag, hingerissen von der unsagbar lieblichen, wenn auch beklemmend unheimlichen Musik. Niemals zuvor oder seitdem habe ich ähnliches vernommen. Die schrillen Töne verzauberten meine Seele, oder, um mich eines moderneren Ausdrucks zu bedienen, sie verschafften mir einen fantastisch beglückenden Trip. Jäh aus einem tiefen Schlaf auffahrend, der mich kurz vor Tagesanbruch überwältigt hatte, stellte ich fest, dass mir der Abt einen Teller mit warmen, mit Sesam bestreuten Brötchen und einer köstlichen Fleischfüllung geschickt hatte – zweifellos eine fromme Opfergabe, die er von einem der Pilger erhalten hatte. Während ich noch die letzten Sesamkörner von meinen Lippen leckte, lief ich zu einer Stelle, von der aus ich, da ich groß war, über die Köpfe der Zuschauer hinwegsehen konnte. Diese drängten sich zehn Reihen hintereinander auf drei Seiten des Hofes vor der Schreinhalle, deren Türen geschlossen waren.

Als Einleitung zu einem Bericht über Dinge, die man schwerlich glauben kann, möchte ich einen Absatz aus dem Artikel über das Gehen auf glühenden Kohlen aus der *Encyclopaedia Britannica* zitieren: «Obwohl es zu Verletzungen kommt, scheinen diese im Großen und Ganzen weniger häufig zu sein, als man erwarten sollte ... insbesondere da diese Gläubigen vor der Feuerprobe keinerlei künstliche Vorbereitung treffen, um ihren Körper zu schützen.» Überdies kann man gelegentlich in Ländern wie Malaysia mit starker chinesischer Bevölkerung bis zum heutigen Tag während der alljährlichen oder alle drei Jahre stattfindenden Vorstellungen, die in manchen chinesischen Tempeln gegeben werden, das Gehen über glühende Kohlen miterleben. Was nun den eigentlichen Zweck betrifft, so nehmen manche Laien, zumeist Verehrer der angerufenen Gottheiten, diese Feuerprobe deshalb auf sich, weil sie vom Wunsch nach innerer Läuterung beseelt sind. Diese vollzieht sich auf eine Weise, die auf spektakuläre Art die Macht des heiligen Wesens demonstriert, während die Priester oder betreffenden Mönche zu Recht verdächtigt werden könnten, dabei auch an die Einkünfte des Klosters zu denken.

Wie ich schon sagte, sah man diesem Ritus, der sich in der »Heimstatt des Geheimnisvollen Ursprungs« vollzog, von dem Hof vor der Terrasse zu, wo sich die Schreinhalle erhob, die im frühen Licht der Morgensonne in der Pracht ihrer vergoldeten und scharlachroten Pfeiler, ihrer kunstvoll bemalten Dachträger, ihrer nach oben geschwungenen Kanten und grünen Dachplatten aus Porzellan erstrahlte. Zum erstenmal betrachtete ich sie nicht als ein prunkvolles, nicht in diesen Rahmen passendes Gebäude, sondern sah in ihr eine gewisse Erhabenheit. Eine Treppe mit Marmorstufen führte bis zu einem weiten Platz, den man freigehalten hatte, indem man die Menge der Pilger mit freundlichen Worten zurückdrängte.

Plötzlich erschien eine Schar von jugendlichen Dienern, die

eiserne Kessel an langen Bambusgriffen trugen. Während zwischen ihnen und der Menge erregte Worte hin und her flogen, schaufelten sie glühend heiße Holzkohlen auf den Boden und bildeten so ein Glutbett, das von der untersten Stufe sechs bis sieben Meter des Fliesenbodens bedeckte. Kaum war das letzte Kohlenstück zu Boden gefallen und die Burschen weggelaufen, um sich zu den Zuschauern zu gesellen, als ein donnerndes Dröhnen von einer riesigen Trommel in der Schreinhalle ertönte.

Die lackierten Türen sprangen auf, und rund ein Dutzend barfüßiger Fanatiker in weißen Gewändern erschien auf der Terrasse. Zur Begleitung von Becken und Trommeln sangen sie immer wieder den gleichen Vers. Nach einer kurzen Pause sprangen sie die Stufen hinunter direkt auf das breite Kohlenbett. Sie liefen gemessenen Schritts darüber hin, wobei ihre Füße ein Dutzend Mal oder häufiger die glühende Masse berührten. Ihr Schritt war weder langsam noch unangemessen eilig, wie er es bestimmt gewesen wäre, hätte ihr Fleisch die normale Empfindlichkeit gegenüber Hitze gezeigt. Auch blickten sie nicht hinunter oder suchten sich ihren Weg von einem jener Kohlestücke zum anderen, deren Schwärze ein allmähliches Nachlassen der Temperatur anzeigte. Sobald sie auf der anderen Seite die unbedeckten Steinplatten erreichten, kamen sie in einer aufgelösten Gruppe zum Stehen und ließen sich nieder, damit die Pilger in ihrem Eifer, ihre unverletzten Füße zu sehen, nicht über sie hinweg stolperten. Zwei oder drei von ihnen hatten kleine Stellen leicht versengter Haut, die übrigen waren, von den heiligen Riten und der Kraft ihres Glaubens unterstützt, völlig unversehrt aus dieser Feuerprobe hervorgegangen. Jede geistige Unsicherheit hätte zu schrecklichen Verbrennungen und vielleicht zu einer Katastrophe geführt. Von quälenden Schmerzen außer sich, hätten sie auf den glühenden Kohlen zusammenbrechen können.

Während die meisten Zuschauer die wie durch ein Wunder unverletzte Haut dieser Fanatiker bestaunten, beugten sich zwei Zyniker mit dem Lächeln von Besserwissern über die Kohlen, um ihre Hitze zu prüfen. Ihre jähen Aufschreie lösten lautes Gelächter aus, denn sie hatten ihren Zynismus mit schmerzlich versengten Fingern bezahlt!

Zutiefst beeindruckt, sah ich den Bericht eines französischen Bekannten über eine Vorführung, deren Zeuge er in Shanghai geworden war, nun anders an. Nach seiner Darstellung war ein taoistischer Fanatiker vor aller Augen buchstäblich in Feuer gebadet worden. Nackt bis auf ein Lendentuch hatte sich der Mann ganz ruhig auf seinen Fersen gedreht und dabei einen vollkommenen Kreis beschrieben, während ein anderer Mönch zu einer dröhnenden Begleitung von Trommeln, Becken, Glocken und Flöten zu ihm trat und langsam einen Eimer mit glühenden Kohlen über seinem Kopf und seinen Schultern entleert! Ein Aufatmen ging durch die Menge, als sie ihn unversehrt zurücktreten sah. Nur sein Lendenschurz war verkohlt. Ihre Erregung hatte nach den Worten meines Freundes in auffälligem Gegensatz zu dem gelassenen Gang und der natürlichen Haltung des Fanatikers gestanden. Kein Wunder, dass viele auf die Knie gefallen waren und voller Ehrfurcht die Hände gefaltet hatten. Nachdem ich selber Zeuge einer solchen Feuerprobe geworden war, hatte ich keinen Grund mehr, den Bericht des Franzosen anzuzweifeln. Warum sollte schließlich ein Feuerbad nicht möglich sein, wenn ich einen solchen Gang über Kohlen mit eigenen Augen gesehen hatte?

Im Vergleich zu einer so spektakulären Vorführung der Macht des Geistes über den Körper nahm sich das, was am dritten und letzten Tag dieses Klosterfestes geschah, verhältnismäßig zahm aus. Und dennoch empfand ich es, als ich darüber nachdachte, als noch sonderbarer.

Inmitten einer großartigen, vom Abt angeführten Prozession, der nun in ein schillerndes bronze- und scharlachfarbenes Gewand gekleidet war, kam eine Gruppe von Musikanten mit hohen Hüten, denen sechs bis zum Gürtel nackte religiöse Fanatiker folgten. Da sie nackt waren, konnten alle genau verfolgen, wie sie normale physische Vorgänge und Reaktionen überwanden. Von ihren Unterarmen hingen eiserne Gewichte herab, die an Metzgerhaken befestigt waren, deren spitze Enden tief in ihrem Fleisch steckten!

Seitdem habe ich (in Thailand) eine Methode entdeckt, wie man ein entsprechendes Kunststück mit Hilfe eines metallenen

Halbrings, der auf der Innenseite des Arme verborgen ist, simulieren kann: An seiner Ober- und Unterseite sind, voneinander getrennt, Griff und Schneide eines sehr breiten Dolches befestigt, der so aussieht, als wäre er mitten durch den Arm gestoßen.

Man könnte meinen, dass die taoistischen Fanatiker in der «Heimstatt des Geheimnisvollen Ursprungs» eine ähnliche Methode anwandten. Ich persönlich bin jedoch überzeugt, dass sie es nicht taten, und wenn auch nur deshalb, weil später die mit Gewichten behängten Haken aus ihren Armen gezogen und zur Nachprüfung herumgereicht wurden und die in ihr Fleisch gerissenen gähnenden Löcher deutlich sichtbar waren. Es kam jedoch nur zu geringer Blutung, obwohl die Haken feucht von Blut waren. Man versicherte uns, die Wunden würden innerhalb von ein paar Tagen heilen und es würden keine Narben zurückbleiben. Andere Berichterstatter haben bei der Schilderung jener seltsamen Riten, bei denen mohammedanische Derwische ihren Körper mit Spießen durchbohren, gleichfalls bezeugt, dass die Blutung höchstens minimal sei und dass sich die Wunden schnell schließen und keine sichtbaren Narben hinterlassen.

Im Fall von Derwischen (wie jene, die im *Weg der weißen Wolken* von Lama Anagarika Govinda beschrieben werden, einem Autor, dessen Glaubwürdigkeit gewiss nicht anzuzweifeln ist) wurde festgestellt, dass sie sich erst dann durchbohren, wenn sie sich durch Tanzen in einen Zustand der Ekstase gebracht haben. Vielleicht wurde das taoistische Wunder, das ich sah, in einem durch Meditation herbeigeführten Zustand der Trance vollbracht. Da ich damals nur wenig von solchen Dingen wusste, suchte ich auch nicht besonders nach Anzeichen für einen Trancezustand. Ich erinnere mich nur, dass diese religiösen Fanatiker während der ganzen, sich selbst auferlegten Prüfung schwiegen und sehr ernst wirkten. Sobald man die Haken entfernt hatte, kehrten sie ebenso schweigsam in ihre Behausungen zurück.

Wie lassen sich solche Leistungen erklären? Dafür gibt es ganz einfach keine Erklärung, falls man nicht davon ausgeht, die Herrschaft durch den Geist könne so mächtig sein, dass sie das Verhalten und die Eigenschaften der physischen Komponenten des Körpers beeinflusst. Ein einzigartiges Merkmal dieses Yoga ist die Fähigkeit, den Zustrom des Blutes zu dem verletzten Glied zu unterbinden. In zahllosen indischen, tibetischen und chinesischen Yoga-Texten werden Methoden angegeben, um das Denken, den Atem, den Samen, die Körpertemperatur und dergleichen zu beherrschen, aber ich kenne keinen, der sich mit der Beherrschung des Blutstroms befasst. Das ist eine Angelegenheit, die erforscht werden sollte, solange es noch Gelegenheiten für unmittelbare Beobachtung gibt, ob in chinesischen Tempeln, in Südostasien oder in Derwischzentren innerhalb der islamischen Welt. Das Tempo des «Fortschritts» ist jetzt so schnell, dass allzu viele uralte Künste und Wissenschaften in Gefahr sind, zu verschwinden.

Bald nach dem Abzug der Pilger wandte ich mich an einen der stellvertretenden Äbte, einen ziemlich jungen und gelehrten Einsiedler mit Namen Wu, der oft meine Gesellschaft suchte und unsere langen Diskussionen zu genießen schien. Bei dieser Gelegenheit tranken wir nach den unvermeidlichen gegenseitigen Verbeugungen und Komplimenten in seiner Zelle Tee, wobei wir uns nach und nach bis zu dem Punkt nahekamen, an dem wir alle Formalitäten beiseite lassen und als Freunde miteinander reden konnten. Auf meine Bitte um eine Erklärung für die während des Festes gezeigten Leistungen antwortete er:

«Verstehen Sie, mein lieber Freund vom Westlichen Ozean, der Geist ist alles! Schalten Sie das Denken aus, und der Geist lässt sich nicht mehr vom gestaltlosen Tao unterscheiden, in dem alle Dinge und Vorgänge, wie gewöhnlich oder außergewöhnlich sie auch sein mögen, ihren Ursprung haben. Indem ein gläubiger Mensch auf einer Stufe meditiert, auf der man den Dualismus von Subjekt und Objekt überwindet, und indem er den Zustrom vitaler Energie ausbildet, kann er viele ungewöhnliche Fähigkeiten erwerben.»

Er fuhr fort und beschrieb das, was er als die drei niedrigeren Kategorien der Fähigkeiten bezeichnete. Die niedrigsten aller miteingerechneten Leistungen lassen sich, wie Menschen des Westens sagen würden, durch normale Mittel erreichen, obwohl so willkürliche Unterscheidungen zwischen normal und übernormal sich in einem Yoga-Milieu leicht verwischen, wo man zur Anerkennung der Tatsache neigt, dass viele anscheinend übernomalen Fähigkeiten – zum Beispiel die Telepathie – nur in einer Gesellschaft selten auftreten, in der sich eine Verkümmerung der latent vorhandenen Fähigkeiten des menschlichen Körpers vollzogen hat.

Was der stellvertretende Abt über rein physische Leistungen zu sagen hatte, sollte mir einen Einblick in den taoistischen Ursprung mehrerer Fertigkeiten bieten, die die Japaner kultivierten, zum Beispiel das Durchschlagen von Ziegelsteinen und Brettern mit der bloßen Hand; die Fähigkeit, extremen Temperaturen standzuhalten, was zum Beispiel Meister auf diesem Gebiet befähigt, mitten im Winter unter Wasserfällen zu stehen und zu meditieren; und natürlich jene Methoden des Kampfes wie Judo und Kendo, die auf dem Prinzip beruhen, die Kraft eines Gegners so auszunutzen, dass der Schwache mühelos den Starken überwindet – ein grundlegendes taoistisches Prinzip.

«Mein lieber Engländer», sagte mein Freund, der gern solche liebenswürdigen Redewendungen benutzte, zweifellos, weil er der Meinung war, dass die antiquierten und allzu gekünstelten Komplimente, mit denen die taoistischen Einsiedler für gewöhnlich ihre Gäste bedachten, zu konventionell geworden waren, um, insbesondere einem Ausländer gegenüber, echte Gefühlswärme auszudrücken. «Sie müssen wissen, dass alle, die bereit sind, sich der dazu nötigen strengen Schulung zu unterwerfen, ohne die mystische Betrachtung und die geistigen Übungen, die für die höheren Arten des Yoga erforderlich sind, die niedrigsten der sechs Kategorien von Fähigkeiten erreichen können. Jedoch könnten Sie ganz mit Recht einwenden, dass manche dieser Leistungen eine Vergeudung von Zeit und Energie sind und nur einen Schritt von den vulgären Vorstellungen entfernt, bei denen es darauf ankommt, mehr Krüge Wein hinunterzugießen, mehr Bier, Hühner oder Spanferkel auf einmal zu verschlingen als ein anderer.

Dann kommen die zweitniedrigsten Fähigkeiten, wie sie auch bei unserem Fest vorgeführt wurden. Auch sie sind nicht eigentlich bedeutend. Ich stelle sie nur deshalb über die niedrigste Kategorie, weil dabei die Rolle des Geistes etwas deutlicher in Erscheinung tritt. Ein Mensch, dessen Geist unruhig oder von allen möglichen Nichtigkeiten in Anspruch genommen ist, kann seinen Körper nicht so erfolgreich beherrschen, dass er den Auswirkungen von Feuer oder Metall gewachsen wäre. Zu dieser Kategorie gehören auch die Widerstandskraft gegen einen jähen Tod oder körperliche Schädigung, die Fähigkeit, sich selbst oder andere durch Gedanken oder Berührung zu heilen, und so seltene, aber verhältnismäßig nutzlose Kräfte wie die der Schwerelosigkeit. Alle diese Dinge vermögen bei demjenigen, der erkannt hat, dass der Geist die einzige wahre Realität darstellt, keine Verwunderung zu erwecken. Alle körperlichen Vorgänge und Ziele existieren aus dem Geist, der selbstverständlich ihr Wesen verändern, ihr Wirken aufheben oder sie verschwinden lassen kann, ebenso wie ein Novize, der gelernt hat, seiner Träume bewusst zu sein, ihren Inhalt mit seinem Willen beherrschen kann.

Die höchste der drei unteren Kategorien der Beherrschung besteht darin, eine Verbindung zu Göttern und Dämonen herzustellen, aber ich zweifle, dass Sie an dergleichen glauben, es wäre daher nutzlos, das näher auszuführen.»

Diese Annahme war mehr oder weniger richtig, obwohl man meinen Unglauben nicht länger als unerschütterlich bezeichnen konnte, denn die geheimnisvollen Vorgänge, die ich miterlebt hatte, erinnerten mich an alles, was in jener schrecklichen Nacht geschehen war, die ich in Gesellschaft Pien Tao-shis und des schönen jungen Menschen verbracht hatte, der mit solcher Hingabe an seiner Unsterblichkeit arbeitete. Vielleicht hatte ich nur eine unmittelbare Begegnung mit einem Dämon verpasst! Aber trotzdem war es noch ein langer Weg bis zu meiner gegenwärtigen Überzeugung, dass unsichtbare Kräfte, gutartige wie feindselige, tatsächlich existieren.

Wer die Werke so scharfsinniger Wissenschaftler wie William James oder C. G. Jung gelesen hat, kann nicht mehr an der Existenz einer Vielzahl von Kräften zweifeln, die ähnliche Eigenschaften haben wie Götter und Dämonen. Die Erklärungen mögen voneinander abweichen, aber dass es solche Kräfte gibt, erscheint mir jetzt unbestreitbar, ob man sie nun Archetypen, Erzengel oder Teufel nennt. Darüber hinaus teile ich den Glauben meiner taoistischen und buddhistischen Freunde, dass man auf einer fast elementaren Stufe der Erfahrung zu der Auffassung gelangt, alle Materie, beseelte und unbeseelte, sei tatsächlich Geist. Weil wir uns so blind an die scheinbaren Tatsachen halten, die unsere Sinne uns vermitteln – trotz allen gegenteiligen Aussagen über ihre ausschließliche Gültigkeit, wie dies von Wissenschaftlern und Mystikern gleichermaßen vertreten wird –, vermögen wir diese Wahrheit nicht zu erkennen und schon gar nicht als verbindlich gelten zu lassen. Warum sollte dann ein intelligenter Mensch vor dem Gedanken oder vor der unmittelbaren visuellen Erfahrung zurückschrecken, dass sich materielle Vorgänge allein durch die Kraft des Geistes verändern lassen?

«Hochwürden», erklärte ich nach einer Weile, «darf ich mir zwei Fragen erlauben? Warum spotten so viele Ihrer gebildeten Landsleute über Vorgänge, die sie als taoistischen Aberglauben und Hokuspokus bezeichnen, obwohl die Erklärung, die Sie in so überzeugender Weise abgegeben haben, ihnen bekannt ist? Und worin bestehen die drei höheren Kategorien der Fähigkeiten?»

Er lächelte. «Die Tao-chia vergangener Zeiten beschuldigten uns Einsiedler, dass wir Überzeugungen und Praktiken anhängen, die nur wenig mit den Lehren der alten Weisen zu tun hätten, die sie bewunderten, während Gelehrte mit moderner Ausbildung uns vorwerfen, dass wir Betrügereien mit Magie tarnen, nur um die Einkünfte unserer Klöster zu vermehren.

Die erste Beschuldigung hält einer Nachprüfung nicht stand. Die alten Weisen säten Keime des Wissens, die sich zu Bäumen mit einer Fülle kräftiger Zweige entwickelt haben, wie es bei einem gesunden kraftvollen Samen natürlich ist. Hätte der Taoismus nicht zahllose Äste hervorgebracht, würden diese Weisen erklären, die Samen, die sie ausgelegt hätten, seien von schlechter Qualität gewesen. Aber betrachten Sie den Stamm und folgen Sie ihm bis zu den Wurzeln hinab. Hier, in diesem Zentrum seltsamer Riten und Praktiken, finden Sie einen ungebrochenen Zusammenhang mit der mystischen Erleuchtung unseres Schutzherrn Chuang-tse. Es hat keine Trennung von unseren Wurzeln gegeben, nur üppiges Wachstum. Es stimmt, dass manche ohne Skrupel häufig einen Hokuspokus vorführen und dabei behaupten, gewisse Fähigkeiten zu besitzen, aber sie haben es nur auf den Geldbeutel der Unwissenden abgesehen. Aber obwohl die sogenannten magischen Glanzstücke habgieriger Schwindler und Betrüger von Anfang bis Ende nichts weiter als bewusste Täuschung sind, stellen doch echte Leistungen auf diesem Gebiet nichts Ungewöhnliches dar. Ich sage Ihnen ganz offen, verehrter Gast aus einer geheimnisvollen Region, die Wahrheit liegt gewöhnlich in der Mitte.»

Sich schüttelnd vor Heiterkeit hielt er meinem erstaunten Blick stand.

«Sehen Sie, mein Freund. Sie haben doch beobachtet, wie es bei unserem großen Jahresfest zugegangen ist. Was haben Sie da gesehen? Sehr viel Schaustellerei, denn schließlich müssen auch taoistische Gemeinschaften etwas zu essen haben. Diejenigen unter uns, die das Stadium erreichen, in dem sie von der Luft leben können, sind nur Ausnahmen! Sie haben auch eine Anzahl vorgetäuschter Ergebnisse zu sehen bekommen – wenn Sie wollen, nennen Sie es Hokuspokus, aber das war notwendig, weil unsere Anhänger unter den Laien Wunderdinge erwarten, da ihnen die eine Wahrheit nicht bekannt ist, nämlich dass echte Wunder sich nur als Antwort auf eine tatsächliche Notwendigkeit ereignen.

Da die Besucher uns keine von Dämonen besessenen Patienten brachten, hatten zum Beispiel unsere Exorzisten keine Möglichkeit, ihre Fähigkeiten zu beweisen, und auf jeden Fall müssen eigentlich solche Heilungen hinter geschlossenen Türen vor sich gehen, während das, was die Pilger verlangten, eine Art Schauspiel war. Deswegen haben wir einen jungen Mann während einer Vorstellung Besessenheit simulieren lassen und so getan, als ob wir ihn in aller Öffentlichkeit heilten.

Obwohl eine Schaustellung von uns erwartet wurde und wir sie auch boten, bedeutet dies noch lange nicht, dass unsere Heilverfahren gegen Besessenheit durch Dämonen und gegen andere Übel auf Betrug beruhen. Ganz im Gegenteil, Hunderte von früher kranken Menschen in dieser Gegend können die selten versagende Wirksamkeit dieser Verfahren und Heilmittel bei allen möglichen Krankheiten, einschließlich der Besessenheit von Dämonen, bezeugen.

Verehrter Gast, haben nicht auch Sie echte Wunder erlebt? Dann müssen Sie doch zugeben, dass von den von Ihnen erwähnten Beschuldigungen die eine unhaltbar und die andere nur in dem Sinne auf unser Kloster zutrifft, dass unser Tun entschuldbar ist.»

Ich nickte, mehr oder weniger überzeugt, und wiederholte meine Frage nach den höheren Kategorien von Fähigkeiten.

«Die höheren Fähigkeiten sind das Ergebnis von drei abgestuften Studien. Zunächst kommt die Fähigkeit, das Leben so zu verändern und die Lebenskraft so zu steigern, dass man ein gesundes hohes Alter erreicht, zuweilen weit über eine normale Lebensspanne hinaus. Darüber habe ich Sie schon viel früher reden hören und weiß also, dass Ihnen die allgemeinen Prinzipien vertraut sind.

Als nächstes folgt das Erlangen von Unsterblichkeit, was immer man darunter verstehen will. Die Angehörigen der Sekte dieses Klosters geben ihr die Bedeutung einer Wiedergeburt der Hun-Seele in einem geistigen Körper, der imstande ist, Äonen hindurch zu existieren. Insgeheim neigen viele von uns dazu, die andere Möglichkeit, nämlich die einer körperlichen Verwandlung, zu bezweifeln, obwohl die Ehrerbietung vor jenen Weisen aus alter Zeit, die eine solche Verwandlung erreicht haben sollen, uns zur Zurückhaltung in dieser Frage zwingt.

Die höchste Fähigkeit besteht natürlich darin, den Geist auf immer im Tao zu versenken, so dass beim Tod das endliche Geschöpf mit seinem Ursprung verschmilzt und dadurch die einzig wahre Unsterblichkeit gewinnt.»

«Unsterblichkeit als Individuum?», fragte ich.

«Wie wäre das möglich? Alle Wesenheiten, die körperlichen wie die feinstofflichen, sind Wachstum und Verfall unterworfen. Bestenfalls kann man seine Existenz um ein paar Jahrtausende verlängern. Aber kann man das als Unsterblichkeit bezeichnen? Gemessen an der Grenzenlosigkeit der Zeit sind Äonen nur flüchtige Augenblicke. Wer könnte sich denn wünschen, sich an seine Individualität zu klammern, wäre er sogar ein Gott, wenn er die Glückseligkeit kennen gelernt hätte, sie im Tao zu verlieren? Die Antwort auf Ihre Frage lautet, dass völliger Verlust der einzige immerwährende Gewinn ist. Jene, die alle anderen Fähigkeiten beherrschen, sind dazu verurteilt, sie verfallen und schwinden zu sehen, während der, der völlig verliert, für immer gewinnt.»

Indem ich von meinem Gespräch mit dem stellvertretenden Abt Wu berichtete, bin ich, ohne es eigentlich zu wollen, über den Bereich des volkstümlichen Taoismus hinausgegangen, oder um mich des Vergleichs meines Freundes zu bedienen, begann mich seine Belehrung von den Ästen zum Stamm und hinab zu den Wurzeln zu führen. Bevor ich mich dieser zentrifugalen Bewegung hingebe, muss ich eine wichtige übersinnliche Manifestation schildern, die zu jenem Bereich gehört, den der stellvertretende Abt als die höchste der drei niedrigeren Kategorien von Fähigkeiten bezeichnete.

In einem anderen Buch habe ich von dem Auftritt eines der besessenen Medien gesprochen, deren man sich in den meisten chinesischen Gemeinschaften in Übersee noch immer als Orakel bedient. Seitdem hatte ich ein ziemlich ähnliches Erlebnis, gleichfalls in Bangkok. Diese Geschichte ist es wert, als Einleitung zu dem zu dienen, was ich über das Geist-Orakel in der «Heimstatt des Geheimnisvollen Ursprungs» zu sagen habe, denn alle diese Manifestationen haben viel gemein. Das Medium ist in allen Fällen ein unbewusster Vermittler, der die Äußerungen des angerufenen Geistes oder der angerufenen Gottheit wiedergibt. Vor einigen Jahren kam mein Freund Gerald Yorke nach Bangkok und forderte mich im Namen meines Verlegers auf, mit einer neuen englischen Übersetzung des *I Ging* («Buch der Wandlungen»), eines klassischen alten Werkes, das bei Taoisten wie Buddhisten und Konfuzianern in hohen Ehren stand, zu beginnen. Obwohl ich an die Aufgabe, einem so alten und tiefgründigen Werk gerecht zu werden, nur mit Befürchtungen herangehen konnte, machte ich mich schließlich an die Arbeit, griff zu meiner Orientierung zu den zahlreichen chinesischen Kommentaren und verließ mich auf die sorgfältige Durchsicht, die mir einige chinesische Wissenschaftler in Hongkong versprachen.

Bald nachdem ich das Manuskript mit der Maschine fertig geschrieben hatte, wurde ich zu einem Geist-Medium gebracht, das kürzlich aus Taiwan herübergekommen war. Zufällig kamen meine Freunde und ich etwas später als erwartet. Das in tiefe Trance versetzte Medium war gerade dabei, Äußerungen des Geistes, dessen Vermittler es geworden war, von sich zu geben. Einer der Anwesenden, der von Anfang an dabei war, flüsterte uns zu, dass während der Einleitungsriten ein als heilig betrachteter Einsiedler, der gegen Ende der Ming-Dynastie (17. Jahrhundert) im Distrikt von Swatow gestorben war, angerufen wurde.

Das Geist-Medium, ein ehemaliger Fischer, wirkte wie ein Mensch mit geringer oder gar keiner Bildung, der durch die Stürme eines harten Lebens gegangen war. Ein solcher Mensch konnte bestenfalls etwas lesen und schreiben, aber auch das war zweifelhaft. Da er sich in einem Zustand tiefer Trance befand, schien er ganz offensichtlich nichts von dem, was um ihn her vorging, zu bemerken. Mit glasigen Augen saß er zurückgelehnt regungslos in seinem Sessel, wie in tiefem Schlaf versunken. Aber kaum wurde eine Frage gestellt, als sein rechter Arm krampfartig zu zucken begann. Schließlich sank der große Schreibpinsel, den er unbeholfen zwischen starren Fingern hielt, auf eine mit schwarzer Tinte reichlich bedeckte Steinplatte herab und warf mit viel Kraft riesige, grob gezeichnete chinesische Schriftzeichen auf einen sehr großen weißen Papierbogen, den einer der Helfer aus dem Tempel rasch hingelegt hatte.

Soweit ich sehen konnte, bewegte sich der Arm unabhängig von seinem schlummernden Besitzer, der auch nicht ein einziges Mal einen Blick auf Tinte oder Papier warf, obwohl sein Pinsel abwechselnd und unfehlbar auf beide zustieß. Von meinen Freunden angespornt, ihm eine Frage zu stellen, näherte ich mich ihm auf den Knien und sagte das erste, was mir gerade durch den Kopf ging:

«Habe ich bei dem gewissen Buch etwas falsch gemacht?»

Es ist zu beachten, dass meine Worte keinen Hinweis auf die Art des Buches oder auf die Art meiner Beunruhigung enthielten. Da es wenige Schriftsteller, aber viele Leser gibt, hätte man durchaus annehmen können, dass ich als Leser sprach.

Nachdem man mein Mandarin-Chinesisch in den Dialekt von Swatow übersetzt hatte, kam sofort Leben in den rechten Arm des Orakelsprechers. Mit mächtigen Pinselstrichen klatschte er in vier schlecht geschriebenen Schriftzeichen eine Antwort hin, die jemand aus seiner Umgebung sorgfältig übertrug. Die Übertragung lautete: «Höherer Mann befriedigt bekannt (gemacht zu werden).»

Wer mit dem *Buch der Wandlungen* vertraut ist, den muss diese treffende Antwort überraschen, denn das gesamte Werk besteht aus Äußerungen darüber, was der Tschün-tse, der Höhere Mann oder Heilige Weise, unter wechselnden Kombinationen von Umständen tun oder nicht tun würde. Die vier Bildzeichen bedeuteten ganz klar: «Ja, es ist gut, dass du das Buch übersetzt hast; der Höhere Mann ist befriedigt darüber, dass du sein Verhalten den Völkern des Westens bekannt machst.»

Auch ist der Begriff «Höherer Mann» in der alten chinesischen Literatur durchaus üblich, aber es können Jahre verstreichen, ohne dass er in Gesprächen von Menschen wieder auftaucht, es sei denn in Verbindung mit dem *Buch der Wandlungen*. Unter den kleinen Kaufleuten und Ladenbesitzern, aus denen an diesem Tag die Zuhörerschaft bestand, kann außerdem kaum jemand gewesen sein, dessen Gedanken sich häufig mit jenem alten Werk befassten, nicht davon zu reden, dass jemand zufälligerweise angenommen haben könnte, der Ausländer dort auf seinen Knien vor dem Medium könne es womöglich übersetzt haben!

Welche Erklärung es auch geben mag, es wäre abwegig, die Sache lediglich dem Zufall zuzuschreiben. Darüber hinaus kann ich versichern, dass sogar meine Freunde, die mich zu dieser Séance mitnahmen, keine Ahnung von meiner Verbindung zu dem *Buch der Wandlungen* hatten, denn da ich kein allzu großes Vertrauen zu meinen Talenten besaß, wollte ich die Sache geheim halten, bis mein Verleger meine Übersetzung auf sachverständigen Rat hin angenommen hatte.

In der «Heimstatt des Geheimnisvollen Ursprungs» war es üblich, das Geist-Orakel nur in Zeiten zu befragen, in denen wichtige Entscheidungen für das Wohlergehen der Gemeinschaft getroffen werden mussten. Da ich bei solchen Gelegenheiten niemals anwesend war, beruht der folgende Bericht auf dem, was mir der stellvertretende Abt Wu berichtete.

Eines Tages wurde dem Abt durch einen besonderen Boten ein Brief von der Bezirksbehörde, in deren Verwaltungsbereich das Kloster lag, überbracht. Er erhielt eine in höfliche Worte gekleidete Aufforderung, man solle Unterkünfte für eine ganze Kompanie von Soldaten der Nationalarmee bereithalten, die zu einer Truppe gehörte, die bald gegen eine aufsässige Provinzarmee geführt werden sollte. Diese war mit ihrem Hauptquartier in östlicher Richtung bis zu einer Stadt vorgedrungen, die nur etwa fünfzig Kilometer flussaufwärts vom Kloster lag, und hatte die Regierungsbeamten vertrieben.

Selbstverständlich rief dieser Brief Bestürzung hervor, denn Taoisten haben Soldaten immer als tragisch irregeleitete Menschen betrachtet, und die Klosterbrüder waren sich der Tatsache bewusst, dass die Bezirksbeamten ungefähr dieselbe Meinung über Taoisten hatten! Es würde eine Katastrophe bedeuten, nachzugeben. Den Soldaten war durchaus zuzutrauen, dass sie ihre Pferde in der Schreinhalle oder in der privaten Unterkunft des Abts unterstellten und die Klosterbrüder mit Schlägen zwangen, militärische Aufgaben zu erfüllen, die ihren Grundsätzen widersprachen. Wenn sie auf diese Aufforderung nicht eingingen, wäre andererseits das Risiko der Auflösung der Gemeinschaft gegeben, auf Grund einer Anschuldigung, man habe den Rebellen passive Unterstützung geboten! Ganz offensichtlich war dies der richtige Augenblick, um Rat beim Orakel einzuholen.

Das dort lebende Geist-Medium war ein unauffällig aussehender, ziemlich schüchterner Mann, etwa Mitte dreißig, dessen mediale Fähigkeiten schon früh entdeckt und seitdem eifrig unterstützt wurden. Ich war ihm schon öfters begegnet und hatte ihn als einen sanften unaufdringlichen Klosterbruder betrachtet, der kein besonderes Ansehen in der Gemeinschaft genoss, bis Wu mich über ihn aufklärte. Doch stieg von dem Augenblick an, als bekannt wurde, dass eine Befragung stattfinden sollte, das Medium zeitweilig sehr in der Achtung der anderen.

Während der drei Tage jener Riten, die das vorbereitende Stadium der Anrufung der reizbaren Gottheit Guan Ti darstellten, die in den Körper des armen Mannes eindringen sollte, verbeugte sich sogar der Abt vor ihm, als habe der gefürchtete Kriegsgott seine bescheidene Wohnung bereits eingenommen. Diese grimmige Gottheit – ein ehemaliger General, von der Nachwelt wegen seiner Loyalität, seiner Klugheit und seiner hervorragenden militärischen Laufbahn zur Gottheit erhoben – war unter den himmlischen Heerscharen als dasjenige Wesen auserwählt worden, das am ehesten Ratschläge erteilen könnte, um der Gottlosigkeit und dem ganz allgemein ungeheuerlichen Verhalten von Soldaten entgegenzuwirken!

Tag und Nacht brannten Räucherwerk und hohe rote Kerzen vor seiner überlebensgroßen Statue mit den roten Wangen und dem grünen Gewand. Sein schöner Bart umrahmte kräftige Gesichtszüge, deren Ausdruck so furchterregend war, dass kein römischer Kaiser oder preußischer Junker jemals halb so einschüchternd hätte aussehen können.

Als die Zeit für den letzten Ritus der Anrufung nahte, versammelte sich die gesamte Gemeinschaft, um ihm ihre Verehrung darzubringen. Zweifellos fiel es den meisten schwer, ihre Beklemmung zu verbergen, denn vom Kriegsgott besessene Orakel-Medien waren, wie allgemein bekannt, schon öfters Amok gelaufen und hatten mehrere Anwesende niedergemetzelt, entweder weil ihr Verhalten ungewollt bei der Gottheit Anstoß erregt hatte, oder, was Wu Tao-shi eher anzunehmen geneigt war, weil die Beziehung zwischen der Gottheit und dem Orakel-Mönch durch eine unerklärliche Unvollkommenheit gestört worden war.

Das Medium wurde feierlich in einer Prozession in den großen Hof geführt und auf einen Thron gesetzt, mit dem Rücken zu den Marmorstufen, die von der Schreinhalle hinabführten. Auf der einen Seite, aber nur so weit vom Thron entfernt, dass sie sich noch in Hörweite befanden, saßen die Schreiber an einem Tisch, feuchteten ihre Pinsel an und legten Bogen von absorbierendem Reispapier zurecht.

Wu Tao-shi erklärte, dass die für diese Aufgabe auserwählten gelehrten Klosterbrüder im Allgemeinen so verängstigt wären, dass ihre Kalligrafie sehr leicht entsetzlich ausfiele. In der Nähe, auf beiden Seiten des Throns, standen zwei Holzregale, die ein ganzes Arsenal mittelalterlicher Waffen enthielten. Diese gehörten zu den Insignien kaiserlicher Generäle und sollten auch griffbereit sein für den Fall, dass der Kriegsgott beschloss, den unverschämten Sterblichen eine Lehre zu erteilen, die ihn aus den Freuden seines himmlischen Daseins herbeigerufen hatten.

Wu zeichnete ein amüsantes Bild von dem sanftäugigen Medium, das, obwohl in die ganze Rüstung eines Feldherrn alter Zeiten gehüllt und in anmaßender Haltung die Füße in den hohen Stiefeln weit gespreizt, kaum imstande war, den gewaltigen gezähnten Speer zu halten, den einer der Helfer ihm gerade in seine zitternde Hand gedrückt hatte. Dann fiel der Blick des Unglücklichen erschauernd auf die Reihe von Schwertern, Speeren und Streitäxten rechts und links neben seinem Thron. Allein der Anblick solch schmerzbereitender Werkzeuge muss ihn mit Scham und bösen Ahnungen erfüllt haben.

Wu selbst leitete die Zeremonie. In einem dunkelfarbigen, mit schützenden Symbolen bestickten Gewand und zweifellos mit einem Ausdruck ernster Feierlichkeit stand er auf der einen Seite des Mediums, den Kopf höflich gesenkt, die Hände gefaltet und durch seine Ärmel demütig verborgen, in regungsloser Haltung wie ein Götterbild bis zu dem Augenblick, in dem er das Zeichen zum Beginn dieses Furcht einflößenden Rituals gab.

Seinem mit hoher Stimme gegebenen Befehl folgend, verneigten sich die Anwesenden bis zum Boden, woraufhin ein wahrer Orkan von Klängen aus der Schreinhalle über sie hinwegbrauste, wo man die Tempelmusiker durch die offenen Türen sehen konnte. Sie schlugen wie rasend auf ihre gewaltigen Becken ein, ließen ihre Trommeln und Gongs rasseln oder bliesen auf ihren Klarinetten, als sollten ihre Wangen platzen.

Wu erzählte mir, dass bei solchen Gelegenheiten der Lärm dem Dröhnen einer Schlacht zwischen Göttern und Titanen glich. Dennoch standen die dichten Reihen der Mönchsbrüder wie Taubstumme da und warfen nicht einen Blick auf die Quelle jenes lärmenden Angriffs auf ihre Ohren. Alle starrten nur wie gebannt auf das Orakel-Medium, dessen Züge nun einen so grimmigen, martialischen Ausdruck trugen, dass hinter ihnen ihr sanfter Mitbruder nicht mehr zu erkennen war. Sogar seine Gestalt war fülliger geworden, so dass er nun wie ein muskulöser, im Kampf gehärteter Veteran aus hundert Kriegen wirkte. Gesicht und Körper hatten ebenso wie seine Glieder zu zucken begonnen.

Diese krampfartigen Bewegungen, anfänglich nur schwach, nahmen an Stärke zu und, aufspringend, stolzierte diese Furcht erregende Gestalt umher und ließ drohend den gezähnten Speer herumwirbeln. Plötzlich stieß er mit seinem eisernen Ende klirrend auf seinen Brustharnisch, woraufhin die dröhnende Musik jäh abbrach und die Musiker sich umdrehten und ihre Hälse reckten, als lauschten sie gespannt.

Das Medium, in eine Trance des Vergessens gesunken, hatte nun einen Ausdruck von so bösartiger Grausamkeit angenommen, dass die Klosterbrüder vor seinen entsetzlichen Bewegungen und Fratzen zitterten, obwohl seine Augen auf eine Vision in seinem Innern gerichtet schienen. Zuweilen war nur das Weiß zu sehen, während die Pupillen hinter den Lidern verschwanden. Schließlich nahm mit einem Klirren der Ausrüstung die entsetzliche Gestalt ihren Thron wieder ein, wo sie sich mit der scheinbaren Lässigkeit eines sprungbereiten Tigers zusammenkauerte. Vorsichtig näherte sich ihm der amtierende Priester und richtete seine Schritte nach der langsamen, traurigen Melodie, die nun von der Terrasse her aufstieg, wo ein junger Mann stand, der sich anmutig über eine Bambusflöte neigte.

Als die Melodie verklang, stellte der Priester, indem er sich der bei solchen Zeremonien üblichen theatralischen Redeweise bediente, eine Frage, in jener Sprache formuliert, deren sich Höflinge und die gebildeteren militärischen Führer vor tausend Jahren bei offiziellen Anlässen bedient haben sollen. Das Orakel-Medium saß, obwohl regungslos und aufmerksam, mit einem Gesicht da, dessen Lippen zu einem Lächeln von so grausamer Verachtung verzerrt waren, dass Wu fast die Unhöflichkeit begangen hätte, zu stottern.

Tatsächlich sprang er auf höchst unzeremonielle Weise zurück, nachdem er seine Frage gestellt hatte, denn die drohende

Gestalt war jäh aufgesprungen, als sei sie über alle Maßen über die Verwegenheit eines geringen Sterblichen erzürnt, der es wagte, sich ihr zu nähern. Anstatt jedoch seine Waffe in die Brust des Frevlers zu stoßen, schlug er mit ihrer großen Schneide mit so gewaltiger Kraft auf seine eigene Rüstung ein, dass der Stahl zerbarst, als sei die Rüstung nur ein schäbiges Spielzeug. Dann warf er den Speer zu Boden, ergriff dafür ein schweres, breites Schwert und ließ einen Schwall von Worten los, aber mit so rauher, barscher Stimme, dass sie kaum noch als menschlich zu erkennen war.

Die Pinsel der sich duckenden Schreiber flogen über die Papierbogen. Um sicherzustellen, dass keine Silbe verloren ging, begann der eine mit dem neuen Satz, während sein Kollege noch immer die gerade hervorgestoßenen Worte niederschrieb. In dem Zwiespalt, ob sie ihrer Aufgabe treu bleiben oder fliehen sollten, gelang es ihnen trotz allem, das Erforderliche zu tun, jedoch in einer so zittrigen Kalligrafie, dass hinterher nicht einmal sie jedes Wort zu entziffern vermochten.

Der Wortschwall des Orakels brach ab und wieder näherte sich der Priester im Takt mit der langsamen leisen Melodie. Seine zweite Frage löste eine weitere Flut fast unverständlicher Beredsamkeit aus. Aber schon zeigte sich, dass der Vermittler des göttlichen Guan Ti einer Ohnmacht nahe war. Die Stimme wurde schwächer, und die Bewegungen hatten viel von ihrer Wildheit eingebüßt.

Die Antwort auf die dritte Frage erstarb mitten im Satz. Das Medium sank rückwärts in die Kissen des Throns, der Kopf rollte auf eine Seite, und Tränen und Speichel rannen von Augen und Lippen. Die angestrengten Bemühungen, den Mann wieder zu sich zu bringen, bevor die Gottheit seinen Körper verließ, erwiesen sich als erfolglos. Einige der Helfer kamen mit einer Liege herbeigeeilt, auf die sie ihn wie einen Leichnam legten.

Aber plötzlich erwachte der arme Kerl aus seiner Trance und sog gierig an der Tülle einer Teekanne, die ihm jemand zwischen die Zähne drückte. Der starke heiße Tee belebte ihn, so dass er imstande war, sich aufzusetzen, und hastig nach einer zweiten Kanne mit Tee griff, die er in einem Zug leerte. Abgesehen von einigen Zuckungen im Gesicht und einem Ausdruck fast völliger Erschöpfung sah er nun wieder so aus wie zuvor und schien nicht besonders unter den Nachwirkungen seines quälenden Erlebnisses zu leiden. Diese sanfte, freundliche, eher scheue Seele hatte doch schließlich die schwere Prüfung überstanden, ihren Körper mit dem Geist des ungestümen Kriegsgottes teilen zu müssen.

Nachdem Wu an das Ende seines Berichts gelangt war, stieß ich atemlos hervor: «Wie gern würde ich ein Protokoll über Ihre Fragen und die von dem göttlich inspirierten Medium gegebenen Antworten sehen!»

Ein Schimmer gespielter Strenge leuchtete in den Augen des stellvertretenden Abts auf, bevor seine Züge wieder von dem bedächtigen, freundlichen Lächeln überstrahlt wurden, das ich an ihm so gern mochte.

«Mein lieber Barbar, ich hätte gedacht, dass Sie mit den Regeln vertraut genug wären, um nicht zu verlangen, was man den Konventionen entsprechend nicht gewähren kann. Meine Fragen, die zuvor im Konklave mit unserem Hochwürdigen Abt vorbereitet wurden, sind, wie Sie vermutet haben, für die Nachwelt zusammen mit den Antworten des göttlichen Guan Ti niedergeschrieben worden, auch die Deutungen, die der Klosterrat ihnen gegeben hat. Wenn Sie den Wunsch haben, den Inhalt des Buches kennen zu lernen, in dem die Orakelsprüche der letzten fünfhundert Jahre aufgezeichnet sind, müssen Sie lange genug bei uns bleiben, damit Ihnen ein Platz im Rat selber zugewiesen wird. Denn wäre es nicht unklug, Angelegenheiten in die Öffentlichkeit zu tragen, die das Wohlergehen unserer Gemeinschaft so stark berühren?

Dennoch kann ich Ihnen ziemlich allgemein etwas von dem mitteilen, was damals bekannt wurde, denn sobald man sich auf die Deutung des Orakels geeinigt hatte, wurde den versammelten Klosterbrüdern gegenüber eine Erklärung abgegeben. Sie können versichert sein, mein sehr lieber und hoch geschätzter Laie, dass die Antwort des göttlichen Guan Ti sowohl günstig war als auch mit den darauf folgenden Ereignissen übereinstimmte.

Sein Rat lautete, wir sollten der Aufforderung der Bezirksbehörde nachkommen, Soldaten innerhalb unseres geheiligten Bezirks unterbringen und dabei höchst patriotisch erscheinen, denn es sei sicher, dass man nur sehr wenige Soldaten, wenn überhaupt welche, hierher schicken würde und man sie leicht dazu bringen könnte, sich während der kurzen Dauer ihres Aufenthalts in ihrem Verhalten von ihrer besten Seite zu zeigen.

Etwa eine Woche später erschien – es war übrigens etwa in der Mitte des Zehnten Monats des vorigen Jahres – eine Abteilung von weniger als zwanzig Infanteristen unter dem Befehl eines von Kampfnarben gezeichneten Leutnants. Ihr Aussehen war alles andere als beruhigend. Weder der Offizier noch seine Leute sahen wie Männer aus, die Zivilisten gegenüber rücksichtsvoll auftraten oder unsere religiöse Berufung respektierten. Trotzdem überredeten wir mühelos diesen grimmig aussehenden Offizier, seinen Untergebenen die genaueste Einhaltung unserer Klosterregeln einzuschärfen, dies unter Androhung strengster Strafe.»

Wieder erschien das bedächtige, freundliche Lächeln, als er hinzufügte: «Sie wissen doch, wie sehr wir Taoisten jenes schwache, nachgiebige Element bewundern, das trotz aller Hindernisse gelassen sein Ziel erreicht?»

«Gewiss, aber hartes Gestein lässt sich nicht an einem Tag abschleifen.»

«Ganz richtig. Deshalb sucht sich Wasser auch seinen Weg um das Gestein herum.» Er machte eine kaum merkliche Handbewegung, die vielleicht bedeutete, dass man sich das gute Verhalten und den raschen Aufbruch der Soldaten zu einem für alle Teile annehmbaren Preis erkauft hatte.

«Ausgezeichnet!», rief ich, «aber was geschieht, wenn andere Soldaten kommen?»

«Das wird nicht geschehen», erwiderte er voll Überzeugung. «Zumindest nicht in naher Zukunft. In dieser Hinsicht waren die Mitteilungen des Orakels eindeutig.» Sein Lächeln schwand, als er etwas nachdenklicher hinzufügte: «Bezüglich der ferneren Zukunft, sagen wir, heute in drei oder vier Jahren, waren die Äußerungen des Orakels nicht so beruhigend. Verrohte Armeen werden die Menschen aus ihren Häusern am Fluss vertreiben, und wir werden zusammen mit ihnen fliehen.»

«Chinesische Armeen?»

«Das Orakel hat sich zu keiner Andeutung über ihre Nationalität herabgelassen. Es war auch keine nötig. Japan hat sich bereits unsere mandschurischen Provinzen einverleibt und nicht weit von Peking entfernt Gebiete geraubt. Ein Tiger wartet nur so lange, bis er seine Beute verdaut hat, bevor er nach neuer Beute jagt. Der Krieg wird ungefähr innerhalb eines Jahres ausbrechen, aber der Feind wird erst sehr viel später in diesen Teil des Landes eindringen.»

«Ist das Ihre eigene Einschätzung der Absichten Japans, oder hat der göttliche Guan Ti Sie im einzelnen darüber unterrichtet?»

«Beides stimmt ein wenig», antwortete er ernst. «Orakel müssen natürlich im Licht der gerade herrschenden Umstände gedeutet werden. Nur selten sind sie völlig klar. Sogar Götter fühlen sich gehemmt, wenn wir sie nötigen, durch den Mund von Sterblichen mit uns zu reden. Das erklärt auch ihre beunruhigende Art der Reaktion auf unsere Anrufungen. Wie Sie bemerkt haben werden, geben sie auch ihre günstigsten Voraussagen in einer Weise ab, die geeignet ist, alle zu entmutigen, die sie sonst häufiger als nötig anrufen würden. Ein Medium überdauert selten zehn Jahre, es sei denn, dass seine Fähigkeiten nur selten in Anspruch genommen werden. Unser Orakel-Medium zum Beispiel hat sich mit einem frühen Tod abgefunden. Jede Séance kostet diesen Mann zehn Jahre seines Lebens. Wegen seiner selbstlosen Hingabe steht er bei uns in hohen Ehren.»

Von seiner Verwendung des Wortes «nötigen» überrascht, fragte ich: «Kann nach Ihrer Ansicht ein Gott – eine große mächtige Gottheit wie Guan Ti – genötigt werden, in den Körper eines Mediums einzudringen und sich Fragen zu unterwerfen?»

«Ganz bestimmt! Warum sollten sich denn sonst Gottheiten mit unseren Angelegenheiten abgeben? Fragen Sie mich nicht, wie diese Nötigung erfolgt. Das gehört zu dem Allergeheimsten in unseren einleitenden Riten.»

«Und sind gewöhnliche Gespenster und Geister ebenso widerstrebend?»

«Gespenster!», antwortete er verächtlich. «Die meisten von ihnen sind begeistert, einer Aufforderung zu folgen. Recht häufig kommen sie sogar ungebeten. Aber wer glaubt schon an das, was sie sagen? Ebenso wie bei Menschen gibt es unter ihnen Schelme, Lügner und Idioten. Beschwören Sie einen Geist herauf, der einmal den Namen Li trug, und an seiner Stelle erscheint womöglich der bösartige oder zu Streichen aufgelegte Geist eines gewissen Wang, der sich nur aus dem Vergnügen daran, Verwirrung zu stiften, unter dem Namen Li meldet. Vielleicht waren die beiden auf Erden Feinde oder sind sonst irgendwie in der Geisterwelt aneinander geraten, und so ist es verständlich, dass jeder von ihnen es weidlich genießt, den anderen in Verruf zu bringen.

In einem angesehenen Kloster würde sich kein Orakel-Medium jemals auf Informationen durch gewöhnliche Geister verlassen. Nur von Gottheiten kann man echte Offenbarungen erwarten, aber für gewöhnlich sind sie von unserer Vermessenheit so gereizt, dass sie alles so schwierig und gefährlich machen wie nur möglich. Von welcher Gottheit ließe sich aber auch erwarten, dass es ihr Vergnügen macht, ihren erhabenen Gedanken durch einen unbedeutenden Sterblichen Ausdruck zu geben? Stellen Sie sich vor, Sie versuchten, durch den Mund einer Kröte oder durch den eines Schmetterlings mit mir in Verbindung zu treten!»

Diese Unterhaltung empfand ich damals lediglich als seltsam, denn Erfahrungen mit genauen Offenbarungen, die Medien von sich gaben, die unmöglich etwas von meinen Verhältnissen oder überhaupt von meiner Person wissen konnte, lagen noch vor mir. Meine gegenwärtige Überzeugung, dass die oft dumm wirkenden und ungebildeten Geist-Medien, falls sie nicht erstaunliche telepathische Fähigkeiten besitzen, tatsächlich Vermittler unsichtbarer Kräfte sind, wird durch das bestärkt, was ich über tibetische Orakel-Medien gelesen habe.

Mehrere Autoren haben beobachtet, dass sich während ihrer Besessenheit ihr gesamtes Aussehen verändert – nicht nur ihr Gesichtsausdruck, sondern sogar die charakteristischen Formen des Körpers machen eine Verwandlung durch, die kein Schauspieler jemals vortäuschen könnte, wobei sie zuweilen körperliche Proportionen annehmen, die den ihren ganz unähnlich sind. Solch erschreckende Veränderungen verwandeln sie in Fremde, so daß Fotografien vor und während der Besessenheit völlig verschiedene Personen wiederzugeben scheinen. Für gewöhnlich verleiht die Besessenheit auch übermenschliche Kräfte, die den Besessenen befähigen, Gegenstände aus Metall zu zerdrücken oder zu zerschlagen, die er unter normalen Umständen nicht einmal anheben oder verbiegen könnte.

Solche fantastischen Vorkommnisse in jüngster Zeit von zuverlässigen Zeugen in Gegenden wie Kalimpong und Sikkim beobachtet, gibt es bis zum heutigen Tag. Die Tatsachen als solche sind unbestreitbar, nur ihre Erklärung ist umstritten. Unter all den möglichen Alternativen, die bisher in bezug auf Besessenheit als Erklärungen vorgebracht wurden, gibt es keine, die alle Umstände befriedigend erklärt. Alle, die tatsächlich Zeuge des Ablaufs von Geist-Orakeln wurden, neigen, wenn auch widerstrebend, dazu, sie als unheimliche Manifestationen okkulter Kräfte zu betrachten.

Wahrscheinlich *gibt* es Fälle von Betrug, obwohl man sich nur schwer vorstellen kann, wie sich eine derartige Besessenheit überzeugend nachahmen ließe. Es ist immerhin möglich, dass echte Geist-Medien oder ihre Schirmherren hin und wieder zu Listen ihre Zuflucht nehmen, um ein Fiasko zu vermeiden, wenn ihre Beschwörungen auf peinliche Weise versagen. Aber selbst dann ist der Nachweis des Betrugs in einigen Fällen kaum Grund genug für die Annahme, dass alle Fälle von Besessenheit auf Betrug beruhen. Schlimmstenfalls dient nachgewiesene Scharlatanerie nur dazu, den Nebel der Ungewissheit noch zu verdichten, den Wissenschaftler, unter Missachtung der Grenzen ihrer Zuständigkeit, über das gesamte Gebiet paranormaler Vorgänge gelegt haben.

Natürlich muss man davon ausgehen, dass die Anrufung von Göttern und Geistern nicht zu den wesentlichen Erfordernissen des Taoismus oder auch jeder anderen mystischen Religion gehört. Wie es scheint, ist die absichtlich herbeigeführte Besessenheit mit einer ganzen Menge von Anschauungen und Praktiken verbunden. Dabei handelt es sich in überzeugender Weise um

Überbleibsel aus einer Zeit, die zweitausend Jahre oder noch mehr vor allen anerkannten Religionen liegt. Das Gleiche lässt sich von vielen Komponenten des volkstümlichen Taoismus sagen. Sie sind weit davon entfernt, Hinzufügungen zu den Lehren von Laotse und Chuang-tse aus jüngster Zeit zu sein, wie die Gelehrten es darstellen, sondern sie sind sogar weit älter als die Werke dieser «Gründer und Weisen».

Obwohl der Taoismus der Welt viele wertvolle Lehren geschenkt hat, denen in der «Heimstatt des Geheimnisvollen Ursprungs» nur auf mittelmäßige Weise nachgelebt wurde, habe ich mir doch liebevolle Erinnerungen an solche Klöster bewahrt. Dort gab es noch eine Weite des Lebens, denn die Klosterbrüder durften, soweit ich es beurteilen konnte, alles glauben und praktizieren, was ihnen selber am besten erschien. Sie konnten, wenn sie es wünschten, sich völlig religiösen Riten oder übersinnlichen oder magischen Betätigungen hingeben; oder sie konnten die Fähigkeiten der verschiedenen Kategorien der Verlängerung des Lebens oder des Heilens erwerben.

Aber in gleicher Weise durften sie auch völlig in Malerei, Dichtkunst, Musik oder im Kampf der Selbstverteidigung aufgehen, oder auch in philosophischen Gedankengängen und in mystischer Betrachtung, die unmittelbar zum höchsten Ziel des Menschen führte, oder auch in einer Verbindung dieser verschiedenen Tätigkeiten.

Obwohl Keuschheit bewundert und befürwortet wurde, durften doch diejenigen, die sie als zu schwer oder nicht wünschenswert empfanden, in gewissen Zeiten nach Hause zu ihren Frauen oder zu ihren Geliebten zurückkehren. Es gab keine Einschränkungen in der Ernährung, noch wurde Wein verachtet, allerdings habe ich niemals Missbrauch beobachtet. Die wesentlichste moralische Verpflichtung für die Gemeinschaft bestand darin, dass sich ihre Angehörigen höflich, tolerant, friedfertig und mäßig verhalten sollten.

Die Regeln, die ihr Leben bestimmten, waren von einer Art, ohne die nur wenige Gemeinschaften reibungslos funktionieren könnten – wobei der Abt oder der Klosterrat entschieden, welche verwaltungsmäßigen Aufgaben oder andere Arbeiten der einzelne auf sich zu nehmen hatte. Von vorrangiger Bedeutung war die Erhaltung von Harmonie und Anstand.

Selbstverständlich musste das Kloster zahlungsfähig bleiben, doch schienen jene, die sich mit der Steigerung der Einkünfte aus rasch zusammenschrumpfenden Stiftungen von Ländereien befassten, dieser Aufgabe keine übermäßige Bedeutung beizulegen. Dies war auch bei den Dämonenaustreibern der Fall, die es vorzogen, sich der Meditation hinzugeben, anstatt ihr einträgliches Können zu praktizieren. Abgesehen von den Einkünften aus Stiftungen waren die Haupteinnahmequellen die Geschenke von Pilgern und freiwillige Zuwendungen, mit denen Gäste, wie ich selber, die großzügige Gastfreundschaft der Klosterbrüder entgalten, und Zahlungen in bar oder Naturalien für besondere Dienste, seien sie nun geistiger, medizinischer oder anderer Art. So konnten zum Beispiel die Feierlichkeiten für die Toten auf Ersuchen der leidtragenden Familie sehr buntfarbig und raffiniert begangen werden.

Aber was, so rufen die Gelehrten, haben die Weisen Laotse und Chuang-tse mit all dem zu tun? Angenommen, dass solche Gemeinschaften so beispielhaft lebten, wie behauptet wird, warum haben sie dann den Namen Taoisten usurpiert? Wir hätten nichts gegen sie einzuwenden, wenn sie für ihre sogenannte Religion einen anderen Namen gewählt hätten.

Nach meiner Ansicht bildeten die von Laotse und Chuang-tse verkündeten Grundsätze Kette und Faden des klösterlichen Gewebes. Die Klosterbrüder waren Männer, die abseits von der Welt der Politik und des Handels lebten und weder Macht noch persönlichen Reichtum anstrebten. Die wilde Einsamkeit der Umgebung dieser Klöster war für die Betrachtung des Rhythmus in der Natur und ihrer Verwandlungen ideal.

Die Klosterbrüder, die fähig waren, die schwer deutbare Philosophie des *Tao Te King* zu verstehen, bedienten sich ihrer häufig; Zitate daraus und Geschichten von Chuang-tse wurden von ihnen oft wiedergegeben. Sogar diejenigen von geringerem geistigen Format waren über das Wesentliche in der taoistischen Philosophie verhältnismäßig gut unterrichtet. Sogar die jungen Diener waren mit der Bedeutung der taoistischen Symbole, die auf

Gebäuden, Toren und Gartenmauern gemeißelt oder gemalt waren, vertraut. Der letzte Küchenjunge muss sich der Bedeutung des Tao als des gestaltlosen Urgrunds der Formen, des unveränderlichen Ursprungs der grenzenlosen Umwandlungen der Natur und der passiven Quelle aller Energie und Aktivität mehr oder weniger bewusst gewesen sein, denn das waren Dinge, die ringsum durch Symbole, Malereien, Liturgien, Predigten oder zwanglose Gespräche verkündet wurden. Wie hätte jemand sich nicht eine gewisse Vorstellung von der Bedeutung des Wortes Tao bilden können, da es doch in aller Munde war?

Wenn dieser günstige Bericht über volkstümlichen Taoismus dazu führen sollte, dass ich das bisschen Ansehen verspiele, das meine buddhistischen Werke mir möglicherweise in der Welt der Gelehrten eingebracht haben, so werde ich deshalb keine Tränen vergießen.

Tatsache ist, dass eine wirkliche oder erdachte Wesenheit mit Namen Laotse lange Zeit als der Vater der Magie wie der der Philosophie im Geist von Menschen gelebt hat. Jener Laotse, der weiterhin von Bedeutung sein wird, so lange der Glaube fortdauert, er sei sowohl Magier wie Philosoph gewesen, ist auf jeden Fall dem Zustand einer lebendigen Kraft näher als jener andere Laotse, dessen Gebeine vermodert sind.

Die ihm *zugeschriebenen* Lehren haben den Geist von Menschen geformt und Ergebnisse hervorgebracht, manche von ihnen sehr bildhaft, andere in anderer Weise wohltuend und die meisten von ihnen moralisch erhebend. Was würde es ausmachen, wenn schließlich bewiesen werden könnte, dass er niemals gelebt oder mit Magie nichts zu tun hatte? Einem solchen «Beweis» gegenüber sollte ich, ebenso wie Chuang-tse bei der Bestattung seiner Gemahlin, meine Trommel schlagen und lachen!

II

Der Weg des Glaubens und der Barmherzigkeit

Einführung:
Das wundersame Reich des Geistes

Die religiösen Praktiken chinesischer und tibetischer Mystiker bilden ein faszinierendes Thema. Neben vielem, was nicht den Geist, sondern nur den Sinn für das Pittoreske anspricht, stieß ich auch auf manche Lehren und Praktiken, die von imponierenden Höhenflügen des menschlichen Geistes zeugen. Soweit es mir möglich war, habe ich Geschichten, die ich hörte, und persönliche Erlebnisse eingeflochten, um den Leser auf ähnliche Weise mit einer Reihe von Einsichten zu konfrontieren, wie ich sie selbst erfuhr, indem ich zufällig da und dort auf sie stieß. Einige der Geschichten gehören einer ferneren Vergangenheit an, waren aber noch unter meinen taoistischen und buddhistischen Freunden lebendig, so dass ich alles, was ich berichte, mit eigenen Augen sah und mit eigenen Ohren hörte. So erklärt sich auch, dass der Konfuzianismus, der damals seine einzigartige Stellung als oberste Maxime der Herrscher Chinas bereits eingebüßt hatte, schlechter wegkommt, als er es wahrscheinlich verdienen würde.

Um der gebotenen Kürze willen habe ich zuweilen eine Reihe von Bemerkungen, die tatsächlich von mehreren Personen stammten, einer einzelnen zugeschrieben, also das Recht des Schriftstellers wahrgenommen, den Stoff zu «straffen» – jedoch, wie ich meine, nicht auf Kosten der Wahrheit in wesentlichen Punkten. Auch musste ich überlieferte Geschichten und Berichte über persönliche Erlebnisse durch ein gewisses Maß an theoretischer Erläuterung ergänzen, um ein abgerundetes Bild von den verschiedenen Spielarten chinesischer Mystik zu geben; doch selbst die erläuternden Passagen beruhen viel mehr auf dem, was ich selbst sah und hörte, als auf späterer Lektüre zu diesem Themenkreis, so dass also auch sie weitgehend aus erster Hand stammen.

Der Begriff «Mystik» wird häufig im Sinne von «Obskurantismus» missverstanden oder sogar mit diesem Ausdruck verwechselt! Wie ich diesen Begriff gebrauche, bezieht er sich auf das Streben nach intuitiven, dem normalen rationalen Denken unzugänglichen Erfahrungen und das Aufgehen des eigenen Selbst in etwas so Erhabenem, Gewaltigem, dass es alle menschliche Vorstellung vom Göttlichen übersteigt. Indien ist von jeher nicht weniger als China ein Quell asiatischer Mystik gewesen; dass ich nichts über indische Mystiker sage, liegt einfach daran, dass ich zu wenig in Indien gereist bin, um aus eigener Erfahrung über sie zu sprechen. Andererseits habe ich jedoch einige Aspekte der tibetischen Mystik in meine Ausführungen aufgenommen, die ansonsten überwiegend den chinesischen Varianten gewidmet sind, und zwar aus dem guten Grund, dass tibetische und mongolische Lamas in vielen Teilen Chinas auftraten und dass viele strenggläubige chinesische Buddhisten zu ihnen als Lehrmeister aufblickten.

Beim Schreiben hatte ich zwei Arten von Lesern vor Augen: diejenigen, die ich dank der exotischen Atmosphäre, die das Berichtete prägt, wie mit einem Reisebericht zu unterhalten hoffe, und diejenigen, die sich durch das Gelesene vielleicht dazu anregen lassen, das wundersame Reich des Geistes zu erkunden, das unter verschiedenen Namen bekannt ist – der Eine Geist, die große Leere oder «der Weg».

Konfuzianismus, Taoismus, Buddhismus –
drei Lehren, ein Lebensgefühl

Schon sehr bald nach meiner ersten Ankunft in China entdeckte ich einen höchst sympathischen Wesenszug an den Chinesen, nämlich eine ans Geniale grenzende Begabung, mehrere einander widersprechende Lehren in Einklang zu bringen. Von Intoleranz war nichts zu spüren. Konfuzianisch-agnostische Ehemänner lebten glücklich und zufrieden mit ihren zum Buddhismus oder Taoismus neigenden Frauen und fanden nichts dabei, wenn einige ihrer Kinder in der Schule mit christlichem Ideengut vertraut gemacht wurden. Und eben diese Agnostiker waren auch nicht abgeneigt, Göttern oder Dämonen zu opfern, auch wenn sie diese Wesen als Ausgeburten eines bäurischen Aberglaubens bezeichneten. Es war verwirrend.

«Herr Chang, sind Sie Konfuzianer?»

«Natürlich. Der weise Konfuzius ist seit rund zwei Jahrtausenden maßgebend für unser Regierungssystem, unser Bildungswesen und unsere Lebensart. Im Herzen sind wir alle Konfuzianer.»

«Der Buddhismus sagt Ihnen also nicht zu?»

«O doch. Shakyamuni Buddha hat gelehrt, wie man sich davon befreien kann, Äonen um Äonen in der Welt des Staubes umherzuwandern. Ich bin ein gläubiger Anhänger seiner Lehren.»

«Aber Taoist sind Sie jedenfalls nicht?»

«Warum nicht? Die taoistischen Weisen wussten, wie man in Einklang mit der Natur lebt, sie waren gleichgültig gegenüber Verlust und Gewinn. Und manche Taoisten sind vorzügliche Lehrer der Kunst, wie man als fröhlicher und gesunder Mensch ein hohes Alter erreicht. Sehen Sie sich unsere Dichtung und unsere Malerei an, und Sie werden erkennen, dass wir im Gemüt allesamt Taoisten sind.»

«Nun gut; aber wenn wir die Philosophie einmal beiseite lassen, müssen Sie denn nicht darüber lächeln, wenn den Göttern der Berge und Flüsse, vergöttlichten Generalen, Kobolden, Elfen, Dämonen und wie sie alle heißen, Weihrauch dargebracht wird und dass man sie verehrt, zu ihnen betet?»

«Natürlich könnte man das belächeln, aber es schadet bestimmt nichts, sich mit allen Arten von Wesen gut zu stellen. Viele von ihnen mögen gebratene Hühner und ein paar Tassen Wein lieber als den Duft des Weihrauchs – diese Dinge sind handfester.»

«Und wie steht es mit den Geistern der Ahnen?»

«Man fegt natürlich ihre Gräber am Fest des Lichts und opfert ihnen zu den gehörigen Zeiten vor ihren Geistertafeln, sonst würden sie sich vernachlässigt fühlen.»

«Das heißt also, dass Sie sich zu vier oder fünf verschiedenen Religionen bekennen?»

«So kann man es wirklich nicht ausdrücken! Warum etwas verwerfen, was man nicht mit Sicherheit wissen kann? Jede der drei Lehren – Konfuzianismus, Taoismus und Buddhismus – ist in ihrer Art bewundernswert. Was die Opfer für Geister und Ahnen angeht, wer kann wissen, ob es sie gibt oder nicht? Wenn es sie gibt, müssen die Opfergaben ihnen willkommen sein. Wenn nicht, finden zumindest die Lebenden Erbauung in solchen Riten, meinen Sie nicht?»

Derlei Toleranz war eine erfrischende Abwechslung von dem Sektierertum zu Hause in England, das nur allzu oft die Ursache von Bosheit, Verleumdung, Leid und Blutvergießen gewesen war. Dennoch ließen mir, der ich in der westlichen Überlieferung aufgewachsen war, einige der damit zusammenhängenden Widersprüche keine Ruhe. Beispielsweise bestätigte mir einer meiner buddhistischen Freunde, nachdem er kurz vorher den Geistertafeln von mehreren Generationen seiner Vorfahren seine Reverenz erwiesen hatte, bereitwillig, dass die Dahingeschiedenen im allgemeinen binnen neunundvierzig Tagen nach ihrem Tode wiedergeboren werden.

«Wie können dann aber diejenigen, die schon vor Jahrzehnten gestorben sind, Ihr Opfer entgegennehmen?»

«Wer kann wissen, ob es sie nicht noch gibt? Vielleicht hat der

Mensch mehrere Seelen. Und eine davon könnte sich doch in der Nähe seiner Tafel aufhalten, um sich unserer kindlichen Frömmigkeit zu erfreuen, nicht wahr?»

Diese Aufgeschlossenheit zeigte sich auch in den Trauerfeierlichkeiten für die Verstorbenen, vor allem während der sieben mal sieben Tage nach ihrem Hinscheiden. Vor die Geistertafeln wurden nach konfuzianischer Überlieferung Speisen und Wein als Opfergaben gelegt, taoistische und buddhistische Mönche wurden ins Haus gebeten, um nacheinander ihre Riten zu vollziehen, und es kam auch vor, dass ein christlicher Pfarrer gebeten wurde, für die Seele des Toten zu beten – man weiß ja nie! In diesem letzteren Falle musste man jedoch zur Lüge greifen, denn selbst bei einem chinesischen Pfarrer konnte man nicht darauf rechnen, dass er kam, wenn er wusste, dass seine «Rivalen» bereits ihr Teil beigesteuert hatten, um dem Verblichenen Ehre zu erweisen. Die chinesischen Moslems und Christen waren die einzigen, bei denen diese unter ihren Landsleuten sonst allgemein verbreitete tolerante Einstellung fehlte.

Die Menschen, die ich als Agnostiker bezeichnet habe, fanden sich vorwiegend in Behörden und Schulen. Aufgrund ihrer modernen Erziehung waren sie so sorgsam darauf bedacht, keinem «rückständigen Aberglauben» anzuhängen, dass sie sich lieber erst gar nicht zu einer bestimmten Religion bekannten; immerhin hielten sie aber an der konfuzianischen Vorstellung einer vom Himmel eingesetzten moralischen Ordnung fest. Ob der Himmel (t'ien) ein Wesen, ein Zustand oder einfach ein abstraktes Prinzip war, das war von jeher unentschieden geblieben, und das Unvermögen, zwischen «geistig» und «materiell» zu unterscheiden, war von den christlichen Missionaren als Beweis dafür gebrandmarkt worden, dass die Chinesen unverbesserliche Materialisten seien.

Es ist aber wahrscheinlicher, dass die Konfuzianer – darin den Taoisten ähnlich – des Glaubens waren, dass alles im Universum aus Geist bestehe. Ich glaube, dass dies die allgemein verbreitete Auffassung in China war, und wenn das zutrifft, hatte das weltliche Aussehen der Gottheiten der Volksregion, die als himmlische Ebenbilder der chinesischen Beamten dargestellt wurden, nichts mit Materialismus zu tun. Die Ansicht, dass Himmel und Erde sich weitgehend ähneln müssten, weil «Materie dem Wesen nach Geist» sei, ist so ziemlich das Gegenteil von der marxistischen Auffassung, die den Geist als ein Produkt der Materie sieht.

Alles in allem war ich nicht sonderlich beeindruckt von dem, was ich vom Konfuzianismus sah und hörte. Theoretisch schien er bewunderungswürdig, vor allem im Hinblick auf die Lehre, dass es die oberste Pflicht des Menschen sei, sich zu läutern und andere in diesem Sinne zu beeinflussen, damit auf diese Weise die Familie und letztlich auch der Staat geläutert würden.

Auch lässt sich auf den ersten Blick nichts gegen die Lehre einwenden, dass zu den fünf großen Tugenden Güte, Rechtschaffenheit, Anstand, Weisheit und Ehrlichkeit zählen und dass fünf Beziehungen mit liebevoller Fürsorge auf der einen und treuem Gehorsam auf der anderen Seite gepflegt werden sollten – die Beziehungen zwischen Vater und Sohn, Herrscher und Staatsdiener, Mann und Frau, älterem und jüngerem Bruder, Freund und Freund. Auch solle man die Ahnen ehren und sich von anderen Geistern ehrerbietig fernhalten.

Dank dem Konfuzianismus wurden von 106 n.Chr. bis 1905 alle Beamten bis auf die niedrigsten durch staatliche Prüfungen ausgewählt, so dass der einzelne eine hohe Stellung nur aufgrund seiner Bildung und Begabung erwerben konnte und auch Angehörige der untersten gesellschaftlichen Schichten die Möglichkeit hatten, hohe und höchste Stellungen zu erreichen. Trotzdem nahm aber die Macht der Herrscher, Väter und Ehemänner infolge der strikten Beachtung der fünf Beziehungen unumschränkten Charakter an.

Die Stellung der Frau war durchaus nicht beneidenswert, und die starke Betonung des Schicklichen führte zu extremem Konservatismus und auch dazu, dass komplizierten zeremoniellen Vorschriften unverhältnismäßig große Bedeutung beigemessen wurde.

Die gute Seite des Konfuzianismus veranschaulicht die Geschichte von der Mutter des Philosophen Mencius, einer armen Witwe, die dreimal umzog, damit ihr Sohn es nicht so weit zur

Schule hätte. Als er einmal die Schule schwänzte, wies sie ihn zurecht, indem sie das Tuch, das sie gerade webte, zerriss, und brachte damit zum Ausdruck, dass er durch die Vernachlässigung seiner Studien gleichsam das Gewebe zerstörte, von dem ihrer beider Existenz abhing. Dann gibt es noch die Geschichte von dem Sohn, der seine Eltern so sehr liebte, dass er sich jeden Abend auf ihr Bett legte, damit die Stechmücken sich mit seinem Blut sättigten und die alten Leute dann in Ruhe schlafen konnten.

Aber die Betonung der Kindespflicht gegen die Eltern konnte auch abstoßende Folgen haben. Als China noch ein Kaiserreich war (also bis 1911), gab es zahlreiche Fälle grausamer elterlicher Strenge, wie etwa den Fall eines jungen Mannes, der aus Zorn darüber, dass sein jüngerer Bruder sich geweigert hatte, dem Vater Geld zu borgen, den Jungen mit dem Messer bedrohte und dafür von seinem Vater, dem er doch nur hatte helfen wollen, so scharf zurechtgewiesen wurde, dass er alle Hemmungen vergaß und zurückschrie. Für diesen Verstoß gegen die konfuzianische Sittenlehre begrub ihn sein Vater bei lebendigem Leibe und wurde dann vor Gericht mit der Begründung freigesprochen, dass ein Vater, der von seinem Sohn beschimpft wird, das Recht habe, den Missetäter zu erschlagen.

Dass dieser abschreckende Aspekt des Konfuzianismus in der Praxis bis weit in unser Jahrhundert hinein erhalten blieb, wurde mir klar, als ich einmal in Kunming zur Miete wohnte. Nicht lange vorher hatte sich die Tochter meines Vermieters vergiftet, weil sie ihr Examen nicht bestanden hatte; in dem Abschiedsbrief, den sie hinterließ, brachte sie zunächst mit zärtlichen Worten ihre Dankbarkeit gegenüber ihren Eltern zum Ausdruck und erklärte dann, dass sie ihr Recht auf Leben verwirkt habe, weil die Eltern umsonst so viel Geld für ihre Ausbildung aufgewendet hätten.

Ich bin sicher, dass mein Vermieter aufrichtig um sie trauerte, aber er war auch so stolz auf die Ergebenheit seiner Tochter, dass er ihren Abschiedsbrief einrahmen ließ und ihn in seinem Haus an die Wand hängte, damit ihn alle Besucher sähen. Kein Wunder, dass die Taoisten die Neigung der Konfuzianer, die Tugenden der Unterordnung und des Gehorsams gegen die Eltern ungebührlich hervorzuheben, so entschieden verurteilt haben.

Der Satz aus den Konfuzianischen Analekten: «Wenn seine Matte nicht glatt war, setzte sich der Meister nicht darauf», lässt immerhin ahnen, wie weit es die Konfuzianer mit ihrem Begriff von Sitte und Anstand trieben. Ein junger Freund von mir, der im aristokratischen Viertel von Kanton aufgewachsen war, erzählte mir einmal, dass er Ende der zwanziger Jahre, als er seinen Vater auf einem Besuch bei seinen ehemaligen kaiserlichen Vorgesetzten begleitete, Schande über die ganze Familie gebracht hätte, wenn er auch nur eine einzige Anstandsregel vergessen hätte, beispielsweise die, welchen Fuß man beim Überschreiten einer Türschwelle als ersten aufsetzt.

Jeder Schritt, jede Geste war durch ein uraltes Protokoll bis ins einzelne vorgeschrieben; wurde er aufgefordert, sich zu setzen, musste er kerzengerade auf der Stuhlkante sitzen, um sofort gewandt aufzuspringen, wenn jemand sich herabließ, das Wort an ihn zu richten. Zweifellos entbehrte derlei Formalität nicht einer gewissen Eleganz und sogar Schönheit. Aber sei's drum! Was die Frauen angeht, so sagte mir einmal eine Dame, dass es in ihrer Familie undenkbar gewesen wäre, dass die Frauen zu Bett gingen, ehe nicht die Großeltern sich zurückgezogen hatten; schlimmer noch, sie mussten den ganzen Abend *stehend* in Gegenwart der alten Herrschaften zubringen!

Die taoistische Tradition war ganz anders. Die Eremiten, bei denen ich zu Gast war, wahrten zwar gegenüber dem Fremden ein zeremonielles Betragen, hielten aber keinesfalls die strenge Beachtung von Anstandsregeln für ein wesentliches Element des Lebens in ihrer Gemeinschaft oder überhaupt in der menschlichen Gesellschaft. Im Gegenteil, sie bewerteten Spontaneität am höchsten. Sie waren darauf bedacht, jedem seine Eigenart zu lassen, so dass er genauso mühelos für sich selbst sorgen konnte wie die Bäume im Wald.

Was den Gehorsam gegen die Obrigkeit, die Unterordnung, die Ehrerbietung der Kinder gegenüber den Eltern und all diese Tugenden anbetraf, waren sie der Meinung, dass Menschen, die in innigem Einvernehmen mit der Natur lebten, ihrer nicht bedürften. Die Tiere sorgten schließlich auch liebevoll für ihre Jungen, ohne sich Gedanken über Güte und Wohltätigkeit zu machen. Gesetze zu erlassen, sei der sicherste Weg, Verbrecher heranzuziehen. Würde man dagegen die Menschen überzeugen, wie sinnlos es ist, Besitztümer anzuhäufen, überflüssigen Luxus zu begehren und nach Rang und Ansehen zu streben, so würde das Verbrechen verschwinden und Richter und Polizisten könnten getrost zu Hause bleiben und «ihre Kraft sparen». Wer würde in einer Gesellschaft, in der Gier und Ehrgeiz unbekannt wären, noch rauben, betrügen, Kriege führen wollen?

So sehr ich meine taoistischen Freunde liebte, fand ich ihre Philosophie doch nicht allzu praktikabel. Auf die Bedürfnisse von Dichtern, Philosophen und Mystikern zugeschnitten, schien sie mir wenig Aussicht zu haben, bei normalen Menschen unserer Zeit Anklang zu finden, es sei denn, sie würden von Kindheit an darin unterwiesen und lebten in kleinen, in sich geschlossenen und autarken Gemeinschaften. Zahlreiche taoistische Eremiten befassten sich damit, die religiösen Bedürfnisse der Bauern zu erfüllen, von deren Hände Arbeit sie lebten. Das von der alten Volksreligion übernommene Pantheon von Göttern und Geistern war um ein eigenartiges Sortiment vergöttlichter Sterblicher bereichert worden.

Die höchsten Ränge bekleideten Wesen wie der Jade-Kaiser, die Königliche Mutter der Westlichen Regionen und der zum Gott erhobene Laotse selbst. Diese erlauchten Gestalten standen an der Spitze einer Hierarchie, die von den göttlichen Herrschern verschiedener himmlischer und irdischer Regionen verwaltet wurde. Sie umfasste Sterngötter, die Gottheiten jedes kleinen Ortes, Naturgottheiten und viele, viele andere. Ich stellte fest, dass diejenigen, denen Gottheiten viel bedeuteten, diese Wesen sehr hoch einschätzten, während die anderen, die ein tieferes Verständnis hatten, sie zwar nicht leugneten, aber doch respektvoll ignorierten.

In taoistischen Einsiedeleien gab es noch Eremiten, die das Tao kultivierten, indem sie sich bemühten, mittels eines als «innere Alchimie» bekannten Prozesses in sich selbst den Embryo eines Geistkörpers zu erschaffen, in den sie bei ihrem Tode eingehen konnten. Dazu bedurfte es, wie ich später erfuhr, eines Yoga-Verfahrens, das Kontemplation, Atemübungen, Muskelbewegungen, Vorstellungskraft und in manchen, damals schon sehr selten gewordenen Fällen – Geschlechtsverkehr umfasste.

All diese Übungen zielten auf die Beherrschung der drei Kräfte (Energien), Geist, Zeugungskraft und kosmische Atemkraft. Es gab aber auch welche, die der Ansicht waren, die «innere Alchimie» hänge eigentlich mit einer esoterischen Art und Weise zusammen, Verbindung mit dem Tao zu erlangen. Auch gab es ein paar Taoisten, die diese «Alchimie», in der Absicht anwandten, sich so tief ins Tao zu versenken, dass die letzten Spuren der Dualität zwischen dem vergänglichen Individuum und dem Urgrund verschwinden würden. Das waren die wahren taoistischen Mystiker.

Recht interessant waren die magischen Aspekte des Taoismus, die relativ weltliche Dinge wie Hellseherei, Geisterbeschwörung, Exorzismus und die wunderbare Heilung von Krankheiten umfassten. Nicht alles davon war Humbug; ich habe Taoisten kennengelernt, die mit beträchtlichem Erfolg als Ärzte und «Psychiater» fungierten, und auch mehr oder weniger überzeugende Beweise für die Existenz übernatürlicher Wesen bekommen.

Dass es Dämonen gibt, daran zweifle ich nicht mehr, obwohl ich nicht mit Sicherheit zu sagen wüsste, ob sie einer anderen Ordnung angehören als die Phänomene, die auch im heutigen Westen bekannt sind, wie etwa die «mentalen Faktoren», die Menschen zu Verhaltensweisen veranlassen, die mit ihrem Charakter absolut nicht zu vereinbaren sind, beispielsweise wenn sich ansonsten gutartige Menschen in der Masse dazu hinreißen lassen, furchtbare Grausamkeiten zu begehen, oder wenn jemand in einen Zustand fällt, den wir (ohne im Grunde viel darüber zu wissen) als Psychose oder Schizophrenie bezeichnen. Weitere Beispiele wären die Wesen, die in Visionen und erstaunlich lebhaften Träumen erscheinen, sowie diejenigen, die uns jene plötzlichen Intuitionen eingeben, die oft mit dem «zweiten Gesicht», der «Stimme des Gewissens», dem «Schutzengel» oder «Gott» in Verbindung gebracht werden.

Die Eigenart des populären (im Gegensatz zum quietistischen oder philosophischen) Taoismus lässt sich am besten durch ein paar Geschichten wiedergeben, in denen Vorstellungen dominieren, die aus der alten Volksreligion stammen. Sie bewegen sich auf einer ganz anderen Ebene als die Höhenflüge chinesischen Denkens, aber sie besitzen einen gewissen pittoresken Charme.

Ein Seidenhändler namens Tseng, der in der Nähe von Chiuchiang lebte, brachte sich selbst ins Unglück, weil er es einmal zu eilig hatte. Als er im Boot flussaufwärts durch die Schlucht des «Drachenteich-Onkels» fuhr, verbot er seinen Ruderern, anzuhalten und dieser Gottheit die Achtung zu erweisen, wie der Brauch es forderte. Bei Nacht erhob sich ein Unwetter, das Wasser des Flusses überschwemmte den Lagerplatz und zerstörte die Seiden- und Satinballen des Kaufmanns. Überdies ließ sich der Drachenteich-Onkel vernehmen, wie er mit Sturm- und Donnerstimme die Worte sagte: «Dem alten Tseng eine Strafe von zehn Jahren für seine Unhöflichkeit!»

Von da an gingen die Geschäfte des Kaufmanns immer schlechter. Seine Gemahlin ging aus Kummer über ihre plötzliche Armut schon bald zu den Gelben Quellen (starb). Seine Lieblingskonkubine begann, ihre Reize auf einem Blumenboot feilzubieten, wo alle, die einen Groll gegen Tseng hegten, sich grölend um ihre Gunst bewarben. Und seine Kinder gingen fort in die Stadt und mussten niedrigste Arbeiten verrichten, um ihr Leben zu fristen. Tseng selber jedoch zog als Bettler umher und musste viele Jahre lang bittere Not leiden.

Eines regnerischen Tages kam er zufällig an einem dem Drachenteich-Onkel geweihten Schrein vorbei, und um sich die Zeit zu vertreiben, machte er sich daran, das löchrige Dach des Schreins zu reparieren. Beim Sammeln flacher Steine für diesen Zweck sah er, dass ein Krug aus dem Schlamm ragte, der bis zum Rand mit Silberstücken angefüllt war. Er verstand es, diesen Schatz klug zu mehren, kam wieder zu Wohlstand und konnte seine in alle Winde zerstreute Familie wieder zusammenführen und sogar Ersatz für die zwei Frauen finden, die er verloren hatte, indem er zwei verwaiste Schwestern zu sich nahm.

Doch in dem Maße, wie sein Reichtum wuchs, schwand seine

Zufriedenheit, und er begann sich nach den Tagen zurückzusehnen, als seine ganze Habe in ein paar zerlumpten Kleidern, einem Bambuskissen und einem zerschlissenen Papier-Regenschirm bestanden hatte. Des Gezänks seiner Frauen und Kinder endgültig überdrüssig, zog er seine ältesten Kleider an, schlich sich in der Nacht aus dem Haus und wanderte bis zum Berg Heng, wo er sich als taoistischer Eremit niederließ. Nun begann er einen Reichtum ganz anderer Art zu genießen, den Gesang des Windes in den Kiefern, das silbrige Glänzen des Wasserfalls, die Perlmutt- und Korallenfarben des Sonnenuntergangs, wovon nichts ihn auch nur einen Augenblick lang ängstigte. Er erreichte ein hohes Alter und erwiderte jedem, der ihn nach seinem Namen fragte: «Ich bin ein Schuldner des Drachenteich-Onkels.»

Eine andere Geschichte handelt von dem Vizekönig von Liangkuang, dem zwei Palasteunuchen Unsummen abgepresst hatten, als Gegenleistung dafür, dass sie ihrem kaiserlichen Herrn nicht gewisse Dinge ins Ohr flüsterten. Da er sich keinerlei Rat wusste, wie er diese riesigen Beträge wiedergewinnen sollte, ließ der Vizekönig einen Taoisten aus seiner Klause in den Bergen holen und befahl ihm, gewöhnliches Metall in Gold zu verwandeln. «Tu, was ich dir aufgetragen habe», sagte er leise zu ihm, «damit ich nicht auf den Gedanken komme, hundert Hiebe mit dem schweren Bambus seien die letzte Ingredienz, die noch fehlt!»

Um die angedrohte Strafe hinauszuschieben, überreichte der unglückselige Weise dem Vizekönig zwei Goldbarren, die er in seinem Ärmel verborgen hatte, bevor er sich mit seinen Wächtern auf den Weg zum vizeköniglichen Palast in der Stadt der Widder machte. Der Vizekönig ließ sich seine Begeisterung nicht anmerken und sagte nur freundlich: «Sehr gut, aber du musst eilends hundertmal soviel Gold machen; wer weiß, zu welchen Maßnahmen ich mich sonst gezwungen sehen könnte!»

Das nächste Mal erschien der Taoist notgedrungen mit leeren Händen vor dem Vizekönig, und um sich ein für allemal seinem Zugriff zu entziehen, schrie er ihm aufrührerische Phrasen der Taiping-Rebellen ins Gesicht, womit er sein Leben verwirkt hatte. Als aus der Hauptstadt die Bestätigung seines Todesurteils eintraf, wurde er öffentlich enthauptet; doch zur grenzenlosen Verwunderung der Zuschauer stieg aus dem Blut, das seinem Rumpf entströmte, eine weiße, wie Perlmutter glänzende Wolke auf, in deren Mitte man den Geistkörper des Taoisten erblickte, der in prachtvollen Gewändern gelassen auf einem Sofa ruhte.

Voller Reue darüber, den Tod eines so offenkundig heiligen Mannes herbeigeführt zu haben, ließ der Vizekönig einen schönen Schrein errichten, zu dem er sich täglich begab, um dem illustren Geist Gebete in eleganter dichterischer Sprache darzubringen, die, von seiner eigenen Hand in makelloser Kalligraphie geschrieben, das heilige Feuer himmelwärts trug. Es ist überliefert, dass der verstorbene Taoist, durchaus zufrieden mit seinem Dasein als Unsterblicher, es verschmähte, seinen einstigen Peiniger zu bestrafen. Im Gegenteil, der Geist und der Lebende wurden gute Freunde und ersannen gemeinsam so manches bezaubernde Gedicht.

Eine dritte Geschichte berichtet von einer Begebenheit unter der Herrschaft des Kaisers Tao Kuang. Ein paar Adlige aus Tsohsien in der Provinz Shantung, denen ein fideler Bauer, den seine Freunde Bully Tu nannten, aus irgendeinem Grund ein Dorn im Auge war, erreichten durch Bestechung des zuständigen Beamten, dass er für einen Mord zum Tode verurteilt wurde, den in Wirklichkeit sie selbst angestiftet hatten. Während man auf die kaiserliche Bestätigung des Urteils wartete, hallten die Gefängniszellen vom Wehgeschrei des unglücklichen Todeskandidaten wider, bis es ihm eines Nachts gelang, seinen Gürtel an einem Balken festzumachen und sich daran zu erhängen. Bei seiner Leiche fand man einen mit seinem eigenen Blut beschriebenen Zettel, auf dem er den Beamten und fünf Adlige der Umgebung beschuldigte, durch eine Verschwörung den Tod eines Unschuldigen herbeigeführt zu haben. Es hieß, einige seiner Mitgefangenen hätten gehört, wie er feierlich gelobt habe, als Dämon wiedergeboren zu werden und danach zu trachten, diese Untat zu rächen.

Ein Jahr später beantragte der Beamte, nachdem er vom Tod seines alten Vaters erfahren hatte, den üblichen Urlaub, um den Trauerfeierlichkeiten beizuwohnen. Als er in Begleitung zweier berittener Diener nach seiner Heimatprovinz unterwegs war, geriet er ganz plötzlich in einen dichten Nebel, so dass die Diener ihn aus den Augen verloren. Da ihnen nichts Besseres einfiel, galoppierte der eine weiter, während der andere kehrtmachte. Dieser zweite Mann sollte gleich darauf einen fürchterlichen Schreck bekommen. Als er an eine Stelle kam, wo die Sonne den Nebel durchbrach, sah er gerade noch, wie sein Herr von einer riesigen Gestalt aus dem Sattel gerissen wurde, deren Umrisse bis auf die ins Gigantische gesteigerte Größe genau denen von Bully Tu glichen. Ehe er eingreifen oder fliehen konnte, wurde der Beamte in die Luft gerissen und mit solcher Wucht zu Boden geschleudert, dass sein Schädel wie ein Ei auf den granitenen Pflastersteinen zerbarst.

Zwei andere der in Bully Tus Anklage erwähnten Adligen ereilte nicht lange danach ein ähnliches Schicksal, und die drei Überlebenden schlossen sich daraufhin in ihren Häusern ein und schickten einen dringenden Hilferuf an den Einsiedler auf dem Berg T'ai, der weithin als Dämonenaustreiber bekannt war.

Als abermals Bully Tus schattenhafte Riesengestalt vor einem der auserwählten Opfer aufragte, sprach der Einsiedler, der das Geschehen wunderbarerweise von seiner Klause aus wahrnahm, einen Zauberspruch, der den Dämon im selben Moment vor ihn brachte. «Bully Tu», rief er aus, «du solltest wirklich nicht so rachsüchtig sein! Magst du auch nicht des Verbrechens schuldig sein, dessen diese Leute dich bezichtigten, so hast du doch gewiss andere böse Taten vollbracht, denn sonst wäre das Schicksal dir gnädiger gewesen. Du bleibst am besten eine Weile hier bei mir und lässt dich über das Erhabene Tao unterrichten. Dass du entleibt bist, soll uns nicht weiter stören, und wenn du dich gelehrig anstellst, wer weiß, wie weit du es dann noch bringen kannst? Binnen zehn Jahren könnte ein in den Wolken wohnender Unsterblicher aus dir werden, der sich von Tau und Mondstrahlen ernährt und nach Belieben zwischen den Sternen umherfliegt.» Voller Eifer nahm der Dämon seine Koboldgestalt an und schlüpfte in eine Kürbisflasche, die sein neuer Lehrmeister am Gürtel trug, woselbst er während der folgenden Lehrzeit glücklich und zufrieden wohnte.

Solche Geschichten, so wenig sie zur Erhellung der Schönheit und Erhabenheit des Taoismus in seinen höheren Erscheinungsformen beitragen mögen, vermitteln immerhin eine gewisse Vorstellung von dem farbenfrohen Hintergrund, vor dem die taoistischen Mystiker ihren hohen Idealen nachgingen.

Der volkstümliche Aspekt begegnete mir auf Schritt und Tritt; der andere war seltener und bis zu einem gewissen Grad verborgen. Es liegt im Wesen echter Mystiker, dass sie ihre Fähigkeiten nicht zur Schau stellen oder irgendwie auf sich aufmerksam zu machen suchen, denn mit dem Fortschritt in spirituellen Dingen schwindet das Bedürfnis nach Ruhm. Wie könnte einer, der die Wahrheit des Nicht-Ich entdeckt hat, das Erreichte dadurch wieder zunichte machen, indem er erklärte: «*Ich* habe es erreicht»? Wenn im Reich der Mystik jemand lauthals verkündet, er habe dies oder jenes erreicht, ist das ein sicheres Zeichen von Betrug oder Selbstbetrug.

Wie im Taoismus gab es auch im Buddhismus, der vor etwa zweitausend Jahren nach China kam, Praktiken und Glaubensvorstellungen der verschiedensten Art, die vom Volkstümlichen bis zu höchsten spirituellen Ebenen reichten. Ein charakteristischer «chinesischer Buddhismus» hatte sich allmählich herausgebildet, der Form nach stark vom Taoismus beeinflusst, im Inhalt aber nach wie vor dem Mahayana-Kanon folgend, der im Laufe der Jahrhunderte vom Sanskrit ins Chinesische (und auch ins Tibetische) übersetzt worden war. Die zahlreichen Schulen, in die der Buddhismus in früherer Zeit aufgespalten war, hatten sich zum großen Teil wieder vereinigt.

Sowohl in China wie in Tibet bedeutete die Zugehörigkeit zu dieser oder jener Schule eher, dass man von Lehrern unterwiesen worden war, die sich einer bestimmten geistigen Ahnenreihe zugehörig fühlten, als dass man bestimmte Lehren oder Methoden verfochten und andere verworfen hätte. In der Praxis wandte jeder diejenige Methode an, die seinem Temperament und seinen Fähigkeiten am meisten entsprach. Da es jedoch sechs verschiedene Methoden gab, die jeweils verschiedene Teilgebiete der Lehre betonten, könnte man in den Jahren, die ich in China verbracht habe, von etwa sechs verschiedenen Sekten sprechen. Da sie sich bis heute in Hongkong, Taiwan und in chinesischen Kolonien in Übersee erhalten haben, kann man von ihnen als gegenwärtig reden.

Die Lehre des Reinen Landes *(Ching-t'u-tsung)* betont Glauben und Mitleid und kennt eine spezielle Yoga-Methode des tief konzentrierten Aufsagens einer einzigen heiligen Formel.

Das Ch'an (außerhalb Chinas besser bekannt unter seinem japanischen Namen Zen) legt kaum Wert auf das sorgfältige Studium bestimmter Lehren, sondern zieht die Methode direkter Erfahrung durch Meditation auf der Grundlage einer Lehre vor, von der man vielleicht nur begrenzte Kenntnis hat. (Logisch gesehen steht sie insofern im Widerspruch zur Lehre des Reinen Landes, als sie die «Ich-Kraft» im Gegensatz zur «Anderen Kraft» hervorhebt; bei den Chinesen gelten jedoch beide allgemein als zwei Aspekte einer einzigen «Kraft».)

Die Hua-Yen-Schule stellt die gegenseitige Durchdringung aller Wesenheiten und die letztendliche Einheit von Tatsache und Prinzip in den Mittelpunkt; ihre Praxis verbindet intellektuelles Verstehen mit Meditation.

Die T'ien-t'ai-Schule ist synkretistisch und möchte scheinbar unvereinbare Richtungen des Denkens in Einklang bringen (den Konfuzianismus eingeschlossen). Sie hebt hervor, dass Wesenheiten zugleich Form und Leere besitzen, und hat ein sehr bedeutendes eigenes Meditationssystem entwickelt.

Die Esoteriker (Mi-tsung) messen der Lehre und der Yoga-Meditation gleich große Bedeutung bei. In mancher Hinsicht ist diese Schule der Form nach eher indisch als chinesisch; sie wurde nach dem Verschwinden der für die chinesische Eigenart typischeren Richtungen dieses Namens neu aus Tibet nach China eingeführt.

Die Schule des Reinen Bewusstseins (Wei-shih-tsung) kommt in ihrem Ansatz mehr vom Intellekt her als von der Andacht oder der Erfahrung. Obwohl sie hervorhebt, dass das Bewusstsein die einzige Realität sei, betrachtet sie dennoch das Bewusstsein als aus «Samen» oder Monaden zusammengesetzt.

Die Vertreter all dieser Praktiken und Lehren, vielleicht mit Ausnahme der Anhänger der Lehre des Reinen Bewusstseins, streben alle nur nach Einem – das Ziel des Mystikers zu erreichen. Institutionell waren die Schulen lange Zeit auf einzigartige, typisch chinesische Weise miteinander verbunden. In den meisten Klöstern wurden nebeneinander Andachtsübungen der Lehre des Reinen Landes, Meditation nach Art des Ch'an (Zen) und Studien (zuweilen auch Meditation) gemäß den Lehren aller Schulen gehalten. Nur die Esoteriker neigten dazu, sich abzusondern, vor allem weil sie stärker auf die Unterweisung mongolischer oder tibetischer Lamas als die chinesischer Mönche zurückgriffen.

Leider ist es unmöglich, dem unvorstellbaren Reichtum des chinesischen Buddhismus gerecht zu werden, dessen Glanz sich nicht nur in seiner erhabenen mystischen Praxis und seiner tiefsinnigen Philosophie äußert, sondern auch in einer Fülle von Kunstwerken, zumal Gedichten, Gemälden und plastischen Bildwerken. Wie der Taoismus entfaltete er sich jedoch am weitesten auf der volkstümlichen Ebene und wurde auf ähnliche Weise, wenn auch in geringerem Ausmaß, von der Volksreligion beeinflusst. Die folgende Geschichte ist recht typisch für die Art von Legenden, wie sie jene frommen buddhistischen Laien erzählten, die sich mit Wundern besser auskannten als mit der schwierigen Aufgabe der spirituellen Arbeit an sich selbst.

Der heilige Berg Wu-t'ai, so glaubte man, steht unter dem Schutz von Wenshu (Manjusri Bodhisattva), der Personifikation der Buddha-Barmherzigkeit. Unter den vielen Geschichten von wunderbaren Begebenheiten handelt eine von einem kleinen Mädchen, das mit seinen Eltern auf eine Pilgerfahrt ging. Fromm stiegen sie zu Fuß auf jeden der fünf heiligen Gipfel, anstatt bequem auf ihren Maultieren hinaufzureiten. Als sie auf einem schmalen, halsbrecherischen Pfad dem südlichen Gipfel zustrebten, begegneten sie einem Bettler, der an einer Stelle stand, wo man ihn schwerlich übersehen konnte.

Während aber die Eltern mit abgewandtem Blick rasch an ihm vorbeigingen, blieb das Mädchen stehen und redete ihn freundlich an. «Wenn du das Kloster dort oben erreicht hast», sagte der Bettler, «wird man dir ein gutes Essen vorsetzen. Ich hoffe, du wirst dann einen Gedanken erübrigen für einen, der sich nicht einmal einen Maiskuchen oder eine Schüssel Wassersuppe kaufen kann.» Da sie wusste, dass ihre Börse leer war, hielt das Mädchen dem armen Alten spontan ihr einziges Schmuckstück hin, einen dünnen Silberring, und sagte: «Verzage nicht, Onkel. Dafür bekommst du bestimmt ein gutes Essen.» Sie hatte kaum ausgeredet, da verwandelte sich die zerlumpte Gestalt in ein strahlendes Wesen, das lächelnd den Ring zurückgab und ihr prophezeite, dass sie für ihre Großmut belohnt werden und großes Glück haben werde. Da sich in der Gestalt des «Bettlers» kein anderer als Wenshu selbst verborgen hatte, wurde diese Prophezeiung auf die schönste Art Wirklichkeit. Das Mädchen ging nicht nur eine vorteilhafte Heirat ein, sondern erlangte auch einigen Ruhm als Dichterin und war bei Göttern und Menschen gleichermaßen beliebt und angesehen.

Auf einer anderen Ebene steht eine Anekdote im Ch'an (Zen)-Stil, die auf einem Erlebnis beruht, das ich in einem Gebirgskloster in der Nähe des reizvollen Erh-hu-Sees in Kungming hatte. Als ich eines Abends mit einem jungen Mönch plauderte, der mich oft in meiner Zelle besuchen kam, hörte ich ein Klopfen an der Tür. Mit dem Ruf «Wer ist da?» öffnete ich die Tür und trat auf den Gang hinaus, doch es war niemand zu sehen. Ich wunderte mich natürlich, bis mein junger Freund sagte: «Ihre Frage muss ihn verscheucht haben.» Da verstand ich.

Während der Meditationsstunden in diesem Kloster hatten wir uns mit dem Rätsel «Wer bin ich?» befasst und systematisch eine Schicht des Ich nach der anderen abgestreift, in der Hoffnung, zur direkten Wahrnehmung unserer wahren Natur zu gelangen, in der es kein «Ich» mehr gibt. Mein Besucher hatte mir klargemacht, dass die einzige mögliche Ch'an-Antwort auf die Frage «Wer ist da?» lautet: «Niemand.» Übrigens hatte mir der Abt dieses Klosters am Tag seiner Ankunft dieselbe Lehre erteilt. Nachdem er mich nach meinem Namen gefragt und ich ihn genannt hatte, hatte er ziemlich brüsk geantwortet: «Bitte geben Sie sich während Ihres Aufenthalts hier im Kloster Mühe, den *Träger* dieses Namens ausfindig zu machen!»

Buddhisten aller Schattierungen hielten die Wiedergeburt für eine erwiesene Tatsache. Von der Existenz dieses Phänomens zeugen zahlreiche Geschichten, für die die folgende charakteristisch ist:

In der Region Meihsien der Provinz Kwangtung lebte ein Ehepaar namens Ch'en, das während einer Pockenepidemie seinen siebenjährigen Sohn verlor. Außer sich vor Kummer und eingedenk mehrerer Warnungen, dass ihr Haus an einer geomantisch ungünstigen Stelle stehe, zogen sie in einen anderen Teil des Dorfes und machten sich Vorwürfe, dies nicht schon früher getan zu haben, womit sie vielleicht den allzu frühen Tod ihres Kindes verhütet hätten.

Neun Jahre danach erhielten sie Besuch von einem Fremden, dessen Dialekt ihn als Einheimischen von Ch'aochou auswies, einem Distrikt, der von ihrem eigenen ein gutes Stück entfernt war. Ohne zunächst auf den Zweck seines Besuchs einzugehen, bemerkte dieser Fremde mit offenkundiger Enttäuschung: «Ich fürchte, es liegt hier ein Irrtum vor. Ich hatte erwartet, Sie in einem Haus außerhalb des Dorfbrunnens zu finden, dessen Fenster mit Perlmutter verziert sein sollten.» Herr Ch'en warf seiner Frau einen unbehaglichen Blick zu und erwiderte, dass sie tatsächlich in diesem Haus gewohnt hätten, nach einem tragischen Todesfall in der Familie jedoch umgezogen seien. Bei diesen Worten hellte sich die Miene des Fremden auf, und er fuhr fort: «Hatten Sie nicht auch ein Kürbisbeet im Garten und gleich dahinter einen Schweinestall? Ja? Ausgezeichnet. Erlauben Sie mir also, Ihnen zu erzählen, was mich zu Ihnen geführt hat.»

Der Grund, weshalb er in diese Gegend gekommen war und die Familie Ch'en aufgesucht hatte, war das seltsame Betragen seines neunjährigen Neffen, der mit Spitznamen «Dreierchen» gerufen wurde. Schon seit Jahren hatte der Junge die Besorgnis seiner Eltern erregt, indem er immer wieder von einem Mann und einer Frau gesprochen hatte, von denen er steif und fest behauptete, sie seien seine «anderen Eltern»! Auch beharrte er darauf, dass sein Nachname nicht Yuan, sondern Ch'en laute. Keine Strafe hatte ihn von seinem Eigensinn zu heilen vermocht, so dass sein Vater, dem die Konsequenz seiner scheinbar phantastischen Behauptung zu denken gab, die Sache ernst zu nehmen begann.

Dadurch ermutigt, hatte der Junge in allen Einzelheiten das Haus und das Dorf beschrieben, in dem er angeblich sein «früheres Leben» verbracht hatte. Insbesondere hatte er die Perlmutterfenster, aus denen man auf den Dorfbrunnen hinabsah, das Kürbisbeet und den Anbau erwähnt, der als Schweinestall diente. Nach langem Herumfragen hatte sein Onkel das Dorf gefunden, das, soviel er bisher gesehen hatte, genau der Beschreibung des Jungen entsprach – was äußerst merkwürdig war, denn der Junge war in seinem kurzen Leben noch nie in diesem Teil des Landes gewesen und hatte auch niemanden aus Meihsien kennengelernt, der ihm von dem Dorf hätte erzählen können.

Bereitwillig nannte Herr Ch'en den Todestag seines Sohnes, und es stellte sich heraus, dass der andere Junge ungefähr neun Monate danach zur Welt gekommen war! Zutiefst verwundert lud der Besucher sogleich die Ch'ens ein, ihn in den Distrikt Ch'aochou zu begleiten und selbst mit dem Kind zu sprechen. Sie erklärten sich sofort dazu bereit, und obwohl ihr Kommen nicht angekündigt worden war und niemand verriet, wer sie waren, hatte der Junge sie kaum aufs Haus zukommen sehen, als er ihnen auch schon aufgeregt entgegenlief und sie mit dem Ruf «Mama! Papa!» begrüßte und dies obendrein in ihrem eigenen Meihsien-Dialekt. Zwischen den beiden Familien entwickelte sich daraufhin eine herzliche Freundschaft, und keines der beiden Paare trug dem Jungen seine Zuneigung zum anderen nach.

Im Laufe der Jahre, die ich in China verbrachte, habe ich viele solche Geschichten gehört, manche davon mit derselben Genauigkeit im Detail. Ich habe sogar zwei oder drei Menschen kennengelernt, die behaupteten, sie hätten sich als Kinder an viele Einzelheiten aus ihrem früheren Leben erinnert. Die meisten dieser Geschichten glichen sich in einem wichtigen Punkt, nämlich dem, dass diese Menschen in ihrem früheren Dasein jung gestorben waren. Ich kann mich an keinen einzigen halbwegs genauen Bericht erinnern, in dem dieses Merkmal gefehlt hätte. Das lässt vermuten, dass derlei Erinnerungen nur von denjenigen bewahrt werden, deren früheres Leben schon im zarten Alter ein vorzeitiges Ende nahm.

Nach all diesen Betrachtungen der volkstümlichen religiösen Szene in China wollen wir uns nun eingehender mit den Methoden befassen, die zur intuitiven Einsicht in den wahren Sinn des Daseins führen. Wenn es den Anschein hat, dass manche der geschilderten Methoden in bedenklicher Nähe von Volksweisheit und Aberglauben liegen, so sollte man sich ins Gedächtnis rufen, dass Intellektualismus und Gelehrtenwissen in der Regel nichts mit mystischer Erfahrung zu tun haben und dass die angewandten Yoga-Techniken für alle Menschen geeignet sein sollen, vom absoluten Analphabeten bis zum ausgesprochenen Intellektuellen.

Kuan-yin oder
die Lehre des Reinen Landes

Ich war noch nicht lange in China, als ich mir einmal bei einem Besuch in der im Süden des Landes gelegenen Stadt Weichou (Waichow) einen Sampan mietete, um eine Rundfahrt zu den Tempeln am See zu machen. Das Bootsmädchen, das wie die meisten kantonesischen Bootsleute einen spitzen Strohhut und einen schwarzen Pyjama-Anzug trug, stand, einen Fuß vor den andern gesetzt, im Heck und bewegte mit sichtlicher Anstrengung die langen hölzernen Ruder, die sich vor ihr wie die Schenkel einer riesigen Schere kreuzten.

Iih-aah iih-aah quietschten die Ruder in ihren hölzernen Dollen – ein angenehmes, einschläferndes Geräusch, das gut in die sonnendurchglühte Szenerie passte. Blaues Wasser, hellblauer, mit Schäfchenwolken gefleckter Himmel, leuchtend grüne Hügel, die unvermittelt emporragten, als hofften sie, für Berge gehalten zu werden, und hier und da längs des Ufers geschwungene Dächer, die aus Bambusdickicht und Büscheln von Mandelblüten hervorlugten.

Schon bald näherte sich das Boot einem kleinen Tempel, der aus einer einzigen Gebetshalle aus grauen Ziegeln, mit einem schlitzartigen Hof, dem sogenannten «Himmelsbrunnen», und einem einfachen Pförtnerhäuschen davor bestand. Beide Gebäude hatten mit grünen Platten gedeckte, aufwärts geschwungene Dächer, die auf einem komplizierten Gerüst lackierter Balken und Säulen ruhten.

Als der Sampan auf die Tempelstufen zufuhr, erschien ein älterer Mann mit kahlgeschorenem Kopf und einem locker fallenden Mönchsgewand und blickte uns fest entgegen. Als ich ans Ufer trat, begrüßte er mich auf buddhistische Art, indem er vor der Brust die Handflächen zusammenlegte, und murmelte dabei die Worte «Heil dem Buddha des Grenzenlosen Lichtes». Indem ich meinerseits diese Formel wiederholte, verbeugte ich mich in Ehrerbietung vor seinem Alter und seiner Stellung und folgte ihm dann durch das Pförtnerhaus, in dem auf einem Brett in Goldschrift der Name des Tempels stand: PU-MEN T'ANG («Halle des Universalen Eingangs»).

Der Himmelsbrunnen war rasch durchquert, und als ich über die hohe Schwelle getreten war, stand ich vor einem schwarzgoldenen Altar aus kunstvoll geschnitztem Holz, versehen mit den fünf vorgeschriebenen rituellen Gefäßen, die hier aus schwerem Zinn gefertigt waren – in der Mitte eine Räuchervase, flankiert von zwei großen Leuchtern mit fußhohen karminroten Wachskerzen, und an beiden Enden eine Vase mit Mandelblütenzweigen. Im schmummrigen Dunkel hinter dem Altar erhob sich eine Statue der Kuan-yin, die hier als anmutige Dame dargestellt war, in Weiß gekleidet und in der Hand eine Vase mit *amrita*, dem Nektar der Weisheit. Ein schwaches Lächeln erhellte ihr liebliches Antlitz, und ihre Augen waren halb geschlossen wie die einer Nonne in höchster meditativer Verzückung.

Wie es die Sitte verlangte, nahm ich eine Handvoll Räucherstäbchen aus einem auf dem Altar liegenden Bündel und entzündete sie an einer für diesen Zweck brennenden glasumschlossenen Öllampe. Im kräuselnd aufsteigenden duftenden Rauch stehend, sagte ich mit feierlicher Stimme dreimal «Heil der Gnadenreichen, Barmherzigen, die auf die Gebete der Welt achtet!» Dann vollführte ich die nach uraltem Brauch vorgeschriebenen Kotaus, dreimal im Stehen und dann kniend und mit der Stirn den Boden berührend.

Als dies getan war, wandte ich mich dem lächelnden Mönch zu, der mich durch ein Mondtor in einer der Seitenwände in eine angrenzende Einzimmerwohnung führte, wo auf einem Holzkohlenofen ein Teekessel summte, bereit für jeden Gast, der sich einstellen mochte. Mein Gastgeber nannte offenbar nur wenige Dinge sein eigen – ein schmales Bett, einige einfache hölzerne Möbel und ein paar Utensilien, die auf Borden in einer schrankartigen Nische aufgereiht waren, die zugleich als Küche und als Badezimmer diente. Nachdem er mir die Fragen gestellt hatte, mit denen man in China üblicherweise einen fremden Besucher begrüßte – nach meinem Namen, Alter, Heimatland, Beruf und so weiter –, sagte er mir, dass er allein lebe und vom Abt des viel größeren Tempels, zu dem dieser kleine gehörte, mit der Aufgabe betraut worden sei, hier nach dem Rechten zu sehen und sich um das Wohl der Besucher zu kümmern.

«Ich bin zufrieden. Wie Sie wissen, gibt es rings um den See sehr viel schönere Stätten der Andacht. Außer an Feiertagen machen sich nur wenige die Mühe, hierher zu kommen, so dass mir immer reichlich Zeit für meine Übungen bleibt.»

Da mit «Übungen» jede Art geistlicher Suche gemeint sein konnte, fragte ich ihn, welchem Weg er folge, und er erwiderte: «Ich verehre die Barmherzigkeit Bodhisattva Kuan-yin. Ich bete um die Wiedergeburt in jenem Reinen Land namens Potala, wo sie residiert – denn ich sehne mich danach, ein Bodhisattva zu werden, damit auch ich mithelfen kann, die zahllosen Wesen zu befreien, die auf immer im bitteren Ozean Samsara zwischen Geburt und Tod kreisen – ich rufe ihren Namen jeden Tag viele zehntausend Mal.»

Viele zehntausend Mal jeden Tag? Ich musterte ihn neugierig. Sein weises und sanftes Gebaren wies ihn als einen wahrhaft vergeistigten Mann aus, als einen, der schon weit fortgeschritten war auf dem Pfad zu jenem hohen mystischen Ziel, das die Mitglieder der Schule des Reinen Landes, zu der er offensichtlich gehörte, mit anderen Buddhisten gemeinsam haben. Indes standen das Aufsagen einer heiligen Formel und die Hoffnung auf Wiedergeburt in einer Art Paradies in so krassem Widerspruch zu meiner Vorstellung von der buddhistischen Lehre, dass ich mir die folgende Bemerkung erlaubte:

«Ehrwürden, ich habe oft von diesem Weg gehört und wäre Ihnen dankbar, wenn Sie ihn mir erläutern würden. Es steht geschrieben, der Große Buddha habe gelehrt, dass dieses Universum keinesfalls die Schöpfung einer höchsten Gottheit ist und dass der spirituelle Fortschritt sich nicht auf frommes Streben, sondern nur auf die Erweckung unseres eigenen Geistes gründen kann. Auch habe ich gelesen, dass er von den verschiedenen Kategorien himmlischer Wesen gesagt hat, auch sie seien Wanderer im Samsara und damit ebenfalls Geburt, Wachstum, Verfall und Tod unterworfen, wenngleich ihr Leben von unvorstellbar langer Dauer sein kann, so dass es eitel ist, von ihnen Hilfe für die Erlangung der Erleuchtung zu erwarten. Habe ich das richtig verstanden?»

Er lächelte und verneigte sich bejahend, und ich fuhr fort: «Verzeihen Sie, wenn meine Frage unhöflich sein sollte, aber wir westlichen Suchenden sehen notgedrungen in der Anrufung eines heiligen Namens und dem Wunsch, in einem himmlischen Reich wiedergeboren zu werden, eher eine Ähnlichkeit mit dem christlichen Gebet um Erlösung als des Buddhas Ermahnungen, dass wir uns ganz auf unsere eigenen Bemühungen stützen sollten. Wir bewundern sehr seine Worte: Seid eure eigenen Leuchten!»

Ich empfand es als rechte Anmaßung, dass ich auf diese Weise die Gültigkeit seiner Übungen in Frage stellte, denn er war ganz offensichtlich ein Mann von viel größerer Weisheit und spirituell viel weiter als ich. Ich glaubte sogar, einen Zug wahrer Heiligkeit an ihm entdeckt zu haben, und es schien deshalb geradezu dreist, ihn in dieser Weise anzureden, aber er war nicht im geringsten verstimmt.

Er ließ sich jedoch auf keine Diskussion über meine Argumente ein, sondern erwiderte nur ruhig: «Warum sollten wir uns mit Widersprüchen in den begrifflichen Vorstellungen befassen – Ihren, meinen oder denen anderer Leute? Begriffe belasten nur den Geist. Direkte Erfahrung ist der einzige Weg. Nehmen Sie einmal eine der hölzernen Trommeln in Gestalt eines großen Fisches, wie wir sie bei unseren Gesängen benutzen, und sagen Sie zu ihren dumpfen Klängen irgendeinen heiligen Spruch auf, der Ihnen gerade einfällt. Ziehen Sie dabei Ihren Geist von allen äußerlichen Objekten ab, konzentrieren Sie sich nur auf das Geräusch und achten Sie aufmerksam auf das, was von innen kommt. In einer halben Stunde werden Sie mehr verstanden haben, als wenn man ihnen einen ganzen Monat lang unsere Lehre erläutern würde.»

«Warum gerade eine Holzfisch-Trommel?»

«Bestimmte Arten von Schlaginstrumenten üben eine geheimnisvolle Wirkung aus. Um es einmal vorsichtig auszudrücken: besser *eine* rhythmische Ablenkung als Hunderte andere, die sich Ihnen ins Bewusstsein drängen würden, wollten Sie als Unerfahrener versuchen, alle Tore Ihrer Sinne gleichzeitig zu verschließen. Diese dumpfen Klänge, die mit den heiligen Worten verschmelzen, ergeben eine Musik, die – nein, es lässt sich nicht beschreiben. Sie müssen es selbst erleben. Falls Sie nicht heute noch etwas Dringendes zu erledigen haben, könnten Sie Ihr Boot in die Stadt zurückschicken und das Mädchen anweisen, Sie morgen früh wieder hier abzuholen. Sie können auf meinem Bett schlafen. Ich habe für den seltenen Fall, dass ich einen Gast beherberge, noch eine andere Schlafstelle.»

Angenehm berührt von seinem ruhigen Lächeln und der Aura echter Heiligkeit, die ihn umgab, willigte ich sofort ein. Das Bootsmädchen strahlte, als ich ihr den vollen Fahrpreis für eine vierstündige Fahrt aushändigte und ihr noch einmal denselben Betrag für die Beendigung der Fahrt am folgenden Tag in Aussicht stellte. Außerstande, mir vorzustellen, was der alte Mönch für mich auf Lager hatte, sah ich erwartungsvoll den Dingen entgegen, die da kommen sollten. Während wir zusahen, wie das Boot vom Ufer abstieß, sagte er einfach: «Es ist mir eine Freude, einen Engländer kennenzulernen, der ein Buddhist ist wie ich. Ich hoffe, diese Begegnung wird für uns beide denkwürdig sein, denn sie muss einem Gemeinsamen entspringen, das uns in einem früheren Leben verband.»

Wir brühten frischen Tee auf und nahmen ihn mit hinaus in seinen kleinen Garten am See, wo wir die frische Brise vom Wasser her genießen konnten. Mit Muße sahen wir zu, wie die Farben der Landschaft weicher wurden, und nach einer Weile lösten sich vom jenseitigen Ufer ein paar Dschunken, Vergnügungsboote, mit denen, wie mein Gastgeber mir erklärte, wohlhabende Männer aus der Stadt auf den See hinausfuhren, um nach Sonnenuntergang ein Festmahl zu veranstalten und sich vielleicht der singenden Mädchen auf mehr als nur eine Art zu erfreuen.

Mir war, als sei ich um hundert Jahre zurückversetzt worden, ins China einer längst vergangenen Zeit. Ich gab mich diesem

Gefühl hin und hatte, als eine Zeitlang kein Wort zwischen uns fiel, das eigenartige Empfinden, dass mein Gefährte mir auf immaterielle Weise etwas von seinem inneren Frieden mitteilte.

«Dies also ist die Welt», sagte er und machte eine weit ausholende Geste mit dem Arm, als wollte er mir die Schönheit vorstellen, die uns allseits umgab. «Wo keine Bindungen die Seele beflecken, ist Schönheit erhebend. Hügel, Wasser, Wolken und dergleichen stellen zum Glück nur wenig Ansprüche. Indem ich sie bewunderte, bete ich die Person meiner Schutzpatronin Kuan-yin an.»

«In meinem Land sprechen Christen so von Gott. Für sie ist die gesamte Natur seine geheiligte und geliebte Schöpfung. Liegt hier nicht eine Parallele?»

«Ich glaube nicht. Das Gute und das Schöne repräsentieren für mich Kuan-yin, aber ebenso repräsentieren sie den Bodhisattva Wen-shu für dessen Anhänger und für wieder andere Leute den Bodhisattva P'u-hsien. Sie haben die Welt nicht geschaffen, so wenig wie die Hässlichkeit, das Leid und selbst den Schrecken, die manchmal hinter ihrer Schönheit verborgen sind. Sie personifizieren Barmherzigkeit, Weisheit und Güte, und man könnte sagen, dass sie im Geist ihrer Anhänger existieren.»

Im Zweifel über den Sinn dieser letzten Worte, sagte ich nur: «Erzählen Sie mir von Kuan-yin.»

«Das würde lange dauern», erwiderte er. «Denn sehen Sie, Kuan-yin bedeutet verschiedenen Menschen jeweils etwas anderes. Nach einer alten volkstümlichen Legende war sie eine Prinzessin, die ein Keuschheitsgelübde ablegte und es vorzog, ihr Leben den Armen zu widmen, anstatt ihre Tage damit zu verbringen, einem reichen Gemahl das Haus zu bestellen. Ihr Vater, der sie einem reichen Adligen versprochen hatte, war außer sich vor Wut über ihre Weigerung, eine Ehe einzugehen, und ließ sie in einem Häuschen im Palastgarten einsperren, wobei er ihr drohte: ‹Hier bleibst du, bis du gelobst, mir fortan zu gehorchen!›

Als er dann jeden Tag aufs Neue erfahren musste, dass sie hartnäckig an ihrem Gelübde festhielt, stieß er einmal im Zorn ein paar schreckliche und unbedachte Worte aus, die seine beflissenen Bedienten unverzüglich ausführten. So wurde das Gartenhäuschen in Brand gesteckt. Als die Flammen aus den Fenstern schlugen, liefen Männer und Frauen herbei und jammerten: ‹Ach, unsere arme Prinzessin!› Doch bevor das Häuschen endgültig die Beute der Flammen wurde, flog ein weißer Vogel aus einem der vergitterten Fenster und stieg hoch in den Himmel auf, und alle Umstehenden stießen Freudenrufe aus. Ihre mildtätige Prinzessin weilte zwar nicht mehr unter ihnen, aber sie hatte sich wenigstens in ein himmlisches Wesen verwandelt und war nicht in den Flammen umgekommen.

Es gibt viele ähnliche Geschichten, die nach dem Volksglauben von verschiedenen Inkarnationen dieses hochverehrten Wesens erzählen. Sie werden überall auf ihr Bild stoßen.

Für die Taoisten und für das einfache Volk ist sie eine Göttin, für uns aber ein weiblicher Bodhisattva oder eine Emanation der Barmherzigkeit. Fast in jedem Haushalt gibt es einen kleinen Schrein, in dem ihr Bildnis steht, umgeben von schönen Gegenständen wie leuchtenden Korallen, zarten Muschelschalen oder auch Perlen. Ihre Schreine werden aufs sorgfältigste gepflegt, um ihre Reinheit zu symbolisieren. Seeleute und Fischer beten zu ihr als Retterin aus Seenot. Obwohl sie jungfräulich blieb, erflehen kinderlose Frauen von ihr die Gnade kräftiger, schöner Söhne.

Sie haben sicherlich schon vom P'u-t'ou Shan («Potala-Berg») gehört, einer der Küste von Chekiang vorgelagerten, der Kuanyin heiligen Insel, auf der es viele ihr geweihte Tempel sowie eine Höhle gibt, in der sie den Gläubigen erscheint. Gewöhnliche Pilger sehen nur die Felswände und den Sandboden der Höhle, während diejenigen, denen sie sich zu zeigen gewillt ist, Lotosblumen wahrnehmen, die einen lebenden Teppich bilden, in dessen Mitte eine einzelne riesige Lotosblume sich öffnet und Kuan-yin freigibt, den Blick voller Mitleid auf die Pilger gerichtet. Manche, so heißt es, vernehmen auch ihre Stimme. Wir brauchen nicht zu bezweifeln, dass Menschen, die sich ein solch einfaches Bild von ihr machen, sie – vor allem, wenn sie selbst barmherzig gegen Menschen, Tiere und Geister sind – tatsächlich in solchen Formen schauen und ihren wundertätigen Eingriff in ihre Angelegenheiten verspüren.»

«Aber es gibt andere, wie Euer Ehrwürden, die sich eine andere Vorstellung von ihr machen?»

«O ja, viele andere. Für uns ist Kuan-yin nicht bloß eine Gottheit, sondern eine strahlende Verkörperung der Macht der Barmherzigkeit. Innerhalb der Großen Leere waltet eine außerordentlich starke Kraft, aus der Weisheit und Barmherzigkeit in jeden Geist strömen, der von allem Unreinen gesäubert und bereit ist, sie zu empfangen. Gestaltlos und allgegenwärtig, ruft sie Emanationen in so vielen Formen hervor, wie es Wesen gibt, die sie sich vorzustellen vermögen.

Ich habe gehört, dass in Indien und Tibet die Barmherzigkeit, die von ihr ausströmt, in männlicher Gestalt als Bodhisattva Avalokiteshvara dargestellt wird. Nun, der Name Kuan-yin oder Kuan-shih-yin hat dieselbe Bedeutung (‹achtend auf die Gebete der Welt›) wie dieser Sanskrit-Name, aber wir in China stellen den Bodhisattva im allgemeinen als Frau dar, was der Eigenschaft der Barmherzigkeit angemessener erscheint. Die unsichtbaren Geisteskräfte, die von der Leere ausgehen, nehmen also jede beliebige Gestalt an, die unser Geist ihnen verleiht. Da es uns schwerfällt, Gefühle der Verehrung für abstrakte Kräfte zu empfinden, umkleidet unser Geist sie mit Formen, die wir uns vorstellen und die wir lieben können.

In Kambodscha soll es Darstellungen von Kuan-yin – oder, besser gesagt, Avalokiteshvara – in Pferdegestalt geben. Und warum auch nicht? Boshisattvas manifestieren sich jeweils in der Verkleidung, die ihrer befreienden Funktion am dienlichsten ist. Sie können das Aussehen eines Königs, eines Bettlers, eines hübschen Mädchens, einer Mutter, eines Pferdes, eines Fisches annehmen. Die unbezwingliche Kraft der Weisheit-Barmherzigkeit ist kein Mythos. Jeder kann sie erfahren; illusorisch sind nur die Gestalten, die unsere Vorstellung ihnen verleiht. Den Schlangengottheiten *(nagas)* erscheint Kuan-yin zweifellos in einer Gestalt, die ihrer eigenen sehr ähnlich ist.

Ich selbst praktiziere folgendes. Indem ich mir die Buddha-Barmherzigkeit in Form eines reinen und liebreizenden Wesens vorstelle, diene ich ihr dadurch, dass ich selbst Barmherzigkeit übe, niemandem wissentlich Leid zufüge, allen Geschöpfen helfe, so gut ich kann, kein Fleisch von Lebewesen esse und meinen Geist von den Leidenschaften und Bindungen freihalte, die seine Reinheit trüben. Für mich ist Kuan-yin auch das Wasser, die Wolken, die Berge und der Himmel. Der Gesang der Vögel, das Plätschern der Wellen und das Säuseln des Windes in den Bäumen sind ihre Stimme. Das Aroma der Blumen und frischen Früchte ist ihr Duft, weil all diese Dinge es wert sind, mit dem Geist der reinen Barmherzigkeit gleichgesetzt zu werden.

In Wahrheit sind alle Dinge Geist – nicht ‹mein› Geist, ‹Ihr› Geist – einfach *Geist.* Das ‹Ich›, so real es sich unseren irrtümlichen Wahrnehmungen darstellen mag, kann durch die Kraft des Geistes abgebaut und zum Verschwinden gebracht werden. Hand, Auge, Körper, Neigungen und Abneigungen, Gewohnheiten, Erinnerungen – in keinem von ihnen wohnt ein ‹Ich›. Vielmehr bezeichnet dieser Ausdruck lediglich eine Gruppe verstreuter, flüchtiger Teile, die sich von einem Augenblick zum andern wandeln.

Löst man nun auch dieses ab, findet man keinen ‹Besitzer›. Nichts bleibt von den vermeintlichen Grenzen zwischen dem individuellen Geist und dem Einen Geist übrig. Bodhisattvas sind wie alle Dinge geistgeboren – ihrem Wesen nach die Schöpfung des ewigen Geistes, ihrer Form nach so vielgestaltig wie die geistigen Vorstellungen der unzähligen Geschöpfe.

Kommen wir wieder auf die Praxis zurück. Indem man die Türen der Sinne verschließt, den Geist dem öffnet, was innen liegt, sucht man das reine, inhaltslose Bewusstsein zu erlangen. Da dies schwierig ist, müssen geschickte Mittel angewandt werden. Eines dieser wirksamen Mittel ist die gesammelte Konzentration auf die Bodhisattva-Form, die man für seine Übungen gewählt hat. Ein Geist, der gegen jede Ablenkung gefeit ist, weil er sich ganz auf den Klang des heiligen Namens konzentriert, schreitet mit Leichtigkeit zum inhaltslosen Bewusstsein fort. Ch'an-Anhänger, die sich auf ein *hua-t'ou (koan)* wie ‹Wer verehrt den Buddha?›, das heißt: ‹Wer ist dieses sogenannte Ich?› konzentrieren, kommen zu demselben Ergebnis.

Im Grunde sind die beiden Praktiken ein und dasselbe. Mit Verblendung geschlagene Geister sind wie Affen, die nach Gegenständen greifen und sie wahllos vom Baum werfen. Sicherlich haben Sie schon bemerkt, wie die Gedanken fließend und wirbelnd andrängen, wenn die Türen der Sinne nicht genügend verschlossen sind. Sie sind hartnäckiger als Fliegen, die einen verwundeten Büffel umschwirren. Daher die Notwendigkeit, sich auf ein einziges Objekt zu konzentrieren und dann unmerklich zur Stufe der Vorstellung von Nichts überzugehen. Wenn es sich bei diesem Objekt um ein erhabenes handelt, eine Inkarnation der Weisheit-Barmherzigkeit, um so besser. Es bereitet den Geist auf das vor, was sich im Innern befindet, wenn die Trugbilder aufhören, und es erzeugt Barmherzigkeit, die zu jeder Zeit das Denken und Handeln des Meditierenden prägen wird. Konzentration auf den Atem führt ebenfalls zur Ausrichtung auf einen Punkt und von da aus zum inhaltslosen Bewusstsein, doch dieser andere Gewinn geht wieder verloren, und Selbstzufriedenheit kann das Ergebnis beeinträchtigen.

Einfache Menschen können im Aufsagen der Anrufung Kuanyins ein Zaubermittel zur Erlangung der Gunst einer Göttin sehen. Das schadet nichts. Obgleich die Praxis in diesem Fall auf einer anderen Stufe beginnt, lässt sie diese Menschen nicht im Stich. In der Tat erreichen Analphabeten das inhaltslose Bewusstsein oft leichter als gebildete Menschen. Ihr Geist ist nicht so vollgestopft.»

Er lächelte und lehnte sich zurück, wobei er mich forschend ansah, als erwarte er, dass ich gegen das zuletzt Gesagte Einspruch erheben würde, aber ich erwiderte: «So ist es. Eine meiner Lieblingsgeschichten ist die von einem chinesischen Bauern irgendwo an der Grenze nach Tibet, dem ein tibetischer Lama auftrug, die heilige Formel aufzusagen, die mit Avalokiteshvara in Verbindung gebracht wird: *Om mani padme hum.* Der Lama schrieb sie ihm in chinesischen Zeichen auf, und einer der kaum des Lesens kundigen Freunde des Bauern deutete die letzte Silbe falsch und versicherte ihm, sie sei genauso auszusprechen wie das chinesische Wort für Ochse. Dementsprechend verbrachte der Bauer jeden Tag Stunden mit dem Aufsagen der Formel ‹*Om mani padme – Ochs*›!

Die Erfolge waren bewundernswert, bis ihn eines Tages jemand auf seinen Fehler aufmerksam machte und ihn korrigierte. Von da an erzielte er überhaupt keine nennenswerten Ergebnisse mehr, und sein Lama, der einige Zeit später von der Sache hörte, wies ihn an, es wieder so zu sagen wie anfangs, woraufhin wieder alles zum Besten lief. Ich nehme an, dieser Mann hatte eine natürliche Begabung für Meditation, die so lange ihre Wirkung tat, bis sein Geist durch Begriffe wie richtig und falsch verwirrt wurde.»

Er nickte, und nach kurzem Schweigen stellte ich eine Frage, die mich schon die ganze Zeit beschäftigt hatte: «Was geschieht weiter, wenn die Stufe des inhaltlosen Bewusstseins erreicht ist?»

Sichtlich bemüht, sein Erstaunen über soviel Naivität zu verbergen, antwortete er: «Noch keiner hat je die Worte gefunden, um zu beschreiben, was geschieht, wenn man über das begriffliche Denken hinausgelangt. Wörter sind untrennbar mit Begriffen verbunden. Nehmen Sie zum Beispiel den Geschmack von Honig. Sie haben ihn als süß und angenehm in Erinnerung. Sie erkennen ihn augenblicks wieder, wenn Sie wieder einmal Honig essen, aber können Sie *beschreiben*, wie er schmeckt? Der Hinweis, dass er süß schmeckt, aber anders als Sirup, wird einem, der noch nie Honig gekostet hat, überhaupt nicht weiterhelfen. Die Frage lässt sich bestenfalls mit recht ungenauen und wahrscheinlich missverständlichen Vergleichen beantworten.»

Er dachte eine Weile nach und fuhr dann fort: «Wenn das inhaltlose Bewusstsein erreicht wird, bleibt keine Spur mehr von ‹Selbst› und ‹Anderem›. Der Fluss und seine Ufer sind eines. Der Regentropfen ist in den Teich eingegangen. Die Flamme ist vom Feuer verzehrt worden. Man kann nicht einmal sagen, dass sich Glückseligkeit einstellt, denn Glückseligkeit und Nicht-Glückseligkeit gehören ebenfalls zu den Begriffen, über die man hinausgelangt ist. Allerdings kehrt man aus diesem Zustand mit einer Erinnerung an eine Glückseligkeit zurück, mit der sich nichts vergleichen lässt, was unter dem grenzenlosen Himmel existiert. Auch empfindet man Heiterkeit. Das Universum hat seine Schrecken verloren. Das Herz geht einem über vor Dankbarkeit und Verehrung, und alles – Pfützen, Küchenborde, eine rostige Pfanne, gewöhnliches Unkraut – strahlt vor Schönheit.»

Tief bewegt sah ich auf den mondbeschienenen See hinaus, und die auf und ab tanzenden Laternen der Vergnügungsboote erinnerten mich an Glühwürmchen. Plötzlich wurde mir bewusst, dass ich hungrig war, und mein Gastgeber, als hätte er es gespürt, ließ mich allein und ging den Abendreis zubereiten. Nicht lange danach saßen wir in seiner kleinen Wohnung und aßen mit unseren Stäbchen die einfachen Gerichte, die er aus Bohnenpaste, Pilzen und Chinakohl gekocht hatte. Wir hatten so lange geredet, dass er den der christlichen Vesper entsprechenden Abendritus ausgelassen hatte. Nun wollte er ihn nachholen, und er fragte mich, ob ich dabei zugegen sein möchte.

Ob nun aus Rücksicht auf mich oder nicht, der Ritus erwies sich als sehr einfach. Er bestand aus einem Rauchopfer-Gesang, der (auf einer Holzfisch-Trommel begleiteten) Rezitation eines kurzen Lobgedichts der Kräfte der Barmherzigkeit von Kuanyin, dem mehrmaligen Ausrufen ihres heiligen Namens und einem Schlussgesang, in dem der Segen der inneren Ruhe für alle Wesen in «den sechs Stadien des Seins» erfleht wurde.

Die meiste Zeit standen wir vor dem Altar, aber während der Anrufung des heiligen Namens umschritten wir den Schrein, anfangs langsam und dann immer schneller im beschleunigten Rhythmus der dumpfen Töne, die der alte Mann seiner Trommel entlockte. Das langsame, feierliche B-o-k! B-o-k! B-o-k! ging über in ein so hastiges Bok-bok-bok-bok, Bok-bok-bok, dass ich kaum mithalten konnte, ohne in Laufschritt zu verfallen. Dies war eine rituelle Variante jener Praxis, bei der man mit untergeschlagenen Beinen sitzend rezitiert, und man konnte deshalb nicht die gleichen tiefgreifenden Resultate davon erwarten. Dennoch verursachte das immer wieder zum dröhnenden Trommelklang wiederholte «Namu Kuan-shih-yin P'usa» ein gewisses Gefühl der Erhebung. Das flackernde Kerzenlicht verlieh dem lieblichen Antlitz der Statue einen fast unheimlich lebendigen Ausdruck, und ich konnte mich nicht des Gefühls erwehren, dass die barmherzige Kuan-yin mich einigermaßen belustigt beobachtete.

Am Morgen assistierte ich meinem Gastgeber, so gut ich konnte, bei einem komplizierteren und abwechslungsreicheren

Ritus als dem eben geschilderten. Er war bald nach Sonnenaufgang zu Ende, und eine Stunde später kehrte mein Sampan zurück, um mich zu den anderen Tempeln rings um den See zu bringen. Mein Gastgeber verabschiedete mich freundlich, doch ohne Bedauern. Ich war überzeugt, dass es ihm nichts ausmachte, ohne menschliche Gesellschaft zurückzubleiben. Schließlich war es ein wichtiger Grundsatz seines Glaubens, dass man sich freuen soll, ohne abhängig zu werden.

Die Anhänger der barmherzigen Kuan-yin bilden eine Untergruppe der Schule des Reinen Landes, die im vorkommunistischen China wahrscheinlich mehr Mitglieder hatte als jede andere Form des Buddhismus, so wie sie (unter dem Namen Shin) noch immer die meisten Anhänger unter den japanischen Buddhisten hat, trotz ihrer offensichtlichen Abweichungen von den allgemein gültigen Lehren des Buddhas. Westliche Autoren sind sogar so weit gegangen, die Schule des Reinen Landes als «ein fernöstliches Gegenstück zum Christentum, dem vom Buddhismus nur noch der Name geblieben ist», zu bezeichnen. Andere sagen der Schule einen nestorianischen Ursprung nach oder vertreten die Auffassung, dass ihre Lehren sich von zentralasiatischen Anhängern der Sonnengottheit herleiten, die in der T'ang-Zeit in der chinesischen Hauptstadt Ch'ang An ihren Sitz hatte. Dass sich von den westlichen Menschen, die sich in letzter Zeit dem Buddhismus zuwandten, so wenige zu dieser Schule hingezogen fühlen, liegt ohne Zweifel an deren *scheinbarer* Ähnlichkeit mit der christlichen Religion, der sie aus der Erkenntnis den Rücken kehrten, dass der Buddhismus anregender und für moderne Menschen annehmbarer ist und sich besser mit dem vorherrschenden naturwissenschaftlichen Denken vereinbaren lässt.

Wenn solche Kritik gerechtfertigt ist, muss es dennoch sonderbar anmuten, dass die Lehre des Reinen Landes eine so tiefgreifende Wirkung auf den Fernen Osten ausgeübt hat. Überdies erklärte Dr. Daisetz T. Suzuki, dieser große Wegbereiter des Zen, auf den die gesamte Zen-Bewegung im Westen zurückgeht, in einem seiner Bücher, dass mehr Menschen durch die Lehre des

Reinen Landes zur Selbstverwirklichung gelangt seien als durch Zen. In seinem Buch *Amida – der Buddha der Liebe* bezeichnete er den Shin-Buddhismus als «Japans größtes religiöses Vermächtnis für den Westen». *Shin*-Buddhismus, also die Lehre des Reinen Landes, nicht Zen! Derlei Argumente lassen sich nicht leichthin von der Hand weisen.

Mir persönlich geht es weniger darum, die Lehren dieser Schule mit anderen Formen des Buddhismus in Einklang zu bringen, als darum, überzeugend darzulegen, dass die Reine-Land-Praxis ein legitimer (und zudem relativ einfacher) Weg ist, das Ziel des Mystikers zu erreichen.

Die zentrale Gestalt ist Amitabha Buddha («Unendliches Licht»), der auch in der Gestalt des Amitayus Buddha («Unendliches Leben») verehrt wird. Die grundlegende Lehre hat folgenden, sehr poetischen Inhalt:

Das Amitayus-Sutra berichtet davon, wie der Buddha in Gegenwart einer großen Versammlung himmlischer und irdischer Wesen dem Alten Sariputra mitteilte, dass im westlichen Teil des Universums, jenseits einer unendlichen Anzahl von Buddha-Reichen, ein Reich mit dem Namen Sukhavati liegt, das Reine Land, über das der Amitayus Buddha, die Verkörperung des Unendlichen Lebens und Lichtes, herrscht.

Die dort wohnen, kennen keine Sorge, nur Freude. Seine anmutigen Gefilde sind mit Edelsteinbäumen besetzt, und es finden sich dort sieben Edelsteinteiche, wo das «Wasser der acht Verdienste» über goldenen Sand fließt, vorbei an Pagoden und Pavillons, die aus Gold, Silber, Kristall, Perlen und anderem kostbaren Material gearbeitet sind. Aus den Teichen erheben sich riesige Lotosblumen, die Strahlen farbigen Lichts und einen unbeschreiblich süßen Wohlgeruch aussenden. Sphärenmusik schmeichelt dem Ohr. Blumen regnen auf die goldene Erde nieder, und der Gesang der Vögel ist wunderbar melodiös und heilig.

All diese Wunder wurden vom Amitayus Buddha vollbracht, dessen Person alle Teile des Landes mit strahlendem Licht erhellt. Sie entspringen seinem barmherzigen Wunsch, die Wesen von der Äonen währenden Wiedergeburt zu erlösen. Alles ist hier diesem heiligen Zweck förderlich. Selbst die Gesänge der

Vögel und die Musik der Brise bringen jeden, der sie hört, dazu, über die Lehren Buddhas zu meditieren.

In einem anderen Sutra wird erklärt, dass das Reine Land in Erwiderung auf das barmherzige Gelübde des Amitabha Buddha (identisch mit Amitayus) entstand, nämlich dass er den Früchten seiner eigenen Erleuchtung entsagen wolle, wenn es irgendeinem Lebewesen, das sich nach dem Einzug in ein solches Reich sehne und sich auch nur zehn flüchtige Augenblicke des Denkens lang gänzlich darauf konzentriere, nicht gelänge, dort wiedergeboren zu werden. Dem Amitayus-Sutra zufolge wurde im Laufe der zehn Äonen, die seit diesem Gelübde vergangen sind, eine unvorstellbar große Zahl von Schülern angenommen, darunter auch Arahants und Bodhisattvas. Wer immer den Namen dieses Buddhas vernimmt, soll sich danach sehnen, in seinem Reinen Land geboren zu werden und in dieser Gemeinschaft von Heiligen zu wohnen.

Alle gutwilligen Männer und Frauen können dadurch, dass sie seinen heiligen Namen ein bis sieben Tage lang mit voller Konzentration aussprechen, erreichen, dass ihnen Amitayus im Augenblick ihres Todes erscheint und sie in sein Paradies des Westens aufnimmt. Dort werden sie glücklich sein und verweilen, bis sie die volle Erleuchtung erlangen, die unter anderen Bedingungen so schwer zu erringen ist.

Amitabhas Erlösungskraft wird also der ungeheuren Macht der Barmherzigkeit eines reinen Wesens zugeschrieben, das lieber für sich selbst auf das Letzte Nirvana verzichtet, als zuzulassen, dass andere Wesen auf ewig im Meer der Sorgen umhergetrieben werden. Aus dieser Lehre hat sich die Praxis des täglichen Aufsagens der das Reine Land betreffenden Sutras und der Meditation über Amitabhas heiligen Namen mit nie nachlassender Konzentration entwickelt.

Von größtem Interesse ist die Tatsache, dass, gleichgültig, ob die Anhänger die Lehre wörtlich nehmen, wie viele es tun, oder sie als eine Allegorie zur Mitteilung von Wahrheiten betrachten, die sich nicht direkt in Worten ausdrücken lassen, das Praktizieren der Lehre jedenfalls die Intuition hervorrufen kann, die zur Erlangung des mystischen Ziels und daher zur selbstlosen Barmherzigkeit führt. Diejenigen, die das Reine Land wörtlich als ein Paradies auffassen, in das man von außen her gelangen kann, drücken diesen Glauben oft folgendermaßen aus:

«So wichtig ist es, den geheiligten Namen so oft wie möglich gläubig und mit Konzentration auszusprechen, dass wir uns manchmal sogar mit den Worten ‹Heil dem Amitabha Buddha› begrüßen, um auch nicht einen Augenblick auf triviale Redensarten wie ‹Guten Morgen› oder ‹Auf Wiedersehen› zu verschwenden, aber niemand ist wirklich der Meinung, dass die Wiederholung des Namens viel Sinn hat, wenn es an Konzentration mangelt. Den geheiligten Namen vor sich hinzuplappern, während man in Gedanken bei Kindern, Geschäften oder hübschen Mädchen ist, gilt als Verstoß gegen die Reinheit des Geistes. Manchmal werden wir gefragt, warum wir den geheiligten Namen so oft aussprechen, da doch das Sutra ausdrücklich erklärt, dass der ernsthafte Wunsch, in seinem Reich wiedergeboren zu werden, gewisslich in Erfüllung gehen wird, selbst wenn er nur für zehn flüchtige Augenblicke des Denkens aufrechterhalten wird.

Doch wer wüsste mit Sicherheit, dass seine Konzentration jemals auch nur für eine so kurze Zeitspanne ungeteilt gewesen wäre? Und wie sollen wir uns unser Leben lang die Reinheit des Herzens bewahren, wenn wir von der Praxis ablassen? Man bekommt gelegentlich zu hören, Amitabhas Erlösungskraft sei so groß, dass die Gläubigen einen lockeren Lebenswandel führen und der Barmherzigkeit ermangeln, aber dennoch kraft ihres Glaubens das Reine Land erreichen können. Welch eine gefährliche Irrlehre! Wie könnte einer wahrhaft an dieses reine Wesen glauben und dabei in Versuchung geraten, einen lockeren Lebenswandel zu führen oder in seinem Handeln ohne Barmherzigkeit zu sein?

Die unbefleckte Reinheit des Geistes zu erreichen, ist eine nie vollendete Aufgabe. Vollkommene Konzentration ist jedoch nur möglich, wenn der Geist rein ist, und die erste Voraussetzung für die Reinheit des Geistes ist die Reinheit des Betragens. Deshalb bemühen wir uns, unser Leben zu leben, ohne irgend jemandem ein Leid anzutun, ernähren uns aus Mitgefühl für die Lebewesen nur von pflanzlicher Kost, pflegen barmherzige Gedanken und sind freigebig gegenüber den Armen.

Gewiss, die auf diese Weise erworbenen Verdienste bleiben zehntausend *yojanas* hinter den Verdiensten zurück, die für die Erlangung der Erleuchtung notwendig sind. Gute Werke allein richten nichts aus oder würden doch nichts ausrichten, wenn wir uns nicht an Amitabhas heilige Gelübde hielten. Aber während wir in dieser Welt des Staubes leben, ist der Weg der Reinheit und der Barmherzigkeit freudvoll. In alter Zeit gab es viele, die wie Shakyamuni nach äonenlangem Bemühen die Erleuchtung erlangten. Wir, die wir in dieses Zeitalter des Niedergangs hineingeboren wurden, sind zu sehr mit Unwissenheit und Verblendung geschlagen, um diesem erhabenen Pfad zu folgen. Deshalb streben wir nach der Wiedergeburt im Reinen Land, jenem Reich der Glückseligkeit, in dem alle Dinge einem geheiligten Zustand des Geistes förderlich sind, der zu gegebener Zeit ins Nirvana führen wird.»

Auf den ersten Blick scheint es, als hätte die Lehre vom Reinen Land wenig mit dem Buddhismus zu schaffen, wie man ihn gemeinhin versteht, und als sei sie nur für Menschen von recht einfachem Gemüt geeignet. Man könnte einwenden, dass der Buddhismus stets großen Wert auf die Selbstreinigung von den drei Feuern des Zorns, des übertriebenen Begehrens und der Selbsttäuschung gelegt hat, auf die Negierung ichbezogener Begriffe durch eigenes Bemühen des Gläubigen, dass das Verbot, Gnade und Erlösung von irgendeiner Gottheit zu erwarten, auch auf die Lehre vom Reinen Land angewandt werden müsse. Wo liegt der Wesensunterschied zwischen dem Glauben an Amitabha und dem Glauben an die Erlöserkraft eines Wesens wie Jesus Christus, den die Buddhisten als Aberglauben ablehnen? Und weiter, wie kann sich ein Mensch, dessen intellektuelle Fähigkeiten seinen spirituellen Erwartungen entsprechen, an Geschichten von Edelsteinseen und -bäumen, von Vögeln, die das heilige Gesetz predigen, und ähnlichen Phantasien blenden lassen? Als ich einmal gegenüber einem *fa-shih* (*roshi*, «vollendeter Lehrer») des Reinen Landes diese Einwände äußerte, antwortete er mir sinngemäß wie folgt:

«Sie haben noch vergessen, dass die gelehrten Forscher mittlerweile die Authentizität des ganzen Kanons der Sutras vom Reinen Land in Zweifel ziehen. Aber wenn schon; ihre gelehrten Bemühungen sind sinnlos. Und warum? Shakyamuni Buddha, der ruhmreiche Gründer unserer buddhistischen Religion, hat eine subtile Lehre verkündet, die nicht leicht zu begreifen ist für Wesen, die in diesem degenerierten Zeitalter *(kaliyug)* geboren sind. In der Voraussicht, dass es so kommen würde, hat der Gesegnete die Anwendung sinnreicher Mittel *(upaya)* gebilligt, wie sie den Wesen auf den verschiedenen spirituellen Stufen angemessen sind. Diejenigen Mitglieder unserer Schule, die Schilderungen des Reinen Landes und der Wege dorthin wörtlich nehmen, verlieren dadurch nichts, denn diese Lehre enthält eine tiefe und geheiligte Wahrheit in einer Form, die ihrem Begriffsvermögen entspricht. Dass man sich sein Ziel als eine mit Gold gepflasterte Stadt vorstellt, hindert einen nicht daran, es zu erreichen, wenn man den Weg kennt. Andere Mitglieder unserer Schule fassen ihre Lehren als poetische Allegorie auf. Aber alle miteinander pflegen die Reinheit des Geistes und die selbstlose Barmherzigkeit, und in beiden Gruppen gibt es viele, die durch die Konzentration auf den Namen des Amitabha Buddha die volle Verwirklichung erlangen.

Glauben Sie, ihre Verwirklichung unterscheide sich von der, welche die Anhänger der Ch'an-Lehren erreichen? Wie sollte das zugehen? Ob man den Quell der Weisheit und Barmherzigkeit gewinnt, hangt nicht davon ab, welchen Namen und welche Gestalt man der Vorstellung von diesem Quell gibt. Auch sind selbst die einfachsten Mönche und Laien nicht so unwissend hinsichtlich der inneren Bedeutung unserer Lehre, wie Sie vielleicht annehmen; denn der Text des Abendritus, der in Tempeln und Klöstern jeder buddhistischen Sekte in ganz China vollzogen wird, enthält die Worte: ‹Die sich danach sehnen, alle Buddhas der Dreifachen Welt zu verstehen, sollten wissen, dass die Natur des Universums nichts als Geist ist!›

So gesehen unterscheidet sich die geistige Schöpfung des barmherzigen Amitabha, die man als das Reine Land bezeichnet, in keiner Weise von dem Einen Geist, der auch das Tao, die

Leere, der Schoß der Tathagatas ist, das, was allein auf ewig existiert – gestaltlos, rein, unendlich, ewig. Um uns dieses vom Geist
geschaffenen Reinen Landes zu erfreuen, müssen auch wir es in
unserem Geist erschaffen, dem Gestaltlosen Gestalt gebend.
Amitabha Buddha ist nichts anderes als jene Kraft der Weisheit
und Barmherzigkeit, die sich in jedem Menschen regt, wenn er
still wird und den Irrweg der Ichbezogenheit verlässt.

Sie sollten auch wissen, dass die Sutras, in denen das Reine
Land beschrieben wird, auch von Zehntausenden solcher
Buddha-Reiche sprechen, denn die Macht geistiger Schöpfung
ist so unermesslich und dieses Universum so unendlich, dass unsere armselige Welt einem einzigen Sandkörnchen des Ganges
vergleichbar ist. Von grenzenloser Ausdehnung ist der Geist, und
es gibt so viele Buddha-Reiche, wie es von Weisheit und Barmherzigkeit erleuchtete Geister gibt, die sie in der Vorstellung erschaffen.

Was nun unsere Praxis angeht, so ist eine der wirksamsten unter den zahllosen Methoden, den Geist von den Objekten der
Sinne zu lösen, damit die Weisheit ungehindert aus dem Inneren
fließen könne, die Konzentration auf eine heilige Formel. Diejenigen, die sich das Reine Land als einen Ort vorstellen, an den
man von außen gelangt, erfahren ihn so; diejenigen, die ihn als
einen erleuchteten Zustand des Geistes begreifen, erfahren ihn
als reine Leere. Die Sutras selbst weisen auf diese verschiedenen
Kategorien von Gläubigen hin, indem sie von niedrigeren und
höheren Graden der Seinserkenntnis sprechen. Es liegt auf der
Hand, dass die letztere Kategorie die volle Erkenntnis rascher erlangt, was aber nicht heißt, dass sie ihr auch sicherer wäre.

Unsere Lehren vom Reinen Land werden bekanntlich der
‹Anderen Kraft› *(t'a-li)* zugeordnet, die Ch'an-Lehren hingegen
der ‹Ich-Kraft› *(tzu-li)*. Es ist reine Selbsttäuschung anzunehmen,
dass sie sich voneinander unterscheiden. Der Geist kennt keine
räumlichen Grenzen, kein Innen und Außen, kein Selbst und
Anderes. Nimmt man an, dass Ihr Geist und mein Geist unabhängig voneinander und getrennt vom göttlichen Geist selbst
existieren könnten, wird es den Anschein haben, dass unsere jeweiligen Bemühungen der Ich-Kraft zuzuordnen sind.

Wenn Sie erkennen, dass Ihr Geist vom *Geist* mit Kraft erfüllt wird, können Sie von der Macht des Anderen sprechen. Und wenn Sie die Stufe erreichen, auf der Ihnen klar wird, dass Ihr Geist *Geist* ist, wird das ganze Geschwätz über das Selbst und das Andere bedeutungslos. So ist es auch mit dem Reinen Land. Sie können es als das ‹Andere› sehen, als einen Ort, an den man gelangen kann, oder als ‹Ich› als einen Ort, der in Ihnen selbst liegt. Solche begrifflichen Unterscheidungen sind barer Unsinn. Je eher Sie sich von ihnen freimachen, um so weiser werden Sie sein.»

Ob die Erläuterungen dieses gelehrten Mönches (die er mir zuliebe in die denkbar einfachsten Worte fasste) nun dazu beitragen, die Lehre vom Reinen Land mit der buddhistischen Lehre insgesamt in Einklang zu bringen oder nicht, die Frage verliert auf jeden Fall an Gewicht, je größer die Einsicht wird. Denn mystische Seinserkenntnis ist eine Angelegenheit direkter Erfahrung, die mit begrifflichem Denken nichts zu tun hat.

Dass die chinesischen Buddhisten keinen Widerspruch zwischen den Lehren von der Ich-Kraft und der Anderen Kraft sahen, geht daraus hervor, dass selbst in Ch'an(Zen)-Klöstern die Rezitation des heiligen Namens Bestandteil der Morgen- und Abendriten war. Dieselben Mönche suchten Inspiration durch die «Andere Kraft» im Gebetsraum und «Ich-Kraft»-Inspiration im Meditationsraum, wobei dieses Abwechseln sie davor bewahren sollte, in selbst gegrabene Gruben zu fallen. Denn auch nur ein einziger Gedanke wie »*Ich* habe diese oder jene Stufe erreicht» wirft einen Meditierenden genauso unweigerlich aus der Bahn, wie man bei manchen Gesellschaftsspielen an den Ausgangspunkt zurück muss, wenn man eine bestimmte Zahl würfelt. Der irrige Begriff «Ich» dringt, wenn wir nicht sehr auf der Hut sind, in unser Bewusstsein ein.

Die meisten chinesischen Tempel, welcher Schule auch immer sie angehörten, enthielten eine Statue von Amitabha. Oft gab es sogar einen besonderen Raum, in dem sein Bild aufgestellt war, mit seinen bedeutendsten Emanationen, den Bodhisattvas Ta Shih-chih und Kuan-yin, zu beiden Seiten; und gewöhnlich war auch ein Raum oder Schrein ganz der Kuan-yin geweiht, da sie bei den Laiengläubigen so beliebt war. Die Neigung vieler Anhänger des Reinen Landes, Kuan-yin anstelle von Amitabha in den Mittelpunkt ihrer Kontemplation zu stellen, lässt sich meines Erachtens mit der natürlichen Verwandtschaft zwischen dem Prinzip der Barmherzigkeit und dem Weiblichen erklären. Unter den Gottheiten Ägyptens, Griechenlands und der gesamten antiken Welt unserer Geschichtsbücher erlangte stets die Muttergöttin eine beherrschende Stellung, und für viele hinduistische Lehren gilt dies auch heute noch.

Die Taoisten haben schon vor langer Zeit Kuan-yin als Göttin angenommen. Unter den drei wichtigsten christlichen Konfessionen verehren zwei, die orthodoxe und die katholische Kirche, in besonderem Maße die Muttergottes, und es gab eine Zeit, in der die Weisheit *(sophia)* von ihren Anhängern unter den Christen praktisch als Göttin verehrt wurde. In ähnlicher Weise werden in vielen buddhistischen Schulen Weisheit und Barmherzigkeit in weiblicher Gestalt verkörpert – als Kuan-yin oder Tara.

Mir erscheint dies so einleuchtend und vernünftig, dass ich mich manchmal wirklich frage, wieso die oberste Gottheit (die ja eigentlich überhaupt nicht mit eindeutig männlichen oder weiblichen Merkmalen ausgestattet sein dürfte) so oft als ausschließlich männliches Wesen dargestellt wird. Es ist viel natürlicher, sich den Ursprung alles Seins in weiblicher Gestalt vorzustellen. Lao-tse spricht von der Mutter des Universums (wenn auch nicht in anthropomorphem Sinne), und «Schoß des Universums» ist ein Ausdruck, der sich sowohl bei Wissenschaftlern wie bei Dichtern findet.

Obgleich verständlicherweise viele Menschen die Lehren vom Reinen Land als unvereinbar mit dem Buddhismus insgesamt betrachten, wird einem beim Studium von Schriften dieser Schule schon bald klar, dass sie in metaphysischer Hinsicht genauso tief in der traditionellen Mahayana-Lehre wurzeln wie die jeder anderen Schule des Mahayana-Buddhismus. Dieses Argument fällt jedoch kaum ins Gewicht im Vergleich zu ihrer eigentlichen Rechtfertigung, die in ihrer Wirksamkeit als Mittel zur Erlangung der Seinserkenntnis zu sehen ist.

Angesichts dieser Wirksamkeit ist man keineswegs überrascht

zu entdecken, dass sie starke Ähnlichkeiten mit den Lehren und Praktiken vieler anderer Glaubensrichtungen aufweist. In diesem Zusammenhang erinnert man sich an die von den Sufi-Mystikern verwendeten Invokationen, an die dem Weg des *bhakti* geltenden Invokationen der Hindu-Anhänger («Hare Krishna» und so weiter) sowie an die heilige Formel, die von den Betern der russisch-orthodoxen Kirche als Mittel zur Verwirklichung verwendet wurde. Die Art der Anwendung dieser Invokationen unterscheidet sich kaum vom Gebrauch der heiligen Formeln *«Namu Omit'ou Fu»* und *«Namu Kuan-shih-yin P'usa»* bei den Mitgliedern der Schule des Reinen Landes.

Hinzu kommt, dass Beschreibungen der erhabenen Erfahrungen, die auf solche oder ähnliche Weise von Mystikern verschiedener Religionszugehörigkeit erzielt werden, überraschende Ähnlichkeiten erkennen lassen. Daisetz T. Suzuki, der sein ganzes Leben dem Studium und der Verbreitung der Zen-Lehren widmete, war zum Schluss so sehr von der Weisheit der Lehre des Reinen Landes überzeugt, dass er in seinem Buch *Amida – der Buddha der Liebe* schrieb: «Sich auf die Ich-Kraft verlassen, ist Stolz, und dieser Stolz ist ebenso schwer auszurotten wie der Glaube an die Ich-Kraft.»

Sein Glaube an das Reine Land war jedoch nicht das Ergebnis einer wörtlichen Auslegung, denn er schrieb auch: «Wir erleben das Reine Land, während wir uns hier befinden, und wir tragen es allezeit mit uns. Genaugenommen umgibt uns das Reine Land überall. Wir werden uns dessen bewusst, wir erkennen, dass Amida gekommen ist, um uns zu helfen, wenn alle Kämpfe durchgestanden und ausgeschöpft sind.» (Amida ist die japanische Form des Namens Amitabha.)

Überall auf der Welt und zu allen Zeiten hat es Suchende gegeben, die sich nach der Glückseligkeit der Verwirklichung sehnten. Ihr Ziel, das unbefleckte Tao, wurde mit vielen verschiedenen Namen belegt, und es gab Unterschiede in den ersten Etappen des Weges, nicht aber im Ziel selbst. Wo die Suche zur Sehnsucht wird, ist der Pfad des Glaubens und der Barmherzigkeit der richtige; wo sie nicht weniger zwingend, aber «handfester» entsteht, wird ein zen-ähnlicher Pfad vorgezogen. Beide

Pfade führen über den Intellekt hinaus. Sie und andere Pfade, die wiederum anderen Stufen der Wahrnehmung angemessen sind, verschmelzen, so groß auch am Anfang die Unterschiede zwischen ihnen sein mögen, zum Ende hin, nämlich dort, wo das begriffliche Denken transzendiert wird.

Sektierertum in dem Sinne, dass ein Pfad als der einzig richtige ausgegeben und andere verunglimpft worden wären, ist der chinesischen Tradition fremd, weshalb die Religionsgeschichte Chinas nicht im geringsten den blutbesudelten Annalen des Christentums und des Islams gleicht. Manch ein entschiedener Verfechter von Ch'an (Zen) hat auf bewegende Weise den Methoden des Reinen Landes seine Reverenz erwiesen und umgekehrt. Man kann es nur bedauern, wenn gewisse buddhistische Autoren im Westen sich geringschätzig über den Buddhismus des Reinen Landes äußern, denn dessen Anhänger waren zumindest immer liebenswerte Menschen, durchdrungen von den buddhistischen Tugenden der Toleranz und Barmherzigkeit, und es hat auch gar nicht wenige vollendete Mystiker unter ihnen gegeben.

Vieles von dem, was an den Überlieferungen und Institutionen des chinesischen Buddhismus bewundernswert war, entsprang der Sorge der Anhänger des Reinen Landes um ihre Mitmenschen. Ich selbst habe immer besonders gerne die sogenannten «Tugendhäuser» *(shan t'ang)* besucht. Kleinen Nonnenklöstern ähnlich, standen sie oft in einer anmutigen ländlichen Umgebung nicht allzu weit von einer größeren Stadt. Viele Damen pflegten sich für einen oder zwei Monate an einen solchen Ort der inneren Einkehr zurückzuziehen, um sich fernab vom Getriebe der Welt der stillen Betrachtung und Übungen der Andacht zu widmen.

Diese Laien-Institutionen dienten auch als Zentren der Wohltätigkeit, und ältere Menschen konnten hier einen friedlichen Lebensabend verbringen. Besucher waren willkommen und wurden stets von lächelnden alten Damen mit Tee und Süßigkeiten oder einer köstlichen vegetarischen Mahlzeit bewirtet. Die Anlagen auf dem dazugehörigen Gelände waren stets aufs sorgsamste gepflegt, und manchmal enthielten sie bemerkenswerte Zeugnisse buddhistischer Kunst, aber was mir am lebhaftesten in Erinnerung blieb, ist die heitere Ruhe der Bewohnerinnen. Als Anhängerinnen des Amitabha oder der Kuan-yin strömten sie förmlich über vor Freundlichkeit und sanftmütigem Frohsinn. Trotz ihres im allgemeinen einfachen Wesens empfand man ihre bloße Gegenwart als anregend und inspirierend.

Es war dies ein buddhistischer Nachklang der alten taoistischen Philosophie, die Leben und Tod mit derselben unbeirrbaren Seelenruhe hinnimmt. Der allgegenwärtige Duft von Weihrauch und Blumen symbolisierte aufs erfreulichste das Reine Land, das sie bereits in ihrem Herzen trugen.

III

Das Tor zu Weisheit und Heilung

Einführung:
Der Zustand der Einheit

Mein ganzes Leben lang war ich von der wundervollen Weisheit Chinas bezaubert, die weitgehend aus dem besteht, was man zusammenfassend *San Chiao* oder die «Drei Lehren» nennt. Die Chinesen sprechen von ihnen selten als von «Religionen», weil sie alle drei weniger mit Dogmen und Glaubensvorstellungen zu tun haben als mit der Kunst, weise zu leben.

Der Konfuzianismus ist eher ein ethisches als ein religiöses System, wenn ihm auch gewisse religiöse Obertöne nicht fehlen; Anhänger des Taoismus können sich eifrig mit religiösen Übungen beschäftigen oder aber ganz auf sie verzichten, ohne dadurch im geringsten weniger echte Taoisten zu sein. Der Buddhismus hat, wenngleich er weit näher an das herankommt, was westliche Menschen unter Religion verstehen, keinerlei Dogmen, sondern legt seine Betonung darauf, einen bestimmten Geisteszustand – und nicht ein System von Glaubenssätzen – zu verwirklichen.

Die Anhänger aller drei Wege sprechen von sich selbst als von denjenigen, die den Weg kultivieren; das chinesische Wort *Tao* (der Weg) wurde von allen gleicherweise verwendet, wenn auch mit unterschiedlichen Schattierungen der Bedeutung. Wenn man sich auf die Suche nach Weisheit und Ganzheit begab, nannte man das «Durchschreiten des Tors».

Als ich im Sommer 1978 zum ersten Mal in jene Länder «jenseits des östlichen Ozeans» flog, um dort Seminare über die verschiedenen Aspekte der chinesischen und tibetischen Weisheit zu halten, fand ich dort einen echten Hunger nach Weisheit vor.

Zwischen den Städten, Farmen, Wäldern, Bergen und Inseln Nordamerikas stieß ich auf zahlreiche große und kleine Zentren und Gruppen, in denen nachdenkliche Menschen ernsthaft nach Heilmitteln für die zerstörerischen ökologischen, psychologischen und spirituellen Probleme suchen, die sich als Konsequenz des hemmungslosen Fortschritts der kapitalistischen Wirtschaft ergeben. Manche davon, die man *growth institutes* («Zentren für geistiges Wachstum») nennt, befassen sich mit der Aufgabe auf breiter psychologischer Ebene; obwohl sie keineswegs ein ausschließliches Interesse für die Lehren asiatischer Weiser haben, heißen sie jede Technik willkommen, mit Hilfe derer man zu einer positiven, ausgeglichenen Lebensweise und einer unerschütterlichen Ruhe des Geistes finden kann.

Auch die Techniken der yogischen Schulung gehören dazu. Da die Suchenden sich bewusst sind, dass die regelmäßige Praxis des kontemplativen Yoga erfreuliche und manchmal beseligende Erfahrungen zur Folge hat und dass das Leben durch diese sinnvoller und fröhlicher wird, wollen sie selbst solche Erfahrungen machen.

Bei meiner Rundreise brachte mich dies oft in Verlegenheit, da spirituelle Übungen selten zu schnellen Erfolgen führen; in einem Seminar, das höchstens acht Tage dauert, ist es – selbst wenn jeder den größten Teil der Zeit mit Meditationsübungen verbringt – unwahrscheinlich, dass sofort spürbare Entwicklungen daraus resultieren. Die einzige Übung, die das Gefühl vermittelte, etwas erreicht zu haben, war die Übung des Gruppen-Heilens, in der wir gemeinsam eine bestimmte Art von Yoga-Sammlung zum Wohle zweier schwer kranker Menschen vollzogen, deren darauf folgende rasche Besserung sehr wahrscheinlich ein Erfolg dieser Übung war.

Um mit Hilfe von Yoga die Qualität des Lebens im Hier und Jetzt zu steigern, muss man:

1. eine Vorstellung vom Wesen der Wirklichkeit erlangen, wie sie von Mystikern im Zustand erweiterten Bewusstseins erfahren wird.

2. verstehen, warum das ganze Universum als heilig betrachtet werden sollte;

3. den der Menschheit verloren gegangenen Sinn für Ehrfurcht wieder kultivieren;

4. erkennen, dass die Entwicklung von Weisheit und Mitgefühl Hand in Hand gehen muss;

5. negative Gefühle und unmäßiges Verlangen umwandeln;
6. innere Stille erlangen sowie einen Zustand der Gelassenheit, der durch das Auf und Ab des täglichen Lebens nicht zu erschüttern ist.

Es ist vielleicht nötig, dass ich meinen Gebrauch des Begriffes «Yoga» – und der Bezeichnung «Yogin» für den, der die Kontemplation praktiziert – erläutere. Das Wort *Yoga* hat die Bedeutungen «Vereinigung» und «verbinden»; ursprünglich wurde es in Indien im Sinne von «Vereinigung mit Gott» gebraucht, und seine Bedeutung hat sich dahingehend erweitert, dass es die verschiedenen spirituellen Übungen umfasste, die zu diesem Zweck praktiziert wurden. Unglücklicherweise wurde es in westlichen Ländern als Synonym für *Hatha-Yoga* in die Umgangssprache aufgenommen. Dies führte zu einem Missverständnis seiner vollen Bedeutung, da mit Hatha-Yoga nur die körperlichen Übungen im Gesamtsystem des Yoga gemeint sind.

«Yoga» wird von mir weder in seinem traditionellen hinduistischen noch in seinem gebräuchlichen westlichen Sinn verwendet. Da Taoisten und Buddhisten nicht an einen persönlichen Schöpfergott glauben, streben sie auch nicht nach einer Vereinigung mit Gott. Sie gehen davon aus, dass alle Wesen grundsätzlich vom Urgrund des Seins nicht trennbar sind (und deshalb auch nicht mit ihm vereinigt werden müssen), von dem sich der Mensch nur wegen seiner falschen Auffassung getrennt fühlt. Aus dieser falschen Auffassung ergibt sich die Notwendigkeit für das, was die Taoisten «Rückkehr zum Ursprung» und die Buddhisten «Erleuchtung» nennen – eine transzendentale Erfahrung, die die Fesseln der Ego-Verblendung zerreißt. Diese Erfahrung wird vom Gefühl der Beseligung und einer nie zuvor geahndeten Freiheit begleitet. Sie besteht nicht darin, dass man eine Vereinigung mit dem Seinsgrund erreicht, denn diese Einheit war niemals unterbrochen, sondern in der freudigen Wahrnehmung dieser Einsicht, für die man so lange blind gewesen ist.

In diesem Zusammenhang bedeutet «Yoga» die *volle Erkenntnis eines bereits existierenden, aber bisher nicht wahrgenommenen Zustandes der Einheit.* Im weiteren Sinn umfasst der Begriff auch die verschiedenen Mittel, mit denen diese höchste intuitive Erfahrung erreicht wird. Ein «Yogin» ist jemand, der solche Mittel verwendet, um damit Erleuchtung zu erlangen oder zumindest begrenztere Ziele auf dem Weg zur Erleuchtung, die seine Fähigkeit steigern, intuitive Erfahrungen zu machen, und ihn mit seiner Umwelt aussöhnen, solange er das letzte Ziel noch nicht erreicht hat.

Da der Geist der Ursprung aller hohen Bestrebungen und das Sammelbecken aller zutiefst sinnerfüllten Erfahrungen ist, hat die Essenz der yogischen Praxis weit mehr mit dem Geist zu tun als mit dem Körper (obgleich das Wohlergehen des Körpers gewiss nicht vernachlässigt werden soll). Yogische Übungen haben deshalb hauptsächlich mentalen Charakter, wobei es allerdings in dieser Terminologie keine Trennung zwischen dem mentalen und dem spirituellen Geist gibt. Manchmal benutze ich das Wort «spirituell» wegen der inspirierenden Assoziationen, die es in unserer Sprache hat, aber ich gebrauche es ganz und gar rhetorisch.

Letztlich wird selbst die Unterscheidung zwischen Geist und Körper von den Yogins als unzutreffend erkannt.

Der Weg der Meditation

Das Wort «Meditation» wird in der heutigen Welt vielfach in der Bedeutung gebraucht, die wir hier meinen – ein allgemeiner Ausdruck zur Bezeichnung aller Arten von geistigem Yoga mit dem Ziel der Stille, der Befriedung des Denkens, der Erforschung der wahren Natur des Seins und des Erreichens der hohen mystischen Erfahrung, worin der Geist des Individuums mit dem göttlichen Geist vereint wird, dem Ursprung des Seins.

«Meditation» ist jedoch kein sehr glücklicher Ausdruck, denn in der normalen Umgangssprache bedeutet er «Nachdenken über etwas», und eben dies darf der Meditierende beim Yoga nicht tun, denn sein Ziel ist es, über das begriffliche Denken *hinaus zu gelangen*. Selbst im Chinesischen findet sich nicht so leicht ein Ausdruck zur zusammenfassenden Bezeichnung all der verschiedenen kontemplativen Praktiken, und viele Chinesen sprechen deshalb einfach von *ta-tsuo* – Sitzen. Gegen dieses Wort wäre auch nichts einzuwenden, würden die Meditationslehrer nicht immer wieder versichern, dass die Übung im «Stehen, Gehen, Sitzen oder Liegen» vollzogen werden kann. Anstatt Wörter und Definitionen zu erörtern, sollten wir deshalb lieber eine Geschichte an den Anfang stellen, die veranschaulichen kann, was eigentlich beim «Meditieren» geschieht.

Das Tor verschließen

Im vorkommunistischen China und Tibet gab es viele große Klöster, die für die Strenge ihrer Regeln und die Vortrefflichkeit ihrer Meditationspraxis berühmt waren, aber mir ist es stets leichter gefallen, mit ernsthaften, kontemplativen Menschen in kleinen, abgelegenen Tempeln ins Gespräch zu kommen, wo die Mönche beliebig meditieren konnten, ohne sich an Studienpläne und besondere Regeln halten zu müssen. Manche der kontemplativen Mönche, die ich kennenlernte, waren Exzentriker. So erinnere ich mich an einen, der in einer Höhle lebte und nur mit Gras und Kerzen sein Dasein fristete. Er hatte einmal unter der unwahrscheinlich anmutenden Anschuldigung, kommunistischer Agent zu sein, im Gefängnis gesessen, und hatte den Aufenthalt an diesem unhygienischen, von Ungeziefer verseuchten Ort, wo man ihn fast verhungern ließ, richtiggehend genossen, denn dort konnte er, wie er mir erklärte, «in Ruhe meditieren, unbehelligt von frommen Pilgern mit ihren lästigen Fragen».

Der Meditierende jedoch, der den nachhaltigsten Eindruck auf mich machte, lebte in einem rustikalen Tempel im Innern der Provinz Santung. Man erreichte den Tempel, der sich an niedrige, fast baumlose Hügel schmiegte, über einen schmalen Weg durch Hirsefelder, die zu dieser Jahreszeit mit ihrem klumpigen, gelben Lehmboden wie eine Wildnis aussahen. Während die Tempelhalle noch Spuren einstiger Pracht erkennen ließ, bestand die Anlage im Übrigen nur aus gewöhnlicheren Bauten aus gelben Lehmziegeln, kaum besser als die Behausungen der armen Bauern. Trotzdem hatte man das untrügliche Gefühl, eine geweihte Stätte zu betreten, doch lag dies mehr an dem allgegenwärtigen Duft von Weihrauch.

In diesem Tempel lebten drei Männer – ein älterer Mönch in geflickten grauen Gewändern, ein Novize, der noch kaum den Kinderschuhen entwachsen war, und noch ein Mönch, der sich gewöhnlich nicht blicken ließ, wenn Besucher kamen. Die beiden, die bei meiner Ankunft herauskamen, um mich willkommen zu heißen, schienen betrübt über den Anblick des «Ozeanteufels», der da mit Sack und Pack vor ihrer Tür stand und wahrscheinlich eine Einladung erwartete, über Nacht zu bleiben, aber da ich Chinesisch sprach und überdies wusste, wie ein weltlicher Gast sich zu betragen hatte, tauten sie schon bald auf und wurden sehr freundlich.

Für die Abendmahlzeit war nichts da außer grobem Hirsebrei.

Um es nicht an Gastfreundschaft fehlen zu lassen, übertraten sie deshalb lieber ihre klösterliche Regel, die strikt vegetarische Ernährung vorschrieb, und beschafften sich bei einem Nachbarn ein paar gekochte Eier, die sie mir in einer dicken Soja-Soße vorsetzten. Sie selbst begnügten sich mit ein paar gesalzenen Krautblättern. Dem Hirsebrei mit einem von der Reise geschärften Appetit kräftig zusprechend, leerte ich eine Schale nach der andern, als handelte es sich dabei um die köstlichste Speise, worüber sie sichtlich erfreut waren. Ich bin sicher, dass ich sie erst damit endgültig für mich einnahm und erreichte, dass sie ohne die geringste Scheu mit mir sprachen und lachten. Trotz ihrer bitteren Armut setzten sie ihre Ehre darein, mich zufrieden zu stellen, und der Novize klapperte das ganze Dorf ab, um Teeblätter von halbwegs annehmbarer Güte aufzutreiben.

Als ich sie nach ihren Lebensgewohnheiten fragte, sagten sie mir, dass sie jeden Abend sehr früh zu Bett gingen und um Mitternacht aufstünden, um einen besonderen Ritus zu feiern, der so lange andauere, bis es Zeit für den Morgenritus sei, der in fast allen buddhistischen Tempeln Chinas bei Tagesanbruch gehalten wird. Der besondere Ritus bestand darin, dass sie dem Altar zugewandt einen Gesang zu Ehren von Amitabha Buddha anstimmten, wobei sie sich abwechselnd mit der Stirn auf dem Boden hinknieten, so dass der eine sich erhob, wenn der andere sich auf die Knie niederließ, und ihr Gesang auf diese Weise ununterbrochen andauerte.

«Und das tun Sie *jede* Nacht?», erkundigte ich mich. «Ich dachte, solche Riten würden nur gelegentlich als eine Art Buße vollzogen.»

«Wir tun es für den Ehrwürdigen Sheng Tsang», erklärte mir der ältliche Mönch. «Letzten Monat wurde er krank, und wir gelobten, sein böses Karma in dieser Weise auf uns zu nehmen, mit dem Erfolg, dass er jetzt wieder hergestellt ist.»

«Der Ehrwürdige Sheng Tsang?»

«Ja, unser Oberster Mönch. Wir werden Sie morgen zu ihm führen. Er kam zu uns aus einem der großen Meditationszentren in Anhui. Er hat jetzt seit drei Jahren ‹das Tor verschlossen› (*pi kuan*), und es liegen noch immer einige Monate vor ihm. Er bricht nur selten sein Schweigen, wird es aber zu Ehren eines Besuchers aus einem sehr fernen Land vielleicht doch tun.»

Der Ausdruck, den man frei mit «das Tor verschließen» übersetzen kann, bezieht sich auf eine Praxis, die darin besteht, dass man sich mehrere Jahre lang in einen Raum einschließen lässt, um sich ungestört der Meditation widmen zu können. Ein- oder zweimal am Tag werden durch ein kleines Fenster Essen hereingereicht und Abfälle entgegengenommen, doch spricht der Adept nur selten ein Wort mit denen, die ihm diesen Dienst erweisen.

Diese Nacht schlief ich tief und fest, um bei Tagesanbruch vom Dröhnen der riesigen Trommel geweckt zu werden, die den Beginn des Morgenritus verkündet. Nach einem Frühstück, das aus Tee und *o-t'ou* (grobe *Kaodliang*-Brote, die im frischen Zustand sehr wohlschmeckend sind) bestand, führte man mich in ein Gebäude, in dem sich ein Vorratsraum befand sowie eine viel kleinere Kammer, deren Tür mit Papier verklebt war. Darauf war ein großes rotes Siegel gedrückt, wie man sie in den Ecken chinesischer Gemälde sieht, nur um ein Vielfaches größer. Ein viereckiges Loch war in die Lehmziegelwand gehauen und mit einem Holzgitter versehen, das mit durchscheinendem Fensterpapier bespannt war.

Der Novize stellte sich dicht vor diese Luke und rief mit lauter Stimme: «Ehrwürdiger, ein Teufelsmann ist gekommen.» Das war nicht bös gemeint, denn er war nur ein Bauerntölpel und wusste mich nicht anders zu bezeichnen. An derlei Dinge war ich seit langem gewöhnt und dachte mir nichts mehr dabei, außer wenn jemand solche Worte gebrauchte, der gebildet genug war, was aber selten vorkam.

«Was denn?», ertönte in der Kammer eine Stimme. «Kleines Bohnenkind, du solltest wissen, dass du mich nicht mit solchen Lappalien behelligen darfst. Sage nur mit rechter Inbrunst das Mantra der Großen Barmherzigkeit auf, und die Kreatur wird verschwinden.»

Der Novize schaute betreten drein, grinste aber, als er sah, dass ich lachte. «Ich bin Engländer», rief ich. «Ein Buddhist. Ich bin gekommen, dem großen Mönch meine Reverenz zu erweisen.»

«Aha!« Das Holzfensterchen wurde von innen abgenommen, und ich sah einen Mönch mittleren Alters, der mit untergeschlagenen Beinen nur etwa einen Fuß von der Öffnung entfernt auf einem Sofa saß. Wie es sich gehörte, warf ich mich dreimal zu Boden, und der kurioserweise «Bohnenkind» geheißene Novize brachte mir unterdessen einen Stuhl.

Der Mönch hatte noch nie von westlichen Buddhisten gehört und zeigte sich so wissbegierig, dass ich ihn erst nach geraumer Zeit dazu bringen konnte, von sich selbst zu reden. Aber das schadete nichts. Vielleicht weil er nur selten Besuch hatte, machte er keinerlei Anstalten, die Audienz zu beenden. Als ich hörte, dass er nicht nur seit zweieinhalb Jahren in dieser Kammer eingeschlossen war, sondern auch schon vorher zweimal drei Jahre in ähnlicher Einsamkeit verbracht hatte, ließ ich es mir nicht nehmen, ihn ausführlich über seine Praxis zu befragen.

Als Spross einer verhältnismäßig wohlhabenden Familie aus der Provinz Shantung war der Ehrwürdige Sheng Tsang mit achtzehn Jahren «aus dem Haus gegangen», hatte ein zweijähriges Noviziat in dem kleinen Tempel seines Lehrers hinter sich gebracht und dann im Kloster Chieh T'ai Szu bei Peking die Weihen empfangen. Danach war er in ein großes, streng geführtes Kloster in Zentralchina eingetreten, wo man sich auf die Meditationspraxis spezialisiert hatte. Nachdem er mit der Praxis *huat'ou (koan)* der Ch'an-Schule begonnen hatte, war er später zu der komplizierten T'ien-t'ai-Methode übergegangen (auf die ich weiter unten näher eingehen werde). Zwei Jahre lang hatte er den Rang des Präzeptors innegehabt und in dieser Funktion die jüngeren Mönche in den Meditationstechniken unterwiesen, doch auf die Dauer hatte ihm diese Tätigkeit nicht zugesagt, weil sie ihn vom Wesentlichen ablenkte.

So war er vor zwölf Jahren in den Tempel gekommen, in dem ich ihn gefunden hatte. In den Dreijahresperioden, die er in freiwilliger Gefangenschaft verbracht hatte, war sein Tageslauf jeweils der gleiche gewesen. Mir schien eine solche Lebensweise ungeheuer anstrengend zu sein; aber er sah verhältnismäßig gesund aus. Die einzige Krankheit, die er sich in all den Jahren zugezogen hatte, war eine Infektion, die sich im Ort ausgebreitet hatte. Natürlich war er hager und ziemlich blass, aber das war ja, vor allem auch wegen der dürftigen Kost in dem Tempel, nicht anders zu erwarten. Seine Augen waren übernatürlich hell und klar, und seine Energie und geistige Wachheit beeindruckten mich. Obwohl er nicht besonders gut aussah, besaß er eine Ausstrahlung von Stille und Einfachheit – eine Ausstrahlung, die ich eines Tages als das charakteristische Merkmal von Menschen, die auf dem kontemplativen Weg fortgeschritten waren, erkennen sollte.

Nach der Beschreibung, die er mir von seiner Tageseinteilung gab, musste er insgesamt täglich mindestens sechzehn Stunden in Meditation verbringen, entweder mit untergeschlagenen Beinen sitzend oder in seiner kleinen Zelle langsam auf und ab gehend. Während dieser Zeit, so versicherte er mir, schweiften seine Gedanken keinen Augenblick ab. Vier Stunden in der Nacht und eine Stunde am Nachmittag schlief er im Sitzen mit untergeschlagenen Beinen, so dass er sich also niemals hinlegte, außer wenn er krank war. Wenn man für die zwei bescheidenen Mahlzeiten insgesamt etwa eine halbe Stunde rechnete, blieben noch zweieinhalb Stunden pro Tag, und die verbrachte er entweder damit, dass er immer wieder die Sutras und anderen heiligen Schriften las, etwa ein Dutzend Bände, die er in seiner Zelle hatte, oder damit, dass er eine Andachtsformel für den Bodhisattva Manjusri aufsagte, die Verkörperung der Buddha-Weisheit, «Heil dem Allerweisesten Manjusri Bodhisattva Mahasattva!»

Als ich ihm sagte, dass ich ein solches Leben nicht einmal drei Tage lang aushalten würde, lachte er herzlich.

«Aber nein. Das gilt nur für den Anfänger. Das Schlafen im Sitzen gelingt einem nach einiger Übung recht bald. Gewiss, den Geist niemals ziellos schweifen zu lassen, ist anfangs unmöglich, aber mit der Zeit wird alles leicht. Es ist nur eine Sache der Gewohnheit. Lange andauernde Meditation, so ermüdend sie für den Anfänger sein mag, ist erholsam für diejenigen, die an sie gewöhnt sind. Und beglückend! Sie erfordert keinerlei Anstrengung. Der Geist, der bei keinem Gedanken verharren darf, wird einem Spiegel ähnlich, der die wechselnde Szenerie wiedergibt, aber nichts fixiert, nichts festhält.

In früheren Jahren verteilte ich meine Zeit auf drei verschiedene Arten der Meditation – die erste, *samadhi (ting)*, beruht darauf, dass man den Geist auf einen einzigen Gegenstand fixiert, der dann bald in der Ekstase des inhaltslosen Bewusstseins verschwindet. Die zweite besteht in der Durchdringung der Leere der Gegensätze und damit der Leere des Selbst und die dritte in der Kontemplation des Aufsteigens und Versinkens der Gedanken im Geist. Heute mache ich solche Unterscheidungen nicht mehr. Außer wenn ich lese, rezitiere oder schlafe, verharre ich den ganzen Tag in inhaltslosem Bewusstsein. Um mich zurückzurufen, wenn es Zeit für die morgendliche und abendliche Rezitation ist, geht einer der beiden anderen in die Tempelhalle nebenan und schlägt das Becken. Das muss sein, denn man verliert jedes Zeitgefühl.»

Als er nichts mehr sagte, warf ich mich zu Boden und zog mich dann zurück, ganz benommen von der Vorstellung, dass es möglich sein sollte, den Geist viele Stunden lang im Zustand inhaltslosen Bewusstseins zu halten. Bis zum heutigen Tag kann ich mir nicht vorstellen, wie es ist, wenn man länger als eine kurze Weile geistig wach bleibt und dennoch an keinen bestimmten Gegenstand denkt.

In der Theorie wird die Meditation als der innerste Kern der buddhistischen Praxis angesehen, als das einzige Mittel, jene trügerischen Vorstellungen auszuschalten, die zu «ungeschickten Taten von Körper, Sprache und Geist» führen, wodurch endlose Kettenreaktionen von karmischer Haltung ausgelöst werden. Die Erkenntnis der wahren Natur des Seins setzt eine tief greifende Wandlung des Geistes voraus, die mit anderen Mitteln kaum zu erreichen ist.

In der Praxis haben auch viele Buddhisten Schwierigkeiten und begnügen sich damit, sich durch vernünftige Selbstbeherrschung und Großzügigkeit gegenüber ihren Mitmenschen eine günstigere Wiedergeburt zu sichern. Aber wenn man nicht an die Existenz einer Vatergottheit glaubt, die belohnen und bestrafen kann, liegt es auf der Hand, dass jedes Wesen für seinen Fortschritt selbst verantwortlich ist, dass sich keiner mit dem Hinweis darauf «durchmogeln» kann, er habe sich nach besten Kräften bemüht, sich richtig zu verhalten. Deshalb ist Meditation, die zur Erleuchtung des Geistes führt, im Buddhismus von zentraler Bedeutung. Selbst das Aufsagen einer heiligen Formel, wie es in der Sekte des Reinen Landes üblich ist, erfordert höchste Konzentration, um wirksam zu sein.

Die herkömmliche Beschreibung des Zustands der Erleuchtung besagt, dass man darin die Leere aller Wesenheiten erfährt, einschließlich des «Selbst» – Leere in dem Sinne, dass diese Wesenheiten vergänglich sind und nur in gegenseitiger Abhängigkeit von allem anderen existieren, so dass sie über kein Eigendasein verfügen. Das mag ein befremdliches, ja beinahe Grauen erregendes Ziel sein, aber zahllose Adepten haben bezeugt, dass höchste Glückseligkeit den erwartet, der es erreicht hat. Es ist nicht die Erfahrung einer Verengung, sondern die einer jähen und wundervollen Vergrößerung, denn der winzige «individuelle Geist» taucht unversehens in die beglückende Erkenntnis seiner Identität mit dem unendlichen göttlichen Geist ein.

Die chinesischen und tibetischen Meditationstechniken sind zu zahlreich, als dass ich sie hier alle aufführen könnte, doch werden sie von manchen chinesischen Meistern in zwei große Kategorien eingeteilt – *ting* («Konzentration auf einen Punkt») und *kuan* («reflexive Kontemplation»). Ich selbst würde es vorziehen, sie wie folgt in sechs Hauptgruppen einzuteilen:

1. Meditation vom Typ des Reinen Landes. Sie führt letztlich zu demselben Erfolg, gleichgültig, ob das Reine Land anfänglich im wörtlichen Sinne als ein Ort verstanden wird, eine Art Paradies, oder als der eigene Geist des Frommen, in jener gereinigten Form, die ihn von der Vorstellung befreit, der Geist sei «sein eigener».

2. Tantrische Meditation, bei der Eigenschaften des individuellen Geistes und die transzendenten Eigenschaften des göttlichen Geistes anfänglich in Gestalt von gütigen und strafenden Wesen gesehen werden, als besondere Technik zum Erlangen des direkten Bewusstseins von der wahren Natur des Geistes.

3. Reflexive Kontemplation: a) um Abscheu vor der Unzulänglichkeit des samsarischen Lebens zu erregen und so Leiden-
schaft und übertriebenes Verlangen auszuschalten; b) um sich
auf die Erfahrung der Leere vorzubereiten, indem man im
Geiste die Gegenstände nach und nach von allen Schichten
der Selbstheit befreit, bis man erkennt, dass nichts an ihnen ist,
was nicht vergänglich und abhängig wäre; und c) um die Barmherzigkeit zu vertiefen, indem man den Sorgen anderer, indivi-
duell und in der Masse, mit Mitleid, ihren Freuden mit einfüh-
lender Fröhlichkeit, ihren Stärken und Schwächen mit Liebe
und allen Lebewesen mit unvoreingenommenem Gleichmut
begegnet.

4. Den Geist beobachten, das heißt verfolgen, wie abschweifende
Gedanken auftauchen und verblassen, und sich dabei nicht an sie
hängen, sondern sie gleichmütig vorüberziehen lassen.

5. Das Erlangen des inhaltslosen Bewusstseins, das zu innerer
Ruhe führt, zum «Ruhen im Tao», wofür es mehrere Techniken
gibt, beispielsweise die Konzentration auf ein Mantra, auf das
Spiel des Atems an den Nüstern, auf die psychischen Zentren des
eigenen Körpers usw., oder der Versuch, die Ausrichtung auf
einen Punkt direkt zu erreichen.

6. Forschendes Eindringen in die Natur des «Selbst», manchmal
durch die Verwendung eines *hua-t'ou (koan)*, dessen grundlegende
Bedeutung in vielen Fällen «Wer bin ich wirklich?» ist, manchmal auch durch andere Mittel.

Bloße intellektuelle Erkenntnis ist nie das Ziel. Am Anfang muss
die bewusste Anstrengung stehen; dann aber beginnt etwas anderes (oder nichts) zu wirken, und die Meditation wird völlig
passiv. Eigenes Bemühen im Sinne von Anstrengung ist unbedingt zu meiden. Immer höhere Bewusstseinszustände werden
erreicht, von einer Art, wie man sie nach dem Studium einer
Liste der Methoden nicht einmal ahnen und wie man sie auch
nicht beschreiben kann, es sei denn indirekt durch Analogien.

Denn hier steht man unmittelbar vor dem Großen Wunder, von dem Laotse sprach.

Innerhalb des Ch'an (Zen) hat es anhaltende Diskussionen darüber gegeben, ob sich die Verwirklichung des «ursprünglichen Seins» plötzlich oder allmählich vollzieht. Offenbar ist beides richtig. Die Ausweitung und Vertiefung des Bewusstseins ist ein allmählicher Prozess, der nur selten entbehrlich ist, aber das Erlangen des vollen Bewusstseins, von wo an auch nicht der Schatten einer Sinnestäuschung mehr übrig ist, vollzieht sich blitzartig. Es ist, als hätte man bisher zugesehen, wie die Teile einer Glasmalerei des Universums sich zu immer neuen Kombinationen zusammenfügten wie in einem Kaleidoskop – und auf einmal rückt alles an seinen richtigen Platz, und das Universum wird intuitiv so erfahren, wie es wirklich ist.

Ein wichtiger Punkt, den fast alle Meditationslehrer hervorheben, ist der, dass die Meditation mit Andachtsübungen einhergehen sollte. Im Westen gibt es Leute, die in dem Bemühen, die Fesseln der herkömmlichen Religion abzustreifen, eine hohe Meinung von der Meditation bekommen haben, religiöse Riten jedoch als bloßen Firlefanz abtun, der nur für die Einfältigen tauge. Im Osten sind sich Mahayana- (einschließlich Zen) und Theravada-Buddhisten darin einig, dass es falsch und gefährlich ist, wenn man meditiert, es andererseits aber ablehnt, sich demütig vor dem Dreifachen Kleinod (dem Buddha, der Lehre und der Gemeinde) zu verneigen, Weihrauch zu verbrennen und ähnliche Andachtsübungen abzuhalten.

Einer meiner tibetischen Lehrer hat es so ausgedrückt: «Meditation zielt darauf ab, die Vorstellung vom ‹Ich› zu überwinden. Wenn der Meditierende sich nicht vor seinem Lama und dem Dreifachen Kleinod beugt, werden ihn Überlegungen wie die folgenden heimsuchen: ‹Ich habe diesen Fortschritt erzielt. Ich habe diesen oder jenen geistigen Zustand erreicht.› Im selben Augenblick, da ein solcher ungeschickter Gedanke in seinem Geist aufblitzt, wird all sein bisheriger Fortschritt zunichte gemacht; das ‹Ich› wird nicht ausgeschaltet, sondern frohlockt statt dessen über seine vermeintlichen Errungenschaften.»

Dies ist gewiss wahr, denn welches andere Ziel hätte die Meditation als die Erkenntnis der Identität mit dem, was größer ist als das Ich, also dem Tao, dem Buddha-Geist, der Gottheit, wie immer man es nennen will? Verehrung für das Tao und seine Manifestationen ist wesentlich. Man kann nur zwischen diesen beiden Möglichkeiten wählen: Entweder die Meditation wird mit Andachtsübungen kombiniert, so dass beide miteinander verschmelzen, eine Methode, die besonders von tibetischen Lehrern gepflegt wird; oder die Meditation wird zu einer bestimmten Tageszeit, die Andacht zu einer anderen vollzogen, aber beides *regelmäßig* und ohne Unterlass.

Ebenso ist es nicht möglich, unter gleichzeitigem Verzicht auf andere Arten spiritueller Übungen mit Erfolg Meditation zu treiben. Der Lernende muss sich von allen groben Hindernissen und Verstrickungen lösen und sich eine Disziplin auferlegen, so dass die «Ich»-Illusion schwindet. Die Reinigung besteht darin, dass man sich zu langen Schlafens, zu zahlreichen Essens, des Genusses von Betäubungsmitteln usw. enthält, während man seinen Geist nach und nach der sinnlichen Objekte entwöhnt. Außerdem muss ein lebhaftes Empfinden des Mitleids gepflegt werden, das keinen Unterschied zwischen dem «Selbst» und dem «Anderen» macht.

Es geht dabei nicht um Moral im herkömmlichen Sinne, denn der Feind, vor dem man auf der Hut sein muss, ist nicht die Sünde, nicht das Verstoßen gegen bestimmte Gebote, sondern alles, was dazu geeignet ist, dem Ichbewusstsein Auftrieb zu geben. Von dieser Warte aus wird es oft möglich sein, einen auf egozentrische Art lebenslustigen Menschen als sehr sympathischen Zeitgenossen zu betrachten, den man um seiner natürlichen Warmherzigkeit willen gern haben kann, anstatt ein böses Wesen in ihm zu sehen. Da jedoch Selbstbeherrschung das A und O erfolgreicher Meditation ist, wird für einen solchen Menschen noch so langes Meditieren ohne Abkehr von seiner Selbstsucht bestenfalls von geringem Nutzen und schlimmstenfalls völlig vergeblich sein.

Gewiss, es kommt einmal der Punkt, an dem alle Gegensätze Illusionen sind, aber solange der Meditierende auf der Ebene der relativen Wahrheit verharrt, sind Gut und Böse, Weise und Töricht durchaus real.

Zur Veranschaulichung dieser Zusammenhänge wird in China oft eine (wahrscheinlich apokryphe) Geschichte erzählt. Ein Abt, den seine halb entrüsteten, halb neidischen Mönche kritisierten, weil er sie wegen ihrer Zügellosigkeit zurechtgewiesen hatte, erwiderte nur: «Meine lieben Schüler, ich erteile euch allen die Erlaubnis, die Regeln dieser Gemeinschaft zu übertreten. Ihr könnt tun und lassen, was ihr wollt, wenn ihr, was hoffentlich der Fall ist, über das Reich der Gegensätze hinausgelangt seid. Bringt mir ein Pfund Nadeln!» Als die Nadeln gebracht wurden, verspeiste er sie mit sichtlichem Behagen und zog sich zurück. Als sich erwies, dass er keinen Schaden davongetragen hatte, bereuten es seine Schüler bitter, einen wahrhaft weisen Mann gerügt zu haben.

Für die Meditation braucht man einen ruhigen Ort, an dem man einigermaßen sicher sein kann, nicht gestört zu werden. Was die Körperhaltung angeht, so wird zwar gelehrt, dass Meditation im Gehen, Stehen, Sitzen oder Liegen ausgeübt werden kann, im Allgemeinen wird aber doch dem Lotossitz der Vorzug gegeben.

Falls einem das Sitzen mit gekreuzten Beinen und auf den Oberschenkeln ruhenden Füßen, die Sohlen aufwärts gerichtet, zu schwerfällt, ist für den Anfang auch eine Haltung erlaubt, die dem möglichst nahekommt. Außerdem sollte man sich ein Kissen unterlegen, auf das nach Möglichkeit noch ein kleineres gelegt werden sollte, und zwar so, dass das Gesäß leicht angehoben und damit der Druck auf die Beine verringert wird. Die Hände sollten mit den Handflächen nach oben im Schoß ruhen, eine auf der anderen, und die Daumenspitzen sollten sich berühren. Die Augen sollten fast, aber nicht ganz geschlossen, die Lippen leicht geöffnet und die Zunge an die Wurzel der oberen Zähne gelegt werden.

Nach den ersten Momenten, in denen man sich bequem zurechtsetzt, muss man sich absolut still halten und langsam, gleichmäßig und vor allem geräuschlos atmen. Mit etwas Übung kann man diese Haltung stundenlang beibehalten. Dem ersten meiner tibetischen Lehrer passierte es sogar einmal, dass er in Meditation verfiel, ehe er die frischen Weizenbrötchen aufgegessen hatte, die man ihm zum Frühstück gebracht hatte, und beim Auftauchen aus dem Samadhi feststellen musste, dass die Brötchen Schimmel angesetzt hatten. Ohne jedes Zeitgefühl hatte er mehrere Tage in Meditation verbracht. Für Anfänger werden jedoch kurze Perioden von höchstens einer halben Stunde empfohlen.

Haltungsunterschiede von einer Schule zur anderen beschränken sich meist auf Nebensächlichkeiten wie die Frage, welche Hand auf welcher ruhen soll, wie weit die Augen geöffnet werden sollen und welcher Wert dem Lotossitz beizumessen ist, im Unterschied zum halben Lotossitz, bei dem nur ein Bein auf dem anderen ruht, oder zum einfachen Schneidersitz.

Meine Lehrer, Taoisten wie Buddhisten, waren in der Frage der Haltung nicht sonderlich penibel; manche Lehrer (zumal in Japan) bestehen jedoch auf dem vollen Lotossitz, selbst wenn der Novize wochen- oder monatelang Schmerzen dabei hat. Der Grund dafür ist, dass man diese Haltung, wenn man sich erst einmal an sie gewöhnt hat, länger beibehalten kann als jede andere; überdies ist sie dem Kreislauf des *ch'i* (*prana*, «kosmische Vitalität») förderlich.

Die vielerlei Voraussetzungen für erfolgreiches Meditieren mögen auf den ersten Blick abschreckend wirken, doch sollte man nicht vergessen, dass das Ziel des Mystikers weit über jedem erdenklichen anderen Ziel steht. Der buddhistische Meditierende sehnt sich danach, für würdig befunden zu werden, die zahllosen Wesen zu retten, die, ewig zwischen Geburt und Tod kreisend, hilflos auf den Wogen des bitteren Lebensozeans umhergetrieben werden. Großen Mut muss derjenige besitzen, der sich selbst als eine winzig kleine, vergängliche und ständig sich wandelnde Wesenheit erkannt hat und dennoch den großen Sprung in die Leere wagt – in das ruhige, stille, glänzende, makellose, undifferenzierte Reich der Absoluten Realität!

In theistischen Begriffen ausgedrückt, nimmt ein solcher Mensch sich vor, bewusste Einheit mit der Gottheit zu erlangen. Er strebt danach, über den vertrauten Zustand der Relativität hinauszugehen und in das Wesen Gottes zu tauchen – kurz, nichts Geringeres als Gott zu *werden*!

Aus Gründen, die bereits angedeutet wurden, besitzt diese Form der Meditation für viele Menschen im Westen keine große Anziehungskraft. In China hingegen erkennen selbst die entschiedensten Anhänger der Ch'an-Praxis an, dass die Meditation des Reinen Landes nicht weniger wirksam ist als ihre eigene, obwohl sie vorwiegend Menschen mit einem anderen Temperament anspricht.

Es gibt vor allem in Japan Anhänger des Reinen Landes, die die Barmherzigkeit des Amitabha Buddha für so wirksam halten, dass alles andere bedeutungslos wird. Nach einer extremen Auffassung sind Reinheit des Handelns und Mitleid gegenüber anderen Wesen unnötig, da nichts, was ein in dieses dekadente Zeitalter hineingeborener Mensch tun kann, viel an seiner grundlegenden Unzulänglichkeit zu ändern vermag und Amitabhas Gelübde ohnehin in gleichem Maße für Gerechte wie Ungerechte gilt – eine antinomistische Auffassung, die auch in der Geschichte des Christentums ihre Parallelen hat.

Die traditionelle Lehre des Reinen Landes, wie sie in China verkündet wird, besagt jedoch, dass Reinheit und Mitleid unbedingt zu der wichtigsten Praxis hinzutreten müssen – der täglich viele tausend Mal mit größter Konzentration wiederholten Anrufung des Amitabha. Darüber hinaus glaubt man, dass die Rezitation noch wirksamer ist, wenn zusätzlich eine bestimmte Art der Meditation regelmäßig ausgeübt wird.

Die Meditation des Reinen Landes erfordert eine innere Vorstellung des Reinen Landes, wie es in den Sutras beschrieben ist, und des Amitabha in der glorreichen Gestalt des Amitayus, zusammen mit den ihn begleitenden Bodhisattvas, insbesondere der Kuan-yin. Die Verbildlichungen, die eines der bedeutenden Sutras vorschreibt, sind über die Maßen ausführlich. Wenn man die Anweisung wörtlich nimmt, muss man sich, um nur ein paar Beispiele zu nennen, ein Halo vorstellen, das die Größe von Billionen Universen hat, worin sich zehntausend Millionen *nayutas* (schon eine *nayuta* ist eine unvorstellbar große Menge) von Buddha-Formen und 84000 Persönlichkeitsmerkmale des Amitayus finden, von denen wiederum *jede* 84000 hervorragende Merkmale besitzt, deren jedes 84000 Lichtstrahlen aussendet!

Unter Verbildlichung versteht man eine so lebhafte Vergegenwärtigung einer Szene vor dem inneren Auge, dass man jede Einzelheit bis hin zum letzten farbenfrohen Detail wahrzunehmen meint. In der Praxis begnügt man sich jedoch mit viel einfacheren Verbildlichungen. Recht leicht gelingt es einem mit einiger Übung, sich Kuan-yin als liebreizende Gestalt vorzustellen, die in weiße Gewänder gekleidet ist und auf einem riesigen Lotos mit weit geöffneten rosa Blütenblättern steht. Man könnte dies für schieren Selbstbetrug halten, würden nicht offensichtlich sehr viele Gläubige auf diese Weise das Samadhi erlangen. Die Form, die man sich vergegenwärtigt, ist letzten Endes nur ein Symbol der inständig ersehnten Reinheit und Stille der Leere – der Höchsten Realität.

Wie C. G. Jung nachwies, ist ein Symbol weit mehr als ein bloßes willkürliches *Zeichen*. Vielmehr eignet ihm eine universale Natur von tiefer und bleibender Bedeutung. Da überdies der individuelle Geist und der Buddha-Geist, das heißt, der reine, undifferenzierte Geist, eins sind, sind natürlich auch die «Ich-Kraft» und die «Andere Kraft» ein und dasselbe, und man gelangt durch bildliche Mittel leichter zur Erfahrung ihrer Identität als durch begriffliche Mittel, weil man bei den ersteren nicht durch den Wunsch nach logischer Folgerichtigkeit behindert wird. Meditation geht über das begriffliche Denken hinaus.

Die einfachen Menschen, die das Reine Land zunächst als einen außerhalb ihrer selbst liegenden Ort betrachten, und die gebildeteren, die, wie Daisetz T. Suzuki, erkennen, dass «wir das Reine Land hier erfahren» und dass es in Wahrheit der unbehinderte göttliche Geist ist, bilden zwei Gruppen von Meditierenden, die in gleicher Weise zum Erfolg gelangen können. Es ist sogar so, dass geistig weniger Geschulte oft rascher ans Ziel kommen, weil sie nicht so viel intellektuellen Ballast mit sich herumtragen.

Ich erinnere mich, dass ich einmal diese Art der Meditation mit einer alten Chinesin erörterte, die sich mit zwei ebenfalls schon älteren Begleiterinnen in eine kleine Einsiedelei in den Bergen zurückgezogen hatte, um dort in frommer Beschaulichkeit ihren Lebensabend zu verbringen. Die Einsiedelei lag auf der Insel Lantao, Hongkong, an einem Pilgerpfad, der inzwischen zu einer Fahrstraße ausgebaut wurde. Auf ihr erreicht man mit dem Bus das Kloster Pao Lin, das damals noch ein angenehmer, ruhiger Ort war.

Dankbar ihren Tee des «Sechsfachen Glücks» trinkend, betrachtete ich eine Dreiergruppe vergoldeter Holzfiguren, Amitabha mit seinen Bodhisattvas, die auf einem Bord der Tür gegenüber standen. Tief beeindruckt von der Schönheit der Bildwerke, wagte ich es, ihr eine Frage zu stellen, woraufhin sie mit ruhiger Selbstsicherheit erklärte, sie sei gewiss, in einer auf einem Edelsteinsee schwimmenden Lotosknospe wiedergeboren zu werden, die sich sogleich öffnen und ihr den Blick freigeben werde auf das ringsumher sich ausbreitende Reine Land. Dann würden Amitabha oder seine geliebte Kuan-yin sie voller Barmherzigkeit in die Wahrheiten der Unbeständigkeit und Ichlosigkeit einführen, bis alles böse Karma aus ihrem bisherigen Leben in Weisheit aufgehen werde, so dass ihr von allen Fesseln befreiter Geist in den Frieden des Nirvana würde eintreten können.

Ihrer Ausdrucksweise entnahm ich, dass sie fest daran glaubte, dass sie wunderbare Bäume mit edelsteinbesetzten Früchten und Blättern schauen werde und auch liebreizende Seen und Pavillons, die hellere Strahlen aussenden würden als eine Myriade Sonnen und Monde. Die alte Dame hatte schon vor langer Zeit das Sutra auswendig gelernt, in dem all diese Wunder geschildert werden, und konnte es aus dem Gedächtnis aufsagen. Das war alles sehr rührend, aber da ich der Methode des Reinen Landes noch immer skeptisch gegenüberstand, brachte ich etwa mit folgenden Worten indirekt meine Zweifel zum Ausdruck: «Wie glücklich müssen Sie sein über die Gewissheit, im Reinen Land wiedergeboren zu werden. Sicherlich werden Sie von Buddhisten anderer Schulen beneidet, die alle möglichen Entbehrungen auf sich nehmen, nur in der Hoffnung, sich eine günstige Wiedergeburt zu sichern, jedoch noch innerhalb des bitteren Lebensozeans?»

Sie lächelte freundlich und antwortete: «Nun, ich nehme an, es gibt sehr viel Leute, die so reich sind an Gelehrsamkeit und Verdiensten, dass eine alte Frau wie ich im Vergleich zu ihnen eine recht armselige Figur macht, aber ich tue, was ich kann. Sie dürfen nicht meinen, dass die Wiedergeburt im Reinen Land einem in den Schoß fällt. Buddhas Barmherzigkeit, nicht unser eigenes Verdienst, zieht uns hinüber. Wie aber könnte uns diese Barmherzigkeit erreichen, wenn wir der Selbstsucht verfallen wären? Sie würde keinen Ansatzpunkt finden. Ich hoffe, ihrer teilhaftig zu werden, weil ich seit Jahren kein Fleisch mehr von bedauernswerten Wesen gegessen habe, die zu meinem Behagen getötet worden wären, noch Milch getrunken, die man den Kälbchen stiehlt, die sich daran gütlich tun sollten. Könnten wir uns nicht von schlechten Gedanken, grausamen Worten, Neid und ähnlichen Dingen lösen, so wäre unser Geist so umnebelt, dass wir außerstande wären, Reinheit auch nur zu erkennen. Nur durch Sanftmut und Großzügigkeit können wir jenen alten *mara* (‹Teufel›) bezwingen – das Selbst!»

Dies alles hatte sie in sehr schlichten und offenbar aufrichtigen Worten gesagt. Als ich die Einsiedelei verließ, hatte ich viel Stoff zum Nachdenken; besonders die Redewendung «keinen Ansatzpunkt finden» hatte mich beeindruckt. Ganz offensichtlich war ihre Version der Lehre vom Reinen Land keine mechanische Erlösungslehre. Sie glaubte vielleicht wirklich an die Existenz jener Edelsteinseen und -bäume, aber nicht weniger real erschien ihr die Notwendigkeit, sich in Selbstdisziplin und Mitleid zu üben, um ihrer einst ansichtig zu werden. Mir wurde klar, dass diese Tugenden sicherlich ihren Geist reinigen und dieselbe auf Ichlosigkeit gerichtete Wirkung ausüben mussten, wie wenn sie zu denen gehört hätte, die eine sehr viel subtilere Vorstellung vom Reinen Land haben.

Jahre nach dieser zufälligen Begegnung lernte ich in Peking einen Mönch kennen, der mir diese Zusammenhänge wie folgt erklärte: «Das Sutra, das die Schönheiten des Reinen Landes schildert, spricht in Metaphern. Jede seiner pittoresken Einzelheiten hat eine ganz bestimmte esoterische Bedeutung. Sie sind nicht einfach aus der Luft gegriffen wie etwa der Hintergrund eines Kindermärchens, sondern entsprechen dem, was im Geist des Meditierenden ist oder sein wird. Mein eigener Lehrer erklärte sie gerne eine nach der andern, aber er sagte, dass man diese Dinge eigentlich nicht zu wissen brauchte. Wenn die Meditation über Monate und Jahre hin fortgesetzt wird, offenbaren sie ganz von selbst ihre Bedeutung. Wenn man gleich am Anfang allzuviel zu erklären sucht, würden die Menschen aus lauter Angst vor den zu erwartenden Schwierigkeiten vor dem Meditieren zurückschrecken. Wie schade wäre dies aber und wie schuldig der verantwortliche Lehrer! Bei unserer Meditation des Reinen Landes ist das schlichte Gemüt des Meditierenden kein Hindernis; solange der Gläubige mit ganzem Herzen bei der Sache ist, wird der Erfolg stets derselbe sein, gleichgültig, wie einfältig seine ursprünglichen Vorstellungen waren.»

Die Lehre vom Reinen Land ist auch in Tibet unter denjenigen weit verbreitet, denen die tantrischen Pfade zu steil sind. Da aber in den Sutras unzählige Reine Länder erwähnt werden, sucht man sich oft andere Reiche als das des Amitabha aus, weil sie leichter zu erreichen sind oder schwerer zu erreichen, dafür aber lohnender dank einem kürzeren Weg zur vollen Erleuchtung.

Kürzlich berichtete mir eine Frau, sie habe zufällig gehört, wie ein Tibeter die folgende scherzhafte Bemerkung machte: «Also, ich würde mich nicht für Amitabhas Reines Land entscheiden. Dort muss es ja von Chinesen nur so wimmeln!» Das jenseitige Reich, das dem tibetischen Herzen am nächsten steht, ist Taras Potala, das sich aus der See erhebt, ein sicherer Zufluchtsort vor dem Sorgenmeer des Lebens. In Tibet wird Avalokiteshvara Bodhisattva (von den Chinesen mit Kuan-yin gleichgesetzt) stets in männlicher Gestalt dargestellt, während Tara eine weibliche Emanation ist, «geboren aus einer von Avalokitesvara vergossenen Träne».

Diejenigen, die instinktiv fühlen, dass die Eigenschaft göttlicher Barmherzigkeit am besten durch eine weibliche Gestalt personifiziert wird, werden deshalb natürlich Anhänger der Tara in einer ihrer einundzwanzig Erscheinungsformen. In der spezifisch tantrischen Meditation ist die Verbildlichung jedes Wesens als vom Meditierenden *getrennter* Gegenstand der Verehrung nur für Meditierende auf den untersten Stufen der Erkenntnis erlaubt. Auf den höheren Ebenen ist die verbildlichte Gestalt nicht statisch. Sie verschmilzt letztlich mit dem Meditierenden und beide werden als eins empfunden – im göttlichen Geist aufgegangener individueller Geist.

Ch'an (Zen)- und Mahamudra-Meditation

Ch'an begann mit einem Lächeln. Einmal hielt Shakyamuni Buddha schweigend eine Blume hoch, eine Geste, die nur einer seiner Schüler verstand, Mahakasyapa, der mit einem Lächeln andeutete, dass er begriffen hatte, dass «die Realität nicht sichtbar ist», sondern sich lautlos von Geist zu Geist überträgt. Später gab er diese Erkenntnis von der Geist-zu-Geist-Übertragung an eine lange Reihe von Patriarchen weiter, bis sie schließlich im sechsten Jahrhundert n.Chr. nach China gelangte. Dort wurde sie als «Lehre ohne Worte» vor allem von jenen geschätzt, die von taoistischen Lehren durchdrungen waren. Sie wurde über eine Reihe von sechs chinesischen Patriarchen weitergegeben, doch dann hörte die patriarchalische Überlieferung auf, und es entstanden mehrere verschiedene Ch'an-Strömungen, von denen einige auch nach Japan gelangten, wo heute mehrere Zen-Unterabteilungen florieren.

Obwohl Ch'an in der Lehre nie von der orthodoxen Mahayana-Philosophie abging, verdanken seine charakteristischen Methoden und seine kryptische Ausdrucksweise viel dem Taoismus, dessen Anhänger eine ähnliche Vorliebe für das Paradoxon zeigen. Wie die höheren Stufen des Vajrayana in Tibet ist Ch'an im Grunde genommen eine Lehre des Kurzen Pfades.

Obwohl es normalerweise als nahezu unmöglich gilt, innerhalb eines Menschenlebens die Erleuchtung zu erlangen, nehmen sich Ch'an und Vajrayana eben dies vor. Deshalb konzentriert sich das Ch'an, obwohl es Riten und anderen Andachtsübungen längst nicht so ablehnend gegenübersteht, wie zuweilen behauptet wurde, vor allem auf die Meditation – daher der Name, der sowohl im Chinesischen wie im Japanischen soviel wie *dhyana* («Meditation») bedeutet. Durch den Gebrauch von Paradoxen und Exzentrizitäten soll der Schüler schockartig dazu gebracht werden, das höchste Wesen als reinen Geist zu erleben – «plötzlich» in dem Sinne, dass zwar Jahre mit der Vorbereitung auf diese intuitive Erfahrung vergehen können, sie aber letztlich wie ein jäh aufblitzender Lichtstrahl über den Meditierenden kommt.

In Japan legt die Rinzai-Schule des Zen großen Wert auf eine Technik, die als *koan* (chinesisch *kung-an* oder *hua-t'ou*) bezeichnet wird. Ein Koan ist ein Rätsel, das keine logische Lösung hat und den Geist dazu treibt, das begriffliche Denken zu überschreiten. Es kann aus einem Satz bestehen, zum Beispiel: «Was für ein Geräusch gibt es, wenn man mit *einer* Hand klatscht?» oder die Form einer kleinen Geschichte wie der folgenden annehmen: «Jemand fragte: ‹Wenn der ganze Leib zerfällt, bleibt etwas ewig Geistiges übrig – was ist es?› Hierauf entgegnete der Meister: ‹Es ist heute morgen wieder windig›.»

Selbstverständlich gibt es keine *logische* Antwort auf die Frage nach der einen klatschenden Hand, besteht kein *logischer* Zusammenhang zwischen der zweiten Frage und der erteilten Antwort. Obwohl die meisten dieser Koans aus China stammen, werden vor allem in Japan Hunderte von ihnen systematisch angewandt, jeweils abgestimmt auf den Menschen, den Zeitpunkt und die Umstände.

In chinesischen Klöstern ist man der Ansicht, dass der Gebrauch einer Vielzahl verschiedener Koans und die Wertschätzung dieser Methode sich als weitere Hindernisse für die Erleuchtung erweisen können. Dort wurden nur zwei häufig angewandt, nämlich entweder: «Wer verehrt den Buddha?» will sagen: «Wer bin ich wirklich?», oder: «Was war mein Gesicht, bevor mein Vater und meine Mutter geboren wurden?», was im Wesentlichen dasselbe bedeutet. Solche Fragen kann man entweder ganz unvermittelt an einem Schüler richten, der antworten muss, ehe er Zeit zum Nachdenken findet, oder man kann in langen Stunden der Meditation Tag und Nacht über sie nachdenken. Manchmal arbeitet der Lehrer mit Schlägen, Schreien oder jähen unmotivierten Lachausbrüchen, um dem Schüler die Bedeutung klarzumachen und eine plötzliche Erleuchtung herbeizuführen.

Das verbreitete Interesse, das Ch'an (Zen) seit einiger Zeit im Westen findet, ist zum großen Teil auf die Anziehungskraft solcher unkonventionellen «Schocktherapien» sowie auf die scheinbare Bilderstürmerei der Sekte zurückzuführen. So rief beispielsweise der Meister Hui Hai (ohne die geringste Absicht, den Buddha herabzusetzen) einmal aus: «Der Weise sucht vom Geist, nicht vom Buddha; der Narr sucht vom Buddha, nicht vom Geist!»

Ein weiteres Beispiel ist die Anekdote, die einem Mönch Beifall zollt, der in einer kalten Winternacht eine hölzerne Buddhafigur zu Brennholz zerhackte. Koans und unbegreifliche Verhaltensweisen sind jedoch nicht unbedingt wesentliche Bestandteile des Ch'an. Manche Schulen verzichten ganz auf sie. Der Kern der Lehre ist, dass der Geist der Schlüssel zur Erleuchtung ist. Solange der Geist eines Menschen Selbsttäuschungen unterworfen ist, schmiedet er unausgesetzt immer neue Ketten des Karmas. Der Eine Geist, der auch als Buddha-Geist bezeichnet wird, ist ein im Ch'an (Zen) gebräuchliches Synonym für das Tao; in der Meditation muss man diesen Einen Geist erfassen und seine Identität mit dem, was meditiert, erkennen. Der Geist ist die Wurzel. Die Betrachtung unserer ursprünglichen Natur (des Einen Geistes) ist das Kernstück der Praxis. Meister Hui Hai hat es einmal so ausgedrückt:

F: Worauf sollte sich der Geist konzentrieren, um dabei zu verharren?

A: Er sollte sich auf das Nicht-Verharren konzentrieren und dabei verharren.

F: Was ist dieses Nicht-Verharren?

A: Es bedeutet, dass dem Geist nicht gestattet wird, bei irgendetwas zu verharren.

F: Und was bedeutet dies?

A: Bei nichts verharren bedeutet, dass der Geist nicht auf Gut oder Böse, Sein oder Nicht-Sein, Innen oder Außen oder einen Ort irgendwo in der Mitte zwischen beiden, auf Leere oder Nicht-Leere, Konzentration oder

Zerstreuung fixiert ist. Dieses bei nichts Verharren ist der Zustand, in dem der Geist verharren sollte. Von denen, die ihn erreicht haben, sagt man, sie hätten den nicht-verharrenden Geist – mit anderen Worten, sie haben den Buddha-Geist!

F: Wie ist der Geist beschaffen?

A: Der Geist hat keine Farbe, wie Grün oder Gelb, Rot oder Weiß; er ist nicht lang oder kurz; er verschwindet nicht oder taucht auf; er ist gleichermaßen frei von Reinheit wie Unreinheit; und seine Dauer ist ewig. Er ist äußerste Stille. Dies also ist die Form und Gestalt unseres ursprünglichen Geistes, der auch unser ursprünglicher Leib ist – der Buddha-Leib!

Ch'an-Meditation setzt die völlige Abkehr von allen dualistischen Begriffen voraus, so dass alle Gegensatzpaare als nichtig erkannt werden. Demnach darf sich nicht der Gedanke einschleichen: «Jetzt verstehe *ich*, dass alle Gegensätze nichtig sind, und deshalb habe *ich* mich von ihnen gelöst», denn «ich» und «sich lösen» sind ja Gegensätze von «ein anderer» und «dabei bleiben». Der Geist muss wie ein großer Spiegel gebraucht werden, der die fortlaufend wechselnde Szene, die sich vor ihm abspielt, völlig unbeteiligt reflektiert.

Wiewohl nicht blind für Gut und Böse, darf man für keines von beiden Liebe oder Abneigung empfinden. Der Geist muss unbeeinflusst bleiben vom Entstehen und Vergehen oder Umweltformen, so dass er leer und bewegungslos bleibt, sich mit den Erfordernissen des Augenblicks befasst, nur um sich gleich wieder von ihnen zu lösen – das ist es, was man als «niemals vom Buddha getrennt sein» bezeichnet. Es ist auch sehr nahe am Wu-wei der Taoisten. Dieses Ergebnis wird manchmal leichter erzielt, wenn ein Koan angewandt wird, aber das Koan darf auf keinen Fall die direkte Wahrnehmung behindern, was zuweilen vorkommt.

In den meisten chinesischen Klöstern, die ich besuchte, gab es eine Gebetshalle, in der sich die Mönche zweimal täglich zu den Andachtsübungen versammelten, und daneben eine Meditationshalle, die dem kontemplativen Teil der Klostergemeinschaft als Wohnraum diente. Bei dieser Meditationshalle handelte es sich meist um einen quadratischen Raum mit einem achteckigen Schrein (dem Manjusri Bodhisattva, der Verkörperung der

Buddha-Weisheit, geweiht) in der Mitte und einer sehr breiten erhöhten Plattform, die sich an allen vier Wänden entlangzog, jedoch reichlich Platz rings um den Schrein frei ließ.

Bei Nacht schliefen die kontemplativen Mönche Seite an Seite auf dieser Plattform; bei Tage wurde das Bettzeug zusammengerollt und durch quadratische Kissen ersetzt, auf denen die Mönche während der Meditationszeiten mit dem Rücken zur Wand im Lotossitz saßen. Im typischen Fall begann eine Meditationszeit mit zehn Minuten Stillsitzen, in denen es darauf ankam, ziellos schweifende Gedanken zu verbannen und den Geist still werden zu lassen. Dann auf einmal *Bok!* Auf diesen Ton der Holzfisch-Trommel hin erhoben sich alle und wandelten um den Schrein, zum Rhythmus dieses *Bok-Bok-Bok*, dessen Tempo sich nach und nach steigerte, bis sie mit rituell eingezogenen Schultern dahinhasteten, ohne jedoch vollends in Laufschritt zu verfallen. B-o-k! Schlagartig blieben alle stehen. *Bok-Bok* war das Signal dafür, dass jeder zum nächstliegenden Meditationskissen eilen musste. Die Mönche nahmen wieder den Lotossitz ein und warteten auf ein einmaliges Klingen vom Silberglöckchen des Präzeptors, und damit begann der intensive Teil der Meditation, es sei denn, der Präzeptor richtete vorher noch ein paar Worte der Unterweisung an die jüngeren Mönche.

Danach aber herrschte ungebrochene Stille, und die Meditation dauerte so lange, wie ein langsam brennendes Räucherstäbchen brauchte, um zu verglimmen. Dabei gingen zwei Mönche mit hölzernen Breitschwertern, die beschönigend als «Duftbretter» bezeichnet wurden, im Raum umher und schlugen damit diejenigen auf die Schultern, die einschliefen oder ins Dösen gerieten, und zwar entweder schmerzlos mit der flachen Seite der Klinge, oder, im Wiederholungsfalle, lautlos und schmerzhaft mit der Kante. Wenn der Weihrauch verbrannt war, wurde das Umschreiten des Schreines wiederholt, und dann folgte eine weitere Meditationsrunde.

Dieser Wechsel konnte sich noch mehrmals wiederholen, und zu bestimmten Jahreszeiten konnte die ganze Prozedur täglich etwa zwanzig Stunden dauern. Die Mahlzeiten wurden dabei den Mönchen an ihren Sitzplätzen gereicht, und keiner durfte die Halle verlassen, außer während kurzer Pausen zum Urinieren. Dies also war der äußere Ablauf der gemeinschaftlichen Meditation im Ch'an-Stil. Was aber ist über ihren Inhalt zu sagen?

Der Inhalt ist viel schwerer zu beschreiben. Wenn das *hua-t'ou*, «Wer verehrt den Buddha?», verwendet wurde, wäre natürlich die bloße Wiederholung sinnlos gewesen, ebenso aber jeder Versuch, das Problem auf logische Weise zu lösen. Oder besser gesagt, ein Anfänger wandte wahrscheinlich auf den unteren Stufen die logische Deduktion an und versuchte, sich nach und nach von den möglichen Begleiterscheinungen des scheinbaren «Ich» zu lösen – nicht der Körper noch irgendeiner seiner Teile, nicht das Gedächtnis, nicht das Gefühl, nicht die Persönlichkeit und so weiter. «Nicht dies, nicht das, nicht jenes – was denn nun also? Bewusstsein? Aber wer hat dieses Bewusstsein? Ja, *wer* ist denn das, der da bewusst ist? Eine Sackgasse!»

Gleichgültig, wie schal das Thema, wie erschöpft Geist und Körper waren, wurde die unermüdliche Suche fortgesetzt. Schließlich dann, wenn alle logischen Möglichkeiten ausgeschaltet waren, trat ein Wandel ein. Der Geist hörte auf, das Rätsel mit logischen Mitteln anzugehen, und die Intuition erwachte. Bis zu diesem Punkt war es, als hätte man ein anderes Wesen, das in einem selbst wohnte, mit Fragen überschüttet, die man immer und immer aufs neue wiederholte – tausendmal, zehntausendmal – wie um den Kerl zur Verzweiflung zu bringen, ihn so weit zu treiben, dass er sich schließlich zu erkennen gab.

Mit dem ersten Aufglimmen von Intuition machten dann Ermüdungserscheinungen, Frustration und Langeweile einem angenehmen, aufregenden, ja schließlich sogar zutiefst beglückenden Gefühl Platz. Der Geist, der sich endlich von den Begriffen gelöst hatte, war dann in eine andere Dimension, auf eine andere Ebene des Bewußtseins gelangt. Und wie ging es dann weiter?

Jenseits dieses Punktes liegt das Reich des Unbeschreibbaren. Das Dunkel weicht vor der heraufdämmernden direkten Wahrnehmung der Leere. Begriffe wie «ich» und «das andere» haben ihren Sinn verloren. Man erfühlt eine ungeheure, ungeborene, unendliche Einheit, zuerst vielleicht nur schattenhaft oder mit Unterbrechungen und dann klarer und heller oder aber gleich in strahlender Helligkeit – eine reine Leere, schöner als all die leuchtenden Formen und Farben dieser Welt!

Ich glaube, was die japanischen Zen-Meister *satori* nennen (die Chinesen gehen mit der Entsprechung *chieh-wu* sparsamer um), muss alles umfassen, von einer geringfügigen, plötzlichen Verschiebung des Bewusstseins bis hin zur sogenannten höchsten, unübertroffenen Erleuchtung am Ende einer fortschreitend sich steigernden Reihe von Satoris. Wenn dies zutrifft, dann darf die Erfahrung der ersten Satoris, so tief sie einen auch beeindrucken mag, auf keinen Fall mit dieser höchsten Erfahrung gleichgesetzt werden.

Die chinesischen Meister scheinen im Großen und Ganzen weniger der Ansicht zuzuneigen, dass eine ganze Reihe *plötzlicher* Sprünge stattfindet. Es trifft jedoch auch nach ihrer Meinung zu, dass der Adept auf einer relativ frühen Stufe zumindest eine begrenzte intuitive Erfahrung der Leere aller scheinbaren Wesenheiten, einschließlich des sogenannten «Selbst», erleben kann. Wenn er fortan von Leere, Ichlosigkeit und so weiter spricht, meint er etwas, was er auf einer höheren Ebene des Bewusstseins als der des logischen und begrifflichen Denkens erfahren hat, obwohl er vielleicht immer noch unermesslich weit von der höchsten, unübertroffenen Erleuchtung eines Buddhas entfernt ist!

Wann genau die Anschauungsweise sich von dem trennt, was bislang verstandesmäßig erfasst wurde, und in rein intuitive Erfahrung übergeht, ist schwer zu sagen. Man könnte sich vorstellen, dass der Betreffende schon lange vor dem Eintritt in der reinen Intuition einen geringeren Grad von Satori erlangt hat, vor allem wenn er schon Berichte darüber gelesen hat, wie die Entwicklung verläuft. Man sollte deshalb nicht leichtfertig von sich behaupten, man habe Satori erfahren, und auch solchen Beteuerungen bei anderen mit Skepsis begegnen. Selbst ein Adept, der nur in einem sehr begrenzten Ausmaß der Erleuchtung teilhaftig geworden ist, ganz zu schweigen von wahrhaft Erleuchteten Wesen – Buddhas –, ist sich bewusst, wie nichtig und unangemessen es ist, darüber zu sprechen. Und wenn jemand von sich behauptet, er habe «die Erleuchtung erlangt», ist die Tatsache, dass er dies behauptet, das sicherste Zeichen dafür, dass er eben nicht erleuchtet ist!

In den letzten Jahren ist ungeheuer viel über die sogenannte «wortlose Lehre» und ihre Praxis geschrieben worden. Dagegen ist zunächst nichts einzuwenden, denn wäre nicht so viel darüber geschrieben worden, hätte die Welt nie von der Existenz dieser Lehre erfahren. Dennoch glaube ich, dass man viel mehr Gewinn daraus ziehen kann, wenn man immer wieder Übersetzungen der Texte echter Ch'an (Zen)-Meister sowie natürlich der wunderbaren Diamant- und Herz-Sutras liest, als aus der Lektüre von Büchern, die über dieses schwierige Thema geschrieben wurden oder in seinem Umkreis entstanden. Da ein erleuchteter Meister keine Möglichkeit hat, auch nur den zehnten Teil seiner *eigenen* direkten Erfahrung in Worten zu beschreiben, wie wenig Brauchbares können dann erst andere darüber sagen!

Die folgende Anekdote über Bodhidharma ist des Nachdenkens wert: «Also sprach Bodhidharma zu Hui K'e (seinem Nachfolger als Ch'an-Patriarch): ‹Bringe mir deinen Geist und lasse mich ihn befrieden.› Darauf erwiderte Hui K'e: ‹Ich kann ihn nicht finden.› Da verkündete Bodhidharma: ‹Ich habe jetzt deinen Geist befriedet.›» (Ein Geist, der im Nirgendwo der Großen Leere ruht, ist sich natürlich seiner selbst nicht bewusst und deshalb nirgends zu finden. Wie könnte man sonst von ihm sagen, er befände sich im Leeren?)

Unter den mannigfachen Praktiken, die von tibetischen Lamas für die verschiedenen Stufen gelehrt werden, ist auch eine mit dem Namen Mahamudra, die dem Ch'an sehr nahe kommt. Zwar werden keine Koans verwendet, aber es sind ja auch in China und Japan nur einige Lehrer, die so großen Wert auf die Koan-Technik legen. Wenn der tibetische Schüler gelernt hat, seine Konzentration auf einen Punkt zu richten, um seine ziellos schweifenden Gedanken zu bannen, wird ihm die Aufgabe gestellt, seinen ursprünglichen Geist zu suchen. Das geschieht, indem er beim Ch'an von rationalen zu intuitiven Prozessen fortschreitet. So gelangt er zur Wahrnehmung der Leere und bleibt unbeteiligt an dem, was um ihn vorgeht, obwohl er sich dessen noch bewusst ist.

Ganze Passagen in *The Tibetan Yoga of Knowing the Mind* («Der tibetische Yoga zur Erkenntnis des Geistes»), einem der tiefsinnigen Werke, die Evans-Wentz herausgegeben hat, lesen sich genau wie die Schriften von Ch'an-Meistern, bis auf ihren Stil, der feierlicher ist. Diese Feierlichkeit wird oft durch die mündliche Unterweisung der Lamas ausgeglichen, die meist humorvoll und voller Paradoxe ist. Das eben erwähnte Werk – es gibt viele seiner Art – beginnt mit einer Huldigung an den Einen Geist, der die Gesamtheit von Samsara und Nirvana umfasst, und setzt dann diesen Einen Geist mit dem Buddha-Wesen gleich, dem «All-Grund», einem Synonym für Shunyata, die Leere. Man findet darin auf Schritt und Tritt Aussprüche im Ch'an-Stil, wie etwa: «Die Erkenntnis des Einen Geistes ist die All-Erlösung.» Man könnte dies als direkten chinesischen Einfluss auf den tibetischen Autor dieses Yoga-Buches deuten. Es gibt jedoch im Bereich der Mystik eine große Zahl solcher Entsprechungen, die nicht unbedingt auf wechselseitige Beeinflussung zurückzuführen sind, sondern darauf, dass verschiedene Mystiker auf ihrer Suche nach intuitiver Erkenntnis ähnliche Erfahrungen machen.

Eine weitere und hiervon abweichende tibetische Methode wird in dem Abschnitt über die tantrische Meditation beschrieben, der dieses Kapitel beschließt.

T'ien-t'ai-Meditation

T'ien-t'ai-Schüler sind bei allem Wert, den sie auf das Lernen legen, um sich ein gründliches intellektuelles Verständnis der tiefsinnigen Prinzipien des Dharma anzueignen, sehr entschiedene Anhänger der Meditation, und ihr System wird oft als das am weitesten fortgeschrittene aller chinesischen Systeme betrachtet, oder doch zumindest als das gründlichste. Sie haben sich nie für die Gelehrsamkeit als Selbstzweck ausgesprochen, sondern in ihr immer nur eine wertvolle Meditationshilfe gesehen. Da ich nie einen T'ien-t'ai-Lehrer kennengelernt habe, bot sich mir leider nie die Gelegenheit, dieses System aus erster Hand zu studieren.

Aber ich habe über die berühmte *Chih-kuan*-Methode einiges gehört und gelesen.

Chih bedeutet soviel wie «innehalten», also das Beenden des ziellosen Schweifens des Geistes und das darauf folgende Überschreiten des begrifflichen Denkens. *Kuan* bedeutet Bewusstsein, Reflexion, Beobachtung, Selbsterforschung. Es wird gelehrt, dass diejenigen, die für sich allein Chih pflegen, sich in der Glückseligkeit des Samadhi verlieren und keine weiteren Fortschritte mehr machen, während Kuan alleine zu Weisheit führt, aber nicht weiter, weshalb man abwechselnd beides betreiben muss. Chih wird durch Methoden vollzogen, die etwa im Zählen der Atemzüge, der Konzentration auf das Spiel der ein- und ausgeatmeten Luft an den Nüstern oder der Konzentration auf einen fixen Punkt wie die Nasenspitze bestehen. Kuan besteht darin, dass der Geist sich nach innen kehrt, über die Leere des «Selbst» und anderer Wesenheiten nachdenkt, sich in die Reinheit der undifferenzierten Leere mit dem Ziel versenkt, intuitive Erfahrung von Dingen zu erlangen, von denen man bereits eine gewisse verstandesmäßige Erkenntnis hat. Es wird eine eingehende Unterweisung über die Mittel und Wege zur Wahrnehmung der leeren Natur der verschiedenen Aspekte der Formenwelt gegeben.

Wann und wie oft man von Chih zu Kuan übergehen sollte und umgekehrt, hängt von den Bedürfnissen des Meditierenden, seinen Neigungen, seiner geistigen Verfassung und ähnlichen Umständen ab. Der Anfänger, der einmal erlebt hat, dass Chih ihm ein beglückendes Gefühl verschafft, könnte geneigt sein, möglichst lange in diesem Zustand zu verharren. Wenn sein Geist von Natur aus träge ist, wird ihm Chih leichter fallen als Kuan. Deshalb muss er sich besonders intensiv mit dem letzteren befassen.

Der Intellektuelle wird vor Chih vielleicht Scheu empfinden oder es verachten, weil er fälschlich davon ausgeht, dass es sich als eine Art fruchtloser Trancezustand erweisen wird, der die Schärfe des Geistes abstumpft. Hingegen wird es ihm vielleicht Spaß machen, die Phänomene, die seinen Geist gefangen nehmen, analytisch zu untersuchen. Ein solcher Mensch muss lernen, dass intuitive Weisheit sich nur entfalten kann, wenn der Geist still ist. Bei einiger Übung wird er herausfinden, wie er in der Weise zwischen den beiden Zuständen abwechseln muss, damit er echte Fortschritte macht.

Die Anweisungen für die T'ien-t'ai-Meditation sind oft so eingehend und subtil, dass sie abschreckend wirken. Auch die Bedingungen, die erfüllt werden müssen, sind außerordentlich streng: absoluter Verzicht auf jede weltliche Beschäftigung, zurückgezogenes Leben in einer Höhle oder einer abgelegenen Einsiedelei, sehr strenge Kontrolle von Essen und Schlaf. Geist und Körper müssen gereinigt werden, wobei der Adept seine Unzulänglichkeit als beschämend empfindet und entschlossen ist, sie zu überwinden.

Ich weiß nicht, ob es in Tibet ein Gegenstück zur T'ien-t'ai-Schule gibt, aber ihre strengen Regeln erinnern an die Lebensweise tibetischer Kargyupas, von denen der Dichter Milarepa wahrscheinlich im Westen am bekanntesten ist. Kargyupas sind dafür bekannt, dass sie viele Jahre in fast ununterbrochener Meditation verbringen, vorzugsweise in Berghöhlen, sowie überhaupt für ihre spartanische Lebensweise. Es ist keine Seltenheit, dass sie drei Jahre, sieben Jahre oder sogar ihr ganzes Leben in strikter Abgeschiedenheit hausen, wobei sie mit denen, die ihnen das Essen bringen, kein Wort wechseln, und sich aufs Kärglichste ernähren, beispielsweise von Brennnesseln. Dennoch sind sie, wie der Biografie Milarepas und auch seinen Gedichten zu entnehmen ist, keineswegs Frömmler, sondern fröhliche Menschen, die manchmal einen schalkhaften Humor besitzen.

Da nun aber die T'ien-t'ai- und die Kargyupa-Anhänger ein so karges Leben führen und nichts ihnen ferner liegt als Frivolität, woher nehmen sie dann ihre Fröhlichkeit, wenn nicht aus den Erlebnissen und Wahrnehmungen während ihrer Meditation? Ich fühle mich manchmal abgestoßen von Berichten über das Leben von Männern, die in anderen Teilen der Welt für heilig erachtet werden. Allzu viele von ihnen waren strenge, ja harte Männer, wortkarg und von mürrischer, hochfahrender Gemütsart.

Bei chinesischen oder tibetischen Heiligen habe ich nie diese

Eigenschaften gefunden, ganz gleich, wie viele Jahre sie in Abgeschiedenheit verbracht oder sich kasteit hatten. Diejenigen, die
auf dem Pfad schon weit fortgeschritten sind, zeichnen sich
durch sanfte Fröhlichkeit und lächelnde Duldsamkeit aus, eine
Ausstrahlung, die einem sogleich die Gewissheit gibt, dass sie
eine unerschöpfliche Quelle der Freude in sich selbst entdeckt
haben.

Tantrische Meditation

Da die chinesische Esoterische Schule (Mi Tsung) schon vor
Jahrhunderten unterging, nahm ihren Platz im chinesischen
Buddhismus die Vajrayana- (tantrische) Schule ein, deren Lehren
lange Zeit von tibetischen und mongolischen Lamas in vielen
Teilen Chinas verbreitet wurden. Jeder, der in die Methoden dieses Systems des Kurzen Pfades eingeweiht wird, muss geloben,
sie nur unter ganz bestimmten Bedingungen an andere weiterzu-
geben.

Die eine Methode, die ich jetzt kurz umreißen möchte, ist jedoch bereits in mehreren englischsprachigen Werken dargestellt
worden – wenn auch leider oft in verzerrter Form. Wenn meine
Darstellung etwas dürftig anmutet, oder wenn es den Anschein
hat, dass die Methode selbst zu nahe an magischen Praktiken an-
gesiedelt ist, um ernsthaft in Erwägung gezogen zu werden, so
liegt das daran, dass sie unserem gewohnten Denken so fremd ist,
dass man einer befriedigenden Darstellung ganze Kapitel einfüh-
renden Materials voranstellen müsste. Vielleicht tragen die Ausführungen im nächsten Kapitel dazu bei, diese Dinge etwas zu
erhellen.

Grundlage der tantrischen Methode ist, dass man mit Verbildlichungen eines geeigneten Wesens anfängt. Körper, Sprache und
Geist des Adepten müssen sodann mit Körper, Sprache und Geist
dessen, was verbildlicht wird, vereinigt werden. Dann werden
Adept und Objekt verschmolzen und schließlich «verbannt», so
dass nichts übrig bleibt als reiner, in Stille verharrender Geist. Das
verbildlichte Wesen kann ein Bodhisattva sein, eine Verkörpe-

rung irgendeiner Buddha-Eigenschaft, wie man sie in allen Mahayana-Sekten kennt, oder aber eine Verkörperung einer der eigenen Kräfte des Adepten, mit deren Hilfe er versucht, seine Selbsttäuschungen, Leidenschaften und übertriebenen Begierden zu bezwingen. Das erwählte Objekt kann man sich in anmutiger, ruhiger Gestalt oder aber in einer erschreckend wilden und bösartigen Gestalt vorstellen, wenn der Zweck darin besteht, Zorn, Lust und ähnliche Regungen mit denselben Kräften zu bekämpfen, die sie erwecken.

Man beginnt mit Andachtsriten, indem man zuerst den Lehrer, dann den Buddha, *dharma* («die Lehre») und *sangha* («die Heilige Gemeinschaft») grüßt und Weihrauch, Blumen, Kerzen, reines Wasser und andere symbolische Gegenstände opfert. Als Nächstes kommen gewisse einleitende Reflexionen, die darauf abzielen, Reue über vergangenes «ungeschicktes» Betragen, Mitleid mit den zahllosen noch in Selbsttäuschung befangenen Wesen, Dankbarkeit gegenüber den Lehrern des Dharma und einen großen Durst nach rascher Erlösung zu wecken.

All diese Übungen werden für geeignet erachtet, den Geist in einen für die Hauptübung günstigen Zustand zu versetzen. Das Objekt der Meditation, ob es nun in angenehmer oder zorniger Gestalt verbildlicht wird, muss möglichst in allen Einzelheiten vor dem inneren Auge erscheinen – Farbe, Kleider, Schmuck, Haltung, Gestik und ähnliche Attribute haben allesamt eine tiefe symbolische Bedeutung.

Anfangs wird das verbildlichte Wesen als bloßes Abbild, wie ein Bild oder eine Statue, betrachtet. Während jedoch die Kontemplation weiter fortschreitet, vereinigen sich die Kräfte des Meditierenden – Körper, Geist und Sprache – mit der «Anderen Kraft», wie sie auf der Ebene relativer Wahrheit genannt wird. Die mit dem inneren Auge geschaute Gestalt wird jetzt mit geistigen, sprachlichen und körperlichen Merkmalen ausgestattet. Wenn die Verbildlichung sich auf Avalokiteshvara (die männliche Entsprechung der chinesischen Kuan-yin) konzentriert, *wird* die geschaute Gestalt jetzt dieser Bodhisattva, der vorläufig noch vom Meditierenden getrennt bleibt. Damit ist das erste Stadium vollendet, in dessen Verlauf der Adept, wenn er geschickt ist, Avalokiteshvara so deutlich sieht wie die Gegenstände auf seinem Altar oder die Wände und die Decke des Raumes.

Die zweite Stufe beginnt mit der Vorstellung, dass im Herzen von Avalokiteshvara eine Reihe von *dharani* oder glänzenden Silben um eine zentrale «Keimsilbe» rotiert, die den Kern des Wesens dieses Bodhisattvas repräsentiert. Während die Silben sich drehen, nimmt der Adept sie deutlich wahr und ahmt ihren Klang nach, vielleicht 108- oder 1080- oder 10800-mal.

Auf der dritten Stufe wird der Bodhisattva, eine Gestalt nicht größer als die Spitze eines menschlichen Daumens, wahrgenommen, wie er von oben in den Kopf des Adepten eintritt und in seinem Herzen zur Ruhe kommt, woraufhin der Adept spürt, wie er immer kleiner wird, bis er und der Bodhisattva völlig kongruent, vollkommen vereint, in keinem Sinne mehr getrennt sind.

Nach dieser Vereinigung mit Avalokiteshvara, der Verkörperung der Buddha-Barmherzigkeit, spürt der Meditierende jetzt die Kraft in sich, Ströme der Barmherzigkeit, die mit tatsächlicher wohltätiger Kraft ausgestattet sind, auf die Lebewesen auszusenden. Als Nächstes fühlt der Adept (der zugleich der Bodhisattva ist), wie er sich auflöst, indem seine äußeren Teile sich zur Mitte seines Seins hin zusammenziehen, bis nur noch das Herz übrig ist. Das Herz geht in dem Ring kreisender Silben in seinem Innern auf, die Silben in der Keimsilbe, die sie umgeben, der größte Teil dieser Silbe in ihrem Scheitel, der Scheitel in einem Punkt, der Punkt in der unendlichen Leere, und damit ist das tiefe Samadhi erreicht.

Wer an weniger vielschichtige Arten der Meditation gewöhnt ist, dem wird diese außerordentlich wirksame Methode vielleicht übertrieben kompliziert vorkommen, und er wird Zweifel darüber empfinden, ob die verbildlichte Gestalt tatsächlich vom Körper, von der Sprache und vom Geist des Bodhisattva erfüllt ist (und dann ihrerseits den Adepten erfüllen kann). Die Methode ist tatsächlich sehr kompliziert, und das Verschmelzen der «Ich-Kraft» mit der «Anderen Kraft» ist natürlich nicht beweisbar, doch besteht nicht der geringste Zweifel, dass diese Praxis als Mittel zum Erlangen des Samadhi wirklich *funktioniert*! Sie eignet sich gewiss nicht für alle Typen von Meditierenden und kann sich als besonders ungeeignet für diejenigen erweisen, die noch Behinderungen überwinden müssen. Zu diesen gehört hochentwickeltes logisches Denken oder die Unfähigkeit zu erkennen, dass Vorstellung und sogenannte Realität dem Wesen nach nicht verschieden sind, da beide aus dem Geist geboren sind.

Andererseits haben manche, die mit nur geringem Erfolg jahrelang weniger esoterische Methoden gepflegt haben, diese tantrische Art der Meditation als wunderbar wirksam erlebt. Alles hängt von den Anschauungen, der Persönlichkeit und dem Erkenntnisvermögen des Meditierenden ab.

Der Yoga des Mitgefühls,
der Reinigung und des Heilens

Um diesen wichtigen Yoga, der von allen Methoden, die ich persönlich kenne, am schnellsten zum Erfolg führt, zu praktizieren, muss man drei Voraussetzungen erfüllen:

1. Man muss imstande sein, ohne Rückhalt zu akzeptieren, dass im allumfassenden GEIST und deshalb latent in jedem individuellen Geist die transformierende Kraft, die man *bodhi* nennt, existiert, deren zwei Bestandteile Buddha-gleiche Weisheit und Mitgefühl sind. Mystiker vieler Glaubensrichtungen haben auf intuitivem Wege zum Wissen um ihre Existenz gefunden. Christliche Mystiker halten die Energie des Mitgefühls, die dem Bodhi entstammt, für die Liebe Gottes; Sufis und Hindus haben eine ähnliche Vorstellung davon. Die Buddhisten nennen sie *maha-karuna* (großes Mitgefühl) und betrachten sie in ihrer ursprünglichen Form als das dynamische Prinzip von Bodhi und deshalb als grundlegend wichtig für die Zerstörung der illusionären Barrieren zwischen dem individuellen Geist und dem Einen Geist. Ob man die Natur und Funktionsweise von Karuna richtig verstanden hat oder nicht – sein segensreiches Wirken ist eine Sache direkter Erfahrung, die niemand mehr in Frage stellt, der ein gutes Maß an intuitiver Weisheit erreicht hat.

2. Man muss auch – ohne sich allzu viel um Erklärungen zu kümmern, die auf jeden Fall immer verschieden ausfallen werden – imstande sein, die Wirksamkeit der Mahayana-Praxis zu akzeptieren, in der man für yogische Zwecke die Maha-karuna-Energie in einer oder mehreren traditionellen halb-anthropomorphen Formen verkörpert sieht, die unseren menschlichen Vorstellungsgewohnheiten entgegenkommen. Dabei ist man sich natürlich im klaren darüber, dass die Formen selbst geistige Kon-

strukte sind und dass zum Beispiel Pferde, wenn sie fähig wären, sich eine derartige Vorstellung zu machen, Maha-karuna in die Form eines Pferdes kleiden würden. Die Frage, in welchem Ausmaß solche Verkörperungen Wesen sind, die unabhängig oder nicht unabhängig vom Geist derjenigen existieren, die sie beschwören, ist eine Sache der Spekulation, die keinen Einfluss auf eine erfolgreiche Praxis des Yoga hat.

3. Wer sich dieser bestimmten Yoga-Methode bedient, sei es zu seinem eigenen Nutzen oder zum Wohl anderer, muss selbst ein mitfühlender Mensch sein oder wenigstens sich darum bemühen, fürderhin allen fühlenden Wesen zu helfen, so weit es in seinen Kräften liegt, und gewissenhaft vermeiden, ihnen willentlich zu schaden, nicht einmal in Gedanken, und noch viel weniger in Taten.

Techniken des Yoga des Mitgefühls und Anwendungen

Von Anfang an sollte der Adept stets ein offenes Auge für die Leiden um sich herum haben. Wann immer er einen Menschen oder ein Tier in Not sieht, sollte er still und unauffällig die Anrufung «Ehre sei dem Bodhisattva des Großen Mitleids Avalokiteshvara» (oder *«Na-mo Ta-pei Kuan-Shih-Yin P'u-sa»*) oder auch das Mantra OM MANI PADME HUM rezitieren und dies mit einer kurzen Visualisation des Bodhisattva und dem tiefen Wunsch nach dem Wohlergehen des Leidenden begleiten. Eine Folgeerscheinung davon wird sein, dass die Offenheit des Adepten für das Leiden um ihn herum als beständige Anregung zur Erzeugung von *bodhicitta* («mitleidvoller Herz-Geist») wirkt, welches Voraussetzung zum Erlangen der Erleuchtung ist. Eine unmittelbare Folge wird sein, dass die Kraft der Anrufung oder des Mantra – eine Kraft, die mit der Häufigkeit des Gebrauchs im Laufe der Jahre zunimmt – eine tatsächliche Besserung des Zustands beim Leidenden hervorruft, von einem vorübergehenden Gefühl der Erleichterung und des Wohlbefindens bis zur Verringerung oder Beseitigung der Leidensursache, je nach der Schwere des Karma dessen, der leidet.

Manches Leiden, das wir in der Vergangenheit vielleicht kaum den Rand unseres Bewusstseins berühren ließen, wird uns so bewusst: ein Blinder oder ein Krüppel auf der Straße, ein räudiger Hund, ein Autofahrer, der mit einem Motorschaden festsitzt, das Opfer eines Verkehrsunfalls auf der anderen Straßenseite, ein unglückliches oder verängstigtes Kind, ein Baby, das in der Nacht weint und um das sich niemand zu kümmern scheint, ein Vogel mit einem gebrochenen Flügel oder ein Mensch, der hässlich behandelt oder beschimpft wird.

Es ist oft nicht möglich, in das Karma eines anderen mit yogischen Mitteln so weit einzugreifen, dass etwa der Blinde sehend wird oder der Lahme wieder laufen kann. Trotzdem ist es erstaunlich, wie oft es zu deutlichen Erfolgen kommt, wie zum Beispiel, wenn das geängstigte Kind, das nicht weiß, was da jemand für es getan hat, plötzlich lächelt, oder wenn das Weinen des Babys auf einmal aufhört.

Mit zunehmender Praxis kommen die Anrufung oder das Mantra in Augenblicken der Not spontan auf die Lippen des Adepten, ob er wacht oder schläft. Mit ihrer Hilfe bringt er sein Auto, das ins Schleudern gekommen ist, weil er einem Lastwagen ausweichen musste, noch rechtzeitig unter Kontrolle, bevor irgendjemandem etwas geschieht; oder ein fürchterlicher Alptraum nimmt sofort einen anderen Verlauf, und der Schrecken verschwindet augenblicklich. (In meinem Buch *Die Macht des heiligen Lautes* habe ich beschrieben, wie der höllische «Trip», auf den ich bei meiner ersten und einzigen Erfahrung mit einer psychedelischen Droge geriet, durch eine einmalige Rezitation meines Yidam-Mantra blitzartig in eine fröhliche und Weisheit vermittelnde Erfahrung verwandelt wurde.) Menschen, die schon lange mit dieser Übung vertraut sind, können buchstäblich Hunderte von Beispielen berichten, wie körperliche und psychische Gefahren durch die Beschwörung der Kraft von Maha-karuna überwunden wurde.

Dieselbe Technik kann mit großem Erfolg dazu verwendet werden, geängstigte oder von Trauer übermannte Menschen und Tiere zu trösten und zu beruhigen, die man gut genug kennt, um sie in die Arme zu nehmen oder einen anderen körperlichen

Kontakt zu schaffen. In diesem Fall wiederholt man die Anrufung oder das Mantra so lange wie möglich mit besänftigender Stimme und visualisiert dabei den Bodhisattva als schöne weibliche Gestalt, die in ihrer rechten Hand ein Gefäß mit dem «süßen Tau» der Weisheit und des Mitleids hält und ein paar Tropfen davon auf den Kopf des Leidenden fallen lässt.

Wenn man den Leidenden, sobald er sich einigermaßen gefasst hat, dazu veranlassen kann, an der Anrufung teilzunehmen, so ist das um so besser. Ein bejahrter mongolischer Lama machte es möglich, dass ich mich innerhalb weniger Stunden von einem Krankheitsanfall erholte, der mich während einer langen Reise das Bewusstsein verlieren und von meinem Maultier hatte fallen lassen, indem er einfach an meinem Bett saß und beruhigend das Mantra OM MANI PADME HUM rezitirte, bis ich in Schlaf fiel.

Eine kunstvolle Technik, bei der die Rezitation der Anrufung oder des Mantras mit einer detaillierten Visualisation des Bodhisattvas verbunden wird, kann man verwenden, um Angstzustände, Hysterie und sogar schwere körperliche und geistige Erkrankungen bei sich selbst und bei anderen zu heilen. Verschiedene Arten, sie zu gebrauchen, sind im folgenden Kapitel beschrieben.

Ein yogisches Ritual

Wer zu einem wirklich leistungsfähigen Instrument der Mitleids-Energie des Bodhisattva werden will, sollte folgendes Ritual nicht weniger als einmal täglich ausführen und es nur dann abkürzen, wenn es gar nicht anders geht. Es wurde von mehreren komplizierten Ritualen abgeleitet, die in der chinesischen monastischen Tradition überliefert wurden, und wird mit einer unbedingt notwendigen Visualisationsübung verbunden, die wahrscheinlich von den Lehren der Mi-Tsung- oder Esoterischen Schule in ihrer Blütezeit vor mehr als tausend Jahren abstammt. Obwohl diese Visualisierungspraxis tantrischen Charakter hat, wurde sie durch Nicht-Initiierte überliefert und ist deshalb für jedermann zugänglich. Das gesamte Ritual kann von einem einzelnen oder von einer Gruppe vollzogen werden, wobei die Pronomina «ich» oder «wir» entsprechend eingesetzt werden.

1. Man verbeugt sich tief vor einer Abbildung des Buddha und/oder Bodhisattva und steckt drei, fünf, sieben oder neun Räucherstäbchen aufrecht in ein mit Asche gefülltes Weihrauchgefäß, wobei man zeremoniell beide Hände benützt, um sie eins nach dem anderen in die Asche zu stecken. (Dies kann auch der Gruppenleiter tun, während die anderen zuschauen.) Die Handlung wird von folgender Rezitation begleitet:

Wir werfen uns nieder
Und opfern Weihrauch
Als Dharma-Opfergabe.
Mögen diese Wolken von duftendem Rauch
Das Universum durchdringen
Und jedes Buddha-Land
In der Form von zahllosen
Kostbaren Opfergaben!
(Dem folgen drei Niederwerfungen)

2. Die Zufluchtnahme zum Erleuchteten, der Heiligen Lehre und der Gemeinschaft der Heiligen wird folgendermaßen vollzogen:

Wir nehmen Zuflucht zum Buddha
(eine Niederwerfung)
Wir nehmen Zuflucht zum Dharma
(eine Niederwerfung)
Wir nehmen Zuflucht zum Sangha
(eine Niederwerfung)

3. Folgende Anrufung wird stehend und begleitet von der Visualisation des Bodhisattva in seiner tausendäugigen, tausendarmigen Form rezitiert:

Ehre sei dem Bodhisattva des Großen Mitleids Kuan Yin
oder
Na-mo Ta-pei Kuan-Shih-Yin P'u-sa
(Drei, sieben, einundzwanzig oder hundertacht Mal wiederholen, gefolgt von drei Niederwerfungen.)

4. In Meditations-Haltung sitzend und den Bodhisattva wie zuvor visualisierend, rezitiere:

Es steht geschrieben, dass der Bodhisattva in der Gegenwart des Buddha diese Gelübde ablegte:
«Von der Welt Verehrter, sollte irgendein Wesen das heilige Dharani des Großen Mitleids rezitieren und ihm treu sein und dennoch in einen der drei schlechten Zustände der Existenz fallen, so gelobe ich, nicht in die Hohe Erleuchtung einzugehen.
Sollte irgendein Wesen das heilige Dharani des Großen Mitleids rezitieren und ihm treu sein und dennoch nicht in irgendeinem Buddha-Land geboren werden, so gelobe ich, nicht in die Hohe Erleuchtung einzugehen.
Sollte irgendein Wesen das heilige Dharani des Großen Mitleids rezitieren und ihm treu sein und dennoch nicht Beredsamkeit erlangen, die dem unbegrenzten Samadhi entspringt, so gelobe ich, nicht in die Hohe Erleuchtung einzugehen.
Sollte irgendein Wesen das heilige Dharani des Großen Mitleids rezitieren und ihm treu sein und dennoch nicht in diesem Leben die Früchte all dessen, was es wünscht, erhalten, dann kann es das Dharani des Herzens des Großen Mitleids nicht (wirklich richtig rezitiert und ihm die Treue gehalten) haben. Es sollte sein falsches Tun und seine Unaufrichtigkeit fallen lassen.»

Rezitiere jetzt das *dharani* (benütze den folgenden Sanskrit-Text; der Strich über einem Vokal weist darauf hin, dass dieser lang ausgesprochen wird).

Namo ratna-trayāya namah ārya avalokiteshvarāya bodhisattvāya mahasattvāya mahākarunikāya oṃ sabalavati shudhanatasya namaskṛivanimaṃ ārya avalokiteshvara lamtabha namo nīlakantha shrīmahapatashami sarvatodhushuphem ashiyum sarvasada nama bhaga

mabhatetu tadyathā oṃ āvaloki lokate kalati eshili mahābodhisattva
sabho sabho mara mara mashi ridhayuṃ guru guru gamam turu turu
bhashiyati mahā bhashiyati dhara dhara dhirini shvaraya jala jala
mama bhamara mudhili edhyehi shina shina alashim bhalashari bhasha
bhashim bharashaya hulu hulu pra hulu hulu shrī sara sara siri siri suru
suru budhi budhi budhaya budhaya maitriye nīlakantha trisharana
bhayamaṇa svāhā sitaya svāhā mahā sitaya svāhā sitayaye shvaraya
svāhā nīlakaṇṭhi svāhā pranila svāhā shri sidha mukhaya svāhā sarva
mahā astaya svāhā cakra astaya svāhā padma keshaya svāhā nīlakaṇṭhe
paṇṭalaya svāhā mobholishaṇkaraye svāhā namo ratnatrayāya namah
ārya avalokita īshvaraya svāhā oṃ sidhyantu mantra pataya svāhā
(Drei, sieben, einundzwanzig, einhundertacht oder eintau-
sendundachtzig Mal wiederholen, je nach Umständen.)

Rezitiere nun:

Als der Avolokita Bodhisattva die erste Rezitation dieses Dharani in der
Gegenwart des Buddha beendet hatte, wurde die große Erde sechsmal er-
schüttert; juwelenbesetzte Blüten regneten vom Himmel; die Buddhas
der zehn Bereiche des Universums waren hoch erfreut, und böse Wesen
erschauerten.

Bedenke im stillen, dass dieses Dharani zu rezitieren und ihm
treu zu sein auch dazu führt, deinen Herz-Geist mit folgenden
Eigenschaften zu erfüllen: umfassendes Mitgefühl, Gleichmut,
Freiheit von Verunreinigungen und Abhängigkeiten, die Fähigkeit der Kontemplation über die Leere, Ehrfurcht, Bescheidenheit, die Abwesenheit von Verwirrung und der Neigung, an
dualistischen Anschauungen festzuhalten, und eine Fülle von
makellosem Bodhi.

Weitere Früchte sind das Vermeiden jeder Form eines vor-
zeitigen Todes und die Fähigkeit, eine Wiedergeburt unter Bedingungen zu erlangen, die eine weise und sittlich hochstehende
Lebensführung ermöglichen und den Weg zur Erleuchtung be-
günstigen. Um jedoch all dies in seiner ganzen Fülle zu erreichen, muss man zuerst das Bodhisattva-Gelübde abgelegt haben,
alle fühlenden Wesen zu erlösen, und allezeit die Gebote gegen

das Töten, Stehlen, unangemessenes sexuelles Verhalten, Lügen und Berauschung einhalten.

Wiederhole nun im stillen folgende Worte:

Ich und alle fühlenden Wesen waren von anfangloser Zeit an mit vielen Arten von Aktivitäten befasst, die schlechtes Karma erzeugen und die Erleuchtung verhindern. Ohne um die Buddhas und um den Weg zur Befreiung zu wissen, sind wir durch wiederholte Geburten und Tode gewandert und hatten keinerlei Kenntnis von den wundervollen Lehren des Shakyamuni Buddha. In der Gegenwart des Bodhisattva des Mitleids und der Buddhas der zehn Bereiche des Universums gebe ich (oder wir) im Namen aller fühlenden Wesen meiner Reue über alle diese Fehler Ausdruck und habe nur den Wunsch, ihnen beizustehen, auf dass sie die Hindernisse auf dem Weg zur Erleuchtung überwinden mögen.

5. Immer noch sitzend rezitiere ich das folgende Herz-Sutra *dreimal* langsam und mit klarer Einsicht in seine esoterische Lehre. Alle gewöhnlichen Lehren des Buddha sind hier im Licht der intuitiven Erkenntnis des leeren Wesens der Existenz transzendiert. Die fünf *skandhas* oder Komponenten der scheinbaren Persönlichkeit eines Individuums werden als leer erklärt, wie auch die sechs Sinnesorgane (einschließlich des Verstandes), die sechs Formen der sinnlichen Wahrnehmung und die sechs Arten des Bewusstseins, die daraus erwachsen. Es werden selbst so fundamentale Lehren negiert wie: die zwölffache Kette des bedingten Entstehens, die von uranfänglicher Unwissenheit über das Werden und so weiter bis zu Verfall, Tod und Wiedergeburt führt. Ebenso negiert werden die Vier Edlen Wahrheiten (dass die Existenz nicht trennbar ist von Leiden/Frustration, dass die Ursache von Leiden/Frustration das unmäßige Verlangen ist, dass das Heilmittel das Schwinden des unmäßigen Verlangens/ Ablehnens ist, und dass dies dann erfolgt, wenn man den Edlen Achtfachen Pfad beschreitet, der acht richtige innere Haltungen und äußere Verhaltensweisen des Körpers und des Geistes verlangt) und das Erlangen des Nirvana durch die Übung der Weisheit.

Alle diese Lehren, die zwar auf der Ebene der relativen Wahrheit unserer Erfahrung absolut gültig sind, erweisen sich als nicht mehr zweckdienlich, sobald die Leerheit der Wirklichkeit vollkommen erkannt und die Begrifflichkeit transzendiert ist. Der Hinweis am Ende des Sutra auf die Rezitation des Mantra der Höchsten Weisheit bedeutet nicht, dass man es nur rezitieren, sondern dass man es *leben* soll, indem man die Leerheit aller Vorstellungen, Besonderheiten und Geschöpfe ohne Ausnahme wahrnimmt. Die esoterischen Lehren des Buddha sollten jedoch gewiss nicht beiseite gelegt werden, bevor die intuitive Erfahrung der Leerheit zur kristallklaren unerschütterlichen Wahrnehmung der reinen, unbegrenzten, strahlenden Leere geführt hat. Die zu rezitierenden Worte sind folgende:

Ehre sei dem Sutra des Herzens der Höchsten Weisheit! Avalokiteshvara Bodhisattva erkannte während der tiefen Übung der höchsten Weisheit, dass alle die fünf Aggregate leer sind, und gelangte dadurch über alle Arten des Leidens hinaus. O Sariputra, die Form unterscheidet sich nicht von der Leere, noch die Leere von der Form. Form IST Leere; Leere IST Form. Dasselbe gilt für Gefühle, Wahrnehmungen, Konditionierungen und Bewusstsein. Sariputra, alle diese sind durch Leerheit gekennzeichnet; weder kommen sie ins Sein, noch hören sie auf zu sein, weder sind sie unrein noch rein, weder nehmen sie zu, noch nehmen sie ab. Deshalb gibt es in der Leere keine Form, keine Gefühle, keine Wahrnehmung, keine Konditionierung oder Bewusstsein, keine Augen, Ohren, Nase, Zunge, Körper oder Geist; keine Form, keinen Klang, keinen Geruch, keinen Geschmack, keine Berührung, keinen Gedanken; noch irgendetwas anderes vom Seh-Bewusstsein bis zum Denk-Bewusstsein. Es gibt weder Unwissenheit noch Erlöschen der Unwissenheit noch irgendein anderes (der zwölf Glieder der Kette bedingten Entstehens) bis zu Verfall und Tod. Es gibt kein Leiden, keine Ursache, kein Heilmittel, keinen Pfad (dafür). Es gibt keine Weisheit, kein Erlangen. Weil es nichts gibt, das man erlangen könnte, sind die Bodhisattvas, die sich an diese höchste Weisheit halten, frei von Behinderungen des Geistes. Da sie diese Behinderungen nicht haben, haben sie keine Furcht, sind frei von aller Beunruhigung und Verblendung und erlangen schließlich das Nirvana. Weil sie sich auf diese höchste Weisheit stützen, erreichen alle Buddhas

der Gegenwart und der Zukunft die Vollkommene Erleuchtung, wie sie sie in der Vergangenheit erreichten. Deshalb wissen wir, dass die höchste Weisheit ein großes und heiliges Mantra ist, ein großes Mantra des Wissens, ein unübertroffenes Mantra, dem nichts gleichkommt. Es kann jegliches Leiden wahrhaftig und unfehlbar beenden. Deshalb rezitiere dieses Mantra der Höchsten Weisheit so: «Gaté, gaté, pāragaté, pārasamgaté, bodhi, svāhā!» (Gegangen, gegangen, hinübergegangen, ganz hinübergegangen! Erleuchtung! Svāhā!)
Ehre sei dem Sutra des Herzens der Höchsten Weisheit.

6. Immer noch sitzend, lässt man die Visualisation des Bodhisattva in seiner tausendäugigen und tausendarmigen Form im Bewusstsein verblassen, um der folgenden Visualisation Raum zu geben. Das, was als nächstes kommt, ist der wichtigste Teil des yogischen Rituals. Versuche, reine Leere zu visualisieren – Nichts, Leerheit. Dann wird diese Leerheit vom Bild eines Ozeans ersetzt, der von einem knapp über dem Horizont stehenden Vollmond beleuchtet wird. Das Meer ist silbrig mit kleinen, weiß gekrönten Wellen, der Himmel blauschwarz, der weiße Mond hell, aber nicht blendend.

Du schaust lange den Mond an und fühlst dich zunehmend ruhig und glücklich. Dann zieht sich der Mond zusammen und wird dabei immer heller, bis er einer Perle gleicht, die so hell ist, dass man sie kaum ansehen kann. Nach einiger Zeit dehnt sich die Perle aus, bis sie keine Perle mehr ist, sondern ein Strahlenkranz, in dessen Mitte eine wunderschöne Frau steht, in glänzendes Weiß gehüllt und mit den Füßen auf einem Lotos stehend, der auf den Wellen schwimmt.

Jede Einzelheit ist deutlich sichtbar, da ihr Gesicht und ihre Gestalt von dem strahlenden Glorienschein beleuchtet wird; selbst ihre Gewänder strahlen Licht aus. Du hast nicht länger das Gefühl, dass zwischen dir und dem Bodhisattva Kuan Yin das breite Band des Meeres liegt. Auf geheimnisvolle Weise ist sie in deine nächste Nähe gerückt. Ihr Lächeln und ihr gesamter Ausdruck offenbaren die Freude, die sie in der Gesellschaft jener empfindet, die sie angerufen haben, um die Macht des Mitgefühls heranzuziehen.

Wenn du sehr ruhig bleibst, nur immer und immer wieder ihren Namen flüsterst und keinen Versuch unternimmst, sie zum Bleiben zu drängen, wird sie vielleicht nach ihrem eigenen Belieben für eine, wie es dir erscheint, lange, lange Zeit bleiben. Dann wird sich ihre ganze Gestalt zur Größe eines Staubkörnchens zusammenziehen und schließlich zusammen mit Himmel und Meer verschwinden. Alles, was dann bleibt, ist herrlicher, strahlender Raum, der sich nach allen Seiten ohne Ende erstreckt. Diese Vision von Raum wird lange bestehen bleiben, wenn du einen so selbstvergessenen Zustand erlangt hast, als wärest du mit ihm in Subjekt-Objekt-loser Einheit vereint. An diesem Punkt sollte es keinen Gedanken wie «ich schaue den Raum» geben – da ist nur Raum, kein Ich.

7. Abschluß des Rituals. Rezitiere stehend die Formel:

> *Ehre sei dem Bodhisattva des Großen Mitleids Kuan Yin*
> oder
> *Na-mo Ta-pei Kuan-Shih-Yin P'u-sa*
> (dreimal, jedesmal in Verbindung mit einer Niederwerfung)
> *Wir nehmen unsere Zuflucht zum Buddha*
> (eine Niederwerfung)
> *Wir nehmen Zuflucht zum Dharma*
> (eine Niederwerfung)
> *Wir nehmen Zuflucht zum Sangha*
> (eine Niederwerfung)
> (Ende des Rituals)

Eine vereinfachte Variante dieses Rituals verläuft so, dass man die Teile 4. und 6. durch die ständige Rezitation der Formel von 3. ersetzt. Diese rhythmische Rezitation kann zu einem erweiterten Bewusstseinszustand führen; aber man nimmt im allgemeinen an, dass die häufige Wiederholung des *Dharani* des Großen Mitleids ein machtvolleres und wirksameres Mittel ist, um *Mahakaruna* zu entwickeln und Hindernisse zu überwinden, als die einfache Anrufung.

Eine andere und ganz hervorragende Variante besteht darin,

die dreifache Rezitation des Herz-Sutra (5.) durch eine einfache oder dreifache Rezitation des Gedichts aus dem Lotos-Sutra, das am Ende von Teil III zu finden ist, zu ersetzen. Dies ist besonders dann geeignet, wenn das ganze Ritual zu dem Zweck vollzogen wird, Gefahr oder Unglück abzuwenden.

Eine Geschichte

Geschichten von wunderbaren Reaktionen auf die Rezitation des Dharani des Großen Mitleids sind in den Ländern Ost-Asiens sehr verbreitet. Die folgende Geschichte ist ein typisches Beispiel.

1933, als in der Nähe von Shanghai heftige Kämpfe zwischen Chinesen und Japanern ausbrachen, wurden etliche Vorstädte mit einem schweren Bombardement belegt, dem ein furchtbares Feuer folgte. Vier Frauen in mittleren Jahren, die nicht rechtzeitig erkannt hatten, dass sich eine solche Entwicklung der Dinge anbahnte, trafen sich eines Nachmittags im oberen Geschoss eines kleinen zweistöckigen Hauses, in dem sie bis spät in die Nacht Mah-jong zu spielen pflegten. Sie waren weltlich gesinnte Damen, die an wenig anderes als an ihr eigenes Vergnügen dachten. Als um sie herum die Bomben zu fallen begannen und aus den benachbarten Gebäuden Flammen schlugen, waren sie außer sich vor Entsetzen, da es keine Möglichkeit zu geben schien, einem furchtbaren Tod zu entrinnen. Die einzige Person, die sich außerdem noch im Haus befand, war eine alte *amah* («Dienstmagd»), welche die Besitzerin des Hauses ihren Freundinnen gegenüber gerne als «nicht besser als eine Schwachsinnige» zu bezeichnen pflegte.

Als die ersten Bomben fielen, kam dieses dünne, armselige, grauhaarige alte Geschöpf hereingeeilt, um zur Hand zu sein, falls ihre Herrin sie benötigen sollte, aber sie beteiligte sich nicht am Gejammer der Damen. Wenn die anderen sie auch nur im Geringsten beachtet hätten, wären sie vor ihrer gelassenen Ruhe beschämt gewesen.

«Alter Vater Himmel», kreischte die eleganteste der Besucherinnen und vergaß völlig ihre würdevolle Zurückhaltung, auf die sie bisher so stolz gewesen war.

«Das kommt davon, wenn man leichtfertig und ohne Ehrfurcht vor den Göttern lebt und sich nicht die Mühe gemacht hat, böswillige Dämonen zu beschwichtigen. Jetzt werden wir lebendig gebraten, und wer weiß, wie lange das Sterben dauern wird?»

«O weh, o weh!», jammerte eine andere. «Sagen Sie sowas nicht! Mein Hirn hat schon angefangen zu schmoren. Mein Schädel scheint …»

«Genug!», stöhnte die dritte. «Haben Sie kein Erbarmen? Sehen Sie unsere arme Gastgeberin an! Sie haben ihr ihre beiden Seelen aus dem Leib gejagt mit Ihrem unverantwortlichen Gerede.»

Dies schien nicht ganz aus der Luft gegriffen, denn die umfangreiche Frau Chen war mit geisterblassem Gesicht nach vorn gesunken und hatte ihr Kinn in so heftigen Kontakt mit der marmornen Tischplatte gebracht, dass einige der Mah-jong-Steine auf den Boden gerollt waren. Ein kleiner Blutstrom, der von ihren Lippen rann, ließ darauf schließen, dass sie im Augenblick ihrer Ohnmacht auf ihre Zunge gebissen hatte.

Das gequälte Geschnatter der anderen hielt unvermindert noch einige Zeit an, begleitet vom Krachen des Mauerwerks, als in der Nachbarschaft Haus um Haus zusammenbrach. Plötzlich wurden sie eine nach der anderen still und starrten erstaunt die «Schwachsinnige» vom Lande an, die sie stets mit achtloser Geringschätzung behandelt hatten. Unbemerkt war diese auf die Knie gesunken; ihr Gesichtsausdruck war voller Seelenruhe, und ein Lächeln lag auf ihren Lippen, während sie in erstaunlich kraftvollen Tönen, deren sie ein solch bescheidenes Geschöpf, das sich immer im Hintergrund hielt, nicht für fähig gehalten hätten, sehr langsam die Worte eines uralten Dharani des Großen Mitleids intonierte: «… SU FU LA YÄ, DSO LA DSO LA, MO MO FA MO LA …»

Nur eine der anwesenden Damen hatte mehr als eine vage Vorstellung, was diese seltsamen, unchinesisch klingenden Silben bedeuten mochten; stolz darauf, ganz und gar modern zu sein, hatten sie – außer in früher Kindheit – nie irgendetwas dieser

Art gehört, oder hatten, wenn sie bei Beerdigungen die Mönche Mantras rezitieren hörten, dem nicht die geringste Beachtung geschenkt. Jetzt jedoch begannen sie, außerordentlich beeindruckt von etwas Unbenennbarem, die unvertrauten Silben mitzusprechen.

Nach einiger Zeit hatte sich sogar Frau Chen so weit erholt, um mit zitternder Stimme ihren Teil beizusteuern. Ohne dass sie es bemerkten, hatte das Bombardement aufgehört, nur das Knattern des Feuers, das Donnern der zusammenbrechenden Gebäude und die Schreie der Verletzten und Sterbenden war noch zu hören, und von Zeit zu Zeit drang dichter schwarzer Rauch durch die Fenster herein, deren Glas schon längst herausgefallen war.

Wunderbarerweise hatte sich eine außerordentliche Ruhe in dem Zimmer ausgebreitet. Die Frauen rezitierten mit so leiser Stimme, dass man sie für Buchhalter in einer Bank halten konnte, die ihre Zahlenreihen zusammenrechneten. Immer und immer wieder wurde das *Mantra* von den fünf Menschen wiederholt, die vollkommen die gespenstischen Flammen um sie herum und den Gestank verbrannten Fleisches, der sich mit anderen Gerüchen der entsetzlichen Zerstörung vermischte, vergessen hatten. Allmählich legte sich all der Schrecken, aber immer noch fuhren die Stimmen eifrig fort: «... POO YÄ MO NO, SO PO HO, SHI TO YÄ ...»

Nach etlichen Stunden fiel eine nach der anderen aus reiner Erschöpfung in Schweigen, doch ließen sie mehr Frieden mit sich selbst erkennen als bei irgendeiner früheren Gelegenheit. Sie bemerkten jetzt, dass über dem Bild der Vernichtung um sie herum die Sonne aufgegangen war. Die drei Damen, die in anderen Stadtteilen lebten, verbeugten sich vor der alten Amah noch tiefer als vor ihrer Gastgeberin, Frau Chen, und machten sich auf den Weg durch die rauchenden Ruinen, betend, dass ihr eigenes Stadtviertel noch stehen möge. Links, rechts, vor ihnen und hinter ihnen erstreckte sich eine endlose Wüste der Zerstörung; kaum ein Gebäude stand noch, und keines von diesen wenigen war völlig unbeschädigt geblieben, mit Ausnahme des Hauses, in dem sie diese angsterfüllte Nacht verbracht hatten und das vom Vertrauen einer «Schwachsinnigen» auf die rettende

Kraft des Bodhisattva des Großen Mitleids Kuan Yin beschützt worden war!

Die Pointe dieser Geschichte ist *nicht* die, dass das Dharani des Großen Mitleids ein Zauberspruch ist, der jeden beschützt, der es inmitten entsetzlichster Gefahren rezitiert, obwohl es manchmal tatsächlich den Anschein haben kann, als wirke es in dieser Weise, wenn einer oder mehrere von denen, die es rezitieren, etwas besitzen – vielleicht sogar ohne ihr eigenes Wissen –, das man als «gute Wurzeln» bezeichnet.

Es ist wahrscheinlich, dass die angeblich schwachsinnige Dienerin eine einfache Person mit sehr rechtschaffenem Charakter war, die das Mantra durch häufige Wiederholung, das strikte Einhalten der Gebote und den aufrichtigen Wunsch, allen fühlenden Wesen zu dienen, gemeistert hatte. In diesem Fall bildete das mitleidsvolle Herz der bescheidenen (und möglicherweise nicht sonderlich intelligenten) alten Frau ein bewundernswertes Instrument, durch welches Maha-karuna unbeeinträchtigt durch irgendein Hindernis frei fließen konnte.

Um die Techniken, die im Folgenden beschrieben werden, richtig zu verstehen, sollte man sich mit den gerade ausgeführten Gedanken gut vertraut gemacht haben.

Selbstreinigung

Der geistige Zustand, den man mit dieser Übung erreichen kann, geht über den des Christen hinaus, der sich im Beichtstuhl spirituell gereinigt hat, oder des Patienten, der auf der Couch des Analytikers zur geistigen Ganzheit zurückgekehrt ist; sie vertreibt jede Art psychischer Belastung ohne die Hilfe eines Priesters, eines Arztes oder einer äußeren Gottheit. Ich habe diese vereinfachte Form einer traditionellen Technik teilweise auf die überaus wirksame Methode der Selbstreinigung (mit Hilfe des Vajrasattva-Rituals) gestützt, wie sie von tibetischen Lamas verwendet wird, und teilweise auf eine aus China stammende Visualisation des Bodhisattva Kuan Yin.

Da die erstere eine Initiation erfordert, bevor man die Unterweisung bekommen kann, musste ich eine analoge Methode entwerfen, die für diejenigen geeignet ist, denen es zur Zeit nicht möglich ist, eine Initiation zu erhalten. Solch eine Verbindung von Elementen, die teils aus tibetischen und teils aus chinesischen Quellen kommen, steht in völliger Übereinstimmung mit der chinesischen Tradition.

Seit dem Verschwinden der Mi-Tsung- oder Esoterischen Schule des Buddhismus in China vor tausend Jahren haben individuelle chinesische Lehrer häufige Anleihen bei tibetischen und mongolischen Lamas gemacht, um die Lücke zu füllen, die durch das Abreißen der Mi-Tsung-Linie entstanden ist. Die Chinesen rufen gewöhnlich Kuan Yin, den Bodhisattva des Mitleids an, um *alle* Arten von Übeln zu bessern oder zu heilen; zudem ist der Kern des hier präsentierten Rituals – die Visualisation der Kuan Yin, die aus dem Mond heraustritt, der auf einen grenzenlosen Ozean herabscheint – zweifellos ein Überrest aus der chinesischen Mi-Tsung-Praxis. Die Form, in der wir es gebrauchen, enthält keine Neuerungen, außer dass diese Visualisation *zum Zweck der Selbstreinigung* in einer Weise angewendet wird, die an das tibetische Vajrasattva-Ritual erinnert. Mein Wagnis, in diesem Zusammenhang einen – wenn auch noch so kleinen – Gebrauch von einer tantrischen Technik zu machen, die nur für Initiierte vorgesehen ist, wird, meine ich, verzeihlich sein, da mein Lehrer, Dodrup Chen Rinpoche so gütig war, mir die Vollmacht zu geben, selbst zu entscheiden, wieviel ich in meinen Schriften über tantrische Themen sagen und nicht sagen wolle, und ich habe gewissenhaft alles vermieden, was den geheimeren Aspekten der Vajrasattva-Reinigungsübung nahekommt.

Am besten *regelmäßig* und in nicht allzu großen Abständen (mindestens alle drei Monate) sollte jeder, der yogische Meditation praktiziert, eine Sitzung zur Selbstreinigung einfügen. Nachdem der Übende Räucherstäbchen entzündet, sich dreimal zu Ehren des Dreifachen Juwels niedergeworfen und seine übliche Meditationshaltung eingenommen hat, überlegt er: «Hier bin ich, die Füße fest auf dem Weg, aber blockiert von gewaltigen Unzulänglichkeiten, die aus der Last meines Karma erwachsen. Während der letzten Woche (oder des letzten Monats oder der letzten zwei oder drei Monate) habe ich oft meine Gedanken bei der yogischen Meditation herumwandern lassen oder die Meditation nur oberflächlich vollzogen.

Viele, viele Male bei Tag oder Nacht, wenn ich nicht mit der Meditation befasst war, habe ich meine Achtsamkeit nicht aufrechterhalten und mir selbst erlaubt, mich in einer Weise zu benehmen (man kann sie spezifisch benennen), die einem Anhänger des Weges schlecht ansteht. Alle meine ungeschickten, Karma erzeugenden Aktionen des Körpers, der Rede und des Geistes bedauere ich aufrichtig. Ich sehne mich danach, frei von ihren Auswirkungen zu sein, um die Erleuchtung eher zu erreichen und damit eine unversiegbare Quelle der Weisheit und des Mitleids zu werden, wie sie von den Myriaden Wesen so bitter benötigt wird, die hilflos im Kreislauf von Geburt und Tod herumgewirbelt werden.» (Bedenke dabei, dass Reue nicht egoistischen Betrachtungen der eigenen Situation und ihren schmerzlichen Seiten entspringen sollte, sondern dem Streben, eine unbegrenzte Hilfe für andere zu werden.)

Nachdem der Übende voller Bedauern über diese Dinge nachgedacht und sich fest entschlossen hat, es von jetzt an besser zu machen, ruft er Kuan Yin an, indem er immer und immer wieder die Formel «Ehre sei Kuan Yin, dem Bodhisattva des Großen Mitleids» oder *«Na-mo Ta-pei Kuan-Shi-Yin P'u-sa»* wiederholt. Er rezitiert die Anrufung langsam und feierlich und visualisiert ein stilles Meer, das sich nach allen Richtungen hin ausdehnt, und in der Mitte sitzt er selbst, als treibe er gewichtslos auf dem Wasser.

Ein voller Mond, der gerade erst aufgegangen ist und sich noch nicht weit über den Rand des Ozeans erhoben hat, beleuchtet mit sanftem Schein die Szene. Bald darauf erscheint in ihm Kuan Yin Bodhisattva in der Gestalt einer schönen Frau in weißen Gewändern, während die Mondscheibe sich in einen Strahlenkranz aus weißem Licht verwandelt, das von ihrem Körper ausstrahlt. Wie auch ihre Gewänder besitzt ihr Körper einen eigenen Glanz. Ihre Füße stehen auf einer riesigen weißen Lotosblüte, deren Blütenblätter rosig getönt sind. Nach einiger Zeit gleitet der Lotos sanft über die Wellen, bis Kuan Yin nur eine Schritt-länge vom Übenden entfernt ist und mit einem freudigen Lä-cheln auf ihn herniederblickt. Als Nächstes entströmt ihrer Stirn eine lang anhaltende Flut blendend weißen Lichts, tritt durch den Scheitel des Übenden in seinen Kopf ein und dringt langsam abwärts. Dabei verdrängt das weiße Licht alle Übel, die Geist und Körper des Übenden heimsuchen – zahllose Unzulänglich-keiten, die zu Karma schaffenden Aktionen führen und damit zu endlosem Wandern im Kreislauf von Tod und Wiedergeburt, wie auch Schmerzen, Kummer, Ängste, ungezügelte Leiden-schaften, Unwissenheit, Dummheit und jede Art von geistiger und körperlicher Krankheit.

Diese visualisiert er jetzt als Strom einer üblen schwarzen Flüs-sigkeit, die aus dem unteren Teil seines Körpers austritt, in den Ozean unter ihm hinabsinkt und gierig von einer Meute von Dä-monen in der Gestalt scheußlicher Meeresungeheuer verschlun-gen wird, die aus allen Richtungen herbeieilen. (Dieser Teil der Visualisation sollte auf keinen Fall weggelassen werden, damit nicht die ausgestoßenen Übel die Umgebung vergiften und ir-gendeinem kleinen Geschöpf, das gerade anwesend sein mag, Schaden zufügen.)

Nachdem das weiße Leuchten nach und nach bis zu den Fin-ger- und Zehenspitzen des Übenden vorgedrungen ist und jeden Winkel seines Wesens ohne Ausnahme erfüllt hat, gleicht er einem Kristallgefäß, das bis zum Rand mit blendendem Glanz gefüllt ist. In diesem Zustand verharrt er einige Zeit und erfreut sich des Mitgefühls, das so großzügig und freudig gewährt wurde, und er fährt ohne Pause mit der Anrufung fort, die bis zum Ende des Rituals nicht aufhören sollte. (Zur Abwechslung kann er, wenn er will, mit einer drei-, neun- oder einundzwan-zigmaligen Anrufung beginnen, dann statt dessen das Mantra OM MANI PADME HUM rezitieren und erst am Ende wieder zur Anrufung zurückkehren, wenn er sich zu den Niederwer-fungen erhebt.)

Wenn die ruhige, von Freude erfüllte Kontemplation des Bodhisattva Kuan Yin so lange wie möglich beibehalten wurde, lässt der Übende ihren Körper vor seinem inneren Auge allmählich blasser werden, bis er schließlich nicht mehr von dem mondartigen Strahlenkranz zu unterscheiden ist, der sich dann zu einem Punkt weißen Feuers zusammenzieht und binnen kurzem verschwindet. Danach bleibt er noch einige Zeit sitzen und gibt sich einem Gefühl der Gewichtlosigkeit und der Freiheit hin, das so stark ist, dass er sich geradezu zurückhalten muss, um nicht zu levitieren oder auf und davon zu fliegen. Auch wenn der Impuls zur Levitation sehr stark ist, sollte er ihm widerstehen, da es auf dieser Stufe nicht angebracht ist, solch einem Gefühl freien Lauf zu lassen.

Um das Ritual zu beenden, zieht er sich aus seiner Visualisation zurück, steht auf und vollzieht drei Niederwerfungen, verbunden mit der Invokation der Kuan Yin und der innigen Sehnsucht nach dem Glück und Wohlergehen aller Wesen. Zum Abschluss macht er drei weitere Niederwerfungen zu Ehren des Dreifachen Juwels.

Selbstheilung

Diese Übung sollte mit Bedacht ausgeführt werden, das heißt, nach sorgfältiger Betrachtung der Art der Beschwerden, die geheilt werden sollen. Wenn es sich um eine bereits lang andauernde Krankheit handelt, sollte man die Selbstheilung mit der Kraft des Mitleidsvollen Bodhisattva aus einem Grund, der durch das Folgende einsichtig wird, nicht versuchen.

Als ich bei meinem zweiten Besuch im Himalaja in dem kleinen Bergstädtchen Kalimpong dem gegenwärtigen Oberhaupt der tibetischen Nyingma-Schule Dudjom Rinpoche vorgestellt wurde, der mich bald darauf als Schüler annahm, überraschte es mich zu erfahren, dass dieser große Meister der yogischen Praxis seit vielen Jahrzehnten an einer in Abständen akut auftretenden Form von Asthma litt. Gewiss verfügte doch ein so bemerkenswerter Yogin, so dachte ich, über Mittel, sich von solch lästigen Beschwerden zu befreien, die ihn oft daran hinderten, diverse wichtige Dinge zu tun. Ich hatte das Gefühl, dass das eine Sache war, über die ihn zu befragen mir der Anstand verbot, da er mich noch nicht sehr gut kannte und vielleicht annehmen mochte, ich sei zu der Unverschämtheit fähig, das Ausmaß seiner yogischen Kräfte in Frage zu stellen. Statt dessen suchte ich die Antwort in dem, was ich während meiner Jahre in China bereits über den Buddhismus gelernt hatte. Dort hatte ich einerseits Geschichten von geradezu wunderbaren Heilungen gehört und war in einigen Fällen sogar selbst Zeuge davon gewesen. Andererseits hatte ich bemerkt, dass berühmte Dharma-Meister genauso wie andere Menschen krank werden, wenn auch dank ihrer Enthaltung von allen Arten emotionaler und körperlicher Exzesse und ihrer gesunden Lebensweise in den Bergklöstern und Einsiedeleien viel seltener.

Als ich einige Monate lang im Kloster Hua T'ing bei Kunming lebte, war ich zutiefst bekümmert, als ich entdeckte, dass viele der Mönche dort große offene Entzündungen am Körper hatten. Da ich zu dieser Zeit der chinesischen Medizin noch wenig vertraute, nahm ich einen von ihnen mit hinunter in die Stadt und ließ ihn von einem Flüchtlingsarzt aus Wien untersuchen. Nach einer flüchtigen Untersuchung machte der Arzt eine Geste der Hilflosigkeit und erklärte, dass er nichts tun könne, da der Mönch eindeutig ein Opfer der Unterernährung sei – das Resultat der Verarmung des Klosters Hua T'ing im Zweiten Weltkrieg, als das ganze Land unter den Auswirkungen der japanischen Besetzung seiner fruchtbarsten Gebiete litt.

Als ich über all das nachdachte, kam ich zu dem Schluss, dass körperliche Krankheiten vom buddhistischen Standpunkt aus in zwei Kategorien eingeteilt werden können – in solche, die einen Teil der karmischen Last bilden, die von ungeeigneten Taten des Körpers, der Rede und des Geistes in diesem und in früheren Leben herrühren; und solche, die eine aktuelle Ursache haben. Ich erkannte, dass ein so großer Yogi wie Dudjom Rinpoche wahrscheinlich seine unanzweifelbaren Kräfte hätte einsetzen können, um seine Krankheit zu heilen, dass er das aber wohl nicht wollte. Waren sie nämlich das Resultat des in einem früheren Leben angehäuften Karma, so würde ihre Heilung nur dazu führen, dass das Karma sich in irgendeiner anderen unangenehmen Weise auswirken würde. Karmische Ursachen können weder durch tugendhaftes Leben noch durch einen Akt des Willens getilgt werden, sondern müssen sich erschöpfen.

Die korrekten yogischen Mittel, sie zu überwinden, bestehen darin, sich aller Handlungen zu enthalten, die der Bürde noch etwas hinzufügen, und auf diese Weise ihr allmähliches Abnehmen zu sichern. Andererseits eignen sich Krankheiten, die aktuelle Ursachen haben und nicht direkt mit der Auswirkung schweren Karmas, das aus früheren Leben herrührt, verbunden sind, für die Behandlung mit yogischen Mitteln, die, wie ich glaube, zum Beispiel für die Krankheiten angemessen gewesen wären, unter der viele Mönche im Kloster Hua T'ing litten.

Es ist nicht einfach, die Kategorie zu bestimmen, zu der eine bestimmte Krankheit gehört. Als grobe Anleitung würde ich vorschlagen, dass langwierige oder häufig wiederkehrende Krankheiten karmischen Ursachen zuzuordnen sind, während solche, die von gegenwärtigen oder nicht lange zurückliegenden Umständen ausgelöst wurden, als geeignet für eine Heilung mit yogischen Mitteln betrachtet werden können. Vor allem Krankheitserscheinungen, die von ungesunden geistigen Zuständen, von Spannung, Nervosität, Ängsten, Depression, Furcht, Ausschweifung (zum Beispiel hinsichtlich Zorn, Sex, Drogen oder Alkohol) verursacht wurden, sind mit yogischen Mitteln leicht zu heilen.

Um Enttäuschungen zu vermeiden, sollte man mit dem Wissen an die Übungen herangehen, dass manche Krankheiten mit diesen Mitteln nicht heilbar sind, oder dass die Heilung für den Patienten nicht in jeder Hinsicht etwas Positives bedeuten muss. Dennoch sollte man, sobald man sich entschlossen hat, einen Versuch der Heilung zu unternehmen, die Übung in einer ganz und gar optimistischen Geisteshaltung vollziehen. Heilungen mit yogischen Mitteln können in einem Zustand des Zweifelns keinen Erfolg haben.

Was man ungenau als «Selbstheilung» bezeichnet, was jedoch in Wirklichkeit Heilen mittels Kraft von Karuna in der Verkörperung von Kuan Yin Bodhisattva ist, erfordert dasselbe Ritual wie das der Selbstreinigung (siehe oben), abgesehen von vier wichtigen Unterschieden:

1. Es sollte nicht in regelmäßigen Abständen über einen langen Zeitraum ausgeführt werden, sondern mit großer Intensität einmal, zweimal oder dreimal am Tag, bis die Krankheit beseitigt oder weitgehend gebessert ist.

2. Die Betrachtung über vergangene Unzulänglichkeiten und der Entschluss, es in Zukunft besser zu machen, sollte durch die Betrachtung über das Leiden aller fühlenden Wesen ersetzt werden, wobei man sich individuelle Beispiele menschlichen und tierischen Leidens lebhaft vorstellt; dem folgt die Sammlung auf die innige Sehnsucht nach dem Wohlergehen und Glück aller jener bestimmten Individuen und aller anderen Geschöpfe.

3. Während der Visualisation der Kuan Yin ist das Bewusstsein auf den Sitz der Krankheit, die ausgetrieben werden soll, gerichtet. Ist es eine lokalisierbare Krankheit, sollte sie auf die Weise beseitigt werden, dass sie durch das Einströmen der weißen Strahlen in den entsprechenden Teil des Körpers nach unten gedrängt, durch die unteren Körperöffnungen in Form einer üblen Flüssigkeit ausgestoßen und dann von den Meeresungeheuern verschlungen wird. (Ein psychologisches Problem kann man als im Kopf befindlich visualisieren. Wenn das Übel in einem Arm oder Bein sitzt, ergibt sich eine kleine Schwierigkeit, die jedoch auf zweierlei Weise zu lösen ist. Entweder stellt man sich vor, dass die dunkle Flüssigkeit durch die Fingerspitzen oder Zehen anstatt durch die unteren Körperöffnungen hinausgedrängt wird, oder man visualisiert, dass die weißen Strahlen an dem betroffenen Punkt vorbeifließen, die Fingerspitzen oder Zehen erreichen und dann zurückfluten, um die Krankheit auf einem passenden Weg durch den Körper zu den unteren Körperöffnungen zu drängen.)

4. Die Sehnsucht nach dem Glück und Wohlergehen aller Wesen, welche die Niederwerfungen am Ende begleitet, wird durch die folgende Abwandlung ersetzt: «Mögen alle fühlenden Wesen, die von geistigem oder körperlichem Übel betroffen sind, davon befreit werden und strahlende Gesundheit erlangen!»

Heilen anderer (einschließlich Gruppen-Heilen)

Was die für die yogische Behandlung geeigneten Krankheiten betrifft, so gilt für das Gruppen-Heilen weitgehend dieselbe Einschränkung wie für die Selbstheilung; doch in diesem Fall ist die Einschränkung möglicherweise weniger absolut. Wenn eine vollkommen uneigennützige Person (die frei ist vom Wunsch nach Belohnung oder nach Anerkennung als Heiler) die Macht von Karuna um eines anderen Wesens willen beschwört, wird das Verdienst ihrer großzügigen Anstrengung vermutlich zumindest so weit zu einem gewissen Erfolg führen, dass dadurch das schlechte Karma des Patienten zu einem gewissen Teil aufgewogen wird – vor allem dann, wenn der Vorrat des Heilenden an «Verdiensten» (eine Bezeichnung für die Ansammlung von gutem Karma) groß ist und ihm sehr daran liegt, ein wenig davon zum Zweck einer erfolgreichen Heilung zu übertragen.

Man kann auch annehmen, dass die Kraft von Karuna, die in Kuan Yin Bodhisattva verkörpert ist, sehr bereitwillig auf eine wahrhaft mitleidsvolle Absicht reagiert, so dass selbst ein Mensch mit ziemlich wenigen Verdiensten Erfolg mit dem Beschwören dieser Kraft um eines anderen willen haben kann. Um die Übertragung von Verdiensten zu bewerkstelligen, bedarf es lediglich eines einfachen Willensaktes dessen, der sie angesammelt hat.

Es gibt sogar Buddhisten, die solch einen Akt täglich als Teil ihrer regulären Übungen vollziehen – etwa mit den Worten: «Ich bitte darum, dass das Verdienst aller guten Handlungen von Körper, Rede und Geist als mein Opfer dem Wohl aller fühlenden Wesen dienen möge.» Wenn man eine spezielle Übertragung von Verdiensten vornehmen will, denkt man: «Ich opfere Verdienste für das Wohl von Soundso. Möge er (sie) von dieser Krankheit geheilt werden.» An solchen Übertragungen ist nichts Wunderbares; da unser individueller Geist nicht vom allumfassenden GEIST zu trennen ist, ist auch der eine vom anderen nicht zu trennen, abgesehen von der Ebene der relativen Wahrheit, auf der diese dualistischen Unterscheidungen Gültigkeit haben. Deshalb beeinflusst das aufrichtige sehnsuchtsvolle Streben einer Person selbstverständlich andere (ebenso wie böse Gedanken).

Solche Wechselwirkungen finden dauernd statt, woraus sich die gute oder schlechte Atmosphäre erklärt, die man bei bestimmten Gelegenheiten im Zusammensein mit anderen Menschen empfindet. Außerdem stellte ich bei einigen meiner Seminare in Nordamerika fest, daß bei der Gruppen-Anrufung der Kraft von Karuna in der Verkörperung von Kuan Yin Bodhisattva für jemanden, der krank oder verletzt ist, die gemeinsame Anstrengung wirkungsvoller ist als die einer einzelnen Person.

Wenn jemand einen anderen durch die Beschwörung der Kraft von Karuna heilen will, ist die Methode dieselbe wie bei der Selbstheilung, außer dass die vorausgehende Zentrierung des sehnsuchtsvollen Strebens, das Visualisations-Ritual selbst und die abschließende Betrachtung ganz auf die zu heilende Person gerichtet sind. Während der Visualisation dringt also die Flut weißer Strahlen, die aus der Stirn des Bodhisattva hervortritt, nicht in den Körper des Meditierenden ein (der im visualisierten Bild nicht anwesend sein muss), sondern in den des Patienten, der nach Möglichkeit anwesend sein sollte und der in jedem Fall als auf der Oberfläche des Meeres vor dem Bodhisattva sitzend oder liegend visualisiert wird. Der Lichtstrom tritt sichtbar durch den Scheitel ein und durchdringt allmählich seinen ganzen Körper, aus dem die Krankheit in der Form einer üblen schwarzen Flüssigkeit ausgetrieben wird, die dann die Meeresungeheuer verschlingen.

Wenn der Patient persönlich anwesend ist oder vorher über die genaue Zeit des Heil-Rituals informiert werden konnte, sollte man ihm, falls sein Zustand es zulässt, die Heil-Methode vermitteln und ihn selbst an der Anrufung der Kuan Yin und der darauf folgenden Visualisation teilnehmen lassen. In diesem Fall visualisiert er natürlich, dass die Strahlenflut in seinen eigenen Körper eindringt.

Die Mitarbeit des Patienten beim Heil-Ritual erhöht den Grad des Erfolgs außerordentlich, aber man sollte ihn nicht zur Mitarbeit drängen, wenn sein körperlicher oder geistiger Zustand nicht dafür geeignet ist. Sollte er selbst mitarbeiten wollen, aber nicht genügend Kraft haben, um die gesamte Visualisation ausführen zu können, so gibt es den Mittelweg, dass er die Invokation der Kuan Yin oder des Mantra OM MANI PADME HUM rezitiert und sich dabei ruhig auf ihre Gestalt konzentriert.

Beim Gruppen-Heilen mit diesen Mitteln sollte der Patient nach Möglichkeit in der Mitte der im Kreis angeordneten Gruppe sitzen oder liegen. Die Gruppenmitglieder sollten ihn, ob anwesend oder nicht, so visualisieren, dass er allein vor dem Bodhisattva auf dem Wasser sitzt. Obwohl dieses geistige Bild gleichzeitig in ihrer aller Vorstellung entsteht, ist es nicht nötig, dass sie sich selbst als Teil der Szene visualisieren; alles, was sie sehen, ist der grenzenlose Ozean, der Bodhisattva und der Patient.

Zusammenfassung

Um allzu viele Wiederholungen zu vermeiden, habe ich im Abschnitt über die Heilung anderer auf die Abschnitte über die Selbstheilung und die Selbstreinigung zurückverwiesen. Die folgende Zusammenfassung aller drei Abschnitte mag deshalb zweckmäßig sein, sobald deren Inhalt vollkommen beherrscht wird:

Selbstreinigung	*Selbstheilung*	*Heilen anderer*
In regelmäßigen Abständen zu vollziehen	Zu vollziehen, wenn nötig	Zu vollziehen, wenn nötig

Räucherstäbchen anzünden, drei Niederwerfungen und (eventuell) Opfer-Mudras

Betrachtung der Unzulänglichkeiten; Entschluss, es besser zu machen	Betrachtung der Leiden fühlender Wesen; sehnsuchtsvolles Streben nach ihrem Glück	Sehnsuchtsvolles Streben nach der Gesundheit des Patienten, der als anwesend visualisiert wird oder tatsächlich anwesend ist

Anrufung des Bodhisattva Kuan Yin

Visualisation des Ozeans, des Mondes und des Bodhisattva

Licht dringt in den eigenen Körper ein, treibt die karmischen Übel aus, die von den Meeresungeheuern verschlungen werden, während man die Anrufung oder das Mantra rezitiert

Licht dringt in den eigenen Körper ein, treibt die Krankheit aus, die von den Meeresungeheuern verschlungen wird, während man die Anrufung oder das Mantra rezitiert

Licht tritt in den Körper des Patienten ein, treibt die Krankheit aus, die von den Meeresungeheuern verschlungen wird, während man die Anrufung oder das Mantra rezitiert

Freudiges Verweilen und Dankbarkeit

Sehnsuchtsvolles Streben nach dem Glück aller fühlenden Wesen

Sehnsuchtsvolles Streben nach der Gesundheit aller fühlenden Wesen

Sehnsuchtsvolles Streben nach der Gesundheit und dem Wohlergehen des Patienten

Drei Niederwerfungen und Anrufung des Kuan Yin

Drei Niederwerfungen vor dem Dreifachen Juwel

Eine Geschichte

Chang Jung, ein ehemaliger Militärkommandant bei den Streitkräften des Generals Wu Pei-fu, der des Gemetzels müde war, hatte sich lange vor dem Sturz des Generals davongemacht und war ein wandernder Mönch geworden. Er pflegte im südlichen Teil der Provinz von Shantung, wo er geboren worden war, von Distrikt zu Distrikt umherzuwandern, und wurde nach und nach ein vertrauter Anblick für die dortige Bevölkerung. Da er erst so spät in seinem Leben Mönch geworden war, hatte er sich keinem strengen Noviziat unterziehen müssen und war deshalb in den Details nicht allzu sorgfältig.

Jeden Abend ohne Ausnahme rezitierte er Kuan Yins Dharani des Großen Mitleids nicht weniger als hundertacht Mal, am liebsten in der freien Natur, wenn das Wetter günstig war. Hin und wieder sahen die Leute, wie Lichtstrahlen ihn umspielten, und die Gebildeteren erinnerten sich an eine Passage aus einem Sutra, die lautet: «Ihr solltet wissen, dass er eine Schatzkammer strahlenden Geistes ist, da er von den *tathagatas* (‹Buddhas›) hell beschienen wird. Ihr solltet wissen, dass er eine Schatzkammer des Mitleids ist, da er ununterbrochen das Dharani des Großen Mitleids rezitiert, uns lebenden Wesen zu helfen.» Es wurde allgemein angenommen, dass der alte Soldat für eine glückliche Wiedergeburt der Opfer betete, die in den Schlachten seiner früheren bösen Zeiten niedergemetzelt worden waren.

Nach und nach jedoch begann die Bewunderung der Leute für ihn abzunehmen. Ein Gerücht ging um, dass dort, wo er im Freien seine Praxis vollzogen hatte, das Gras im Umkreis des Platzes, an dem er gesessen hatte, bald welk wurde, und dass irgendwelche kleinen Geschöpfe, die sich zufällig dort befunden hatten, wie etwa eine Ameisenkolonie, hinterher tot aufgefunden wurden. Felsen und Steine rundum trugen manchmal Spuren von übel riechenden Substanzen, als hätten dort verwesende Leichen gelegen. Wenn das Wetter den Mönch dazu gezwungen hatte, seine Übungen in einem Schuppen durchzuführen, den er sich für die Nacht ausgesucht hatte, war der Boden oft mit denselben abscheulichen Substanzen befleckt, und Säcke voller Korn, die zufällig in der Nähe standen, wurden von Fäulnis befallen. Da die Leute in den Dörfern, die er von Zeit zu Zeit besuchte, einem so heiligen Mann die Gastfreundschaft nicht verweigern wollten, baten sie einen gelehrten Dharma-Meister, die Ursache dieser seltsamen Geschehnisse ausfindig zu machen.

Zuhöchst verwundert suchte der Dharma-Meister eine Gelegenheit, mit dem früheren Soldaten zusammenzutreffen. Er begrüßte ihn höflich und bemerkte: «Verehrter Herr, ich habe Geschichten gehört, dass Euch Lichter umstrahlen, wenn Ihr in

Meditation versunken seid. Wahrlich wunderbar! Ich wäre Euch dankbar, wenn Ihr mir Eure Art und Weise, den Weg zu kultivieren, in aller Genauigkeit mitteilen wolltet.»

Dies tat der alte Mann mit Vergnügen.

«Ihr seht also tatsächlich die Körper derjenigen, die in längst vergangenen Schlachten erschlagen wurden, um Euch herum auf dem Boden liegen? Wenn Kuan Yin Bodhisattva ihre Strahlen über sie ausströmt, scheiden die Leichen üble Substanzen aus, was darauf hinweist, dass diese Wesen als Antwort auf Eure fromme Sehnsucht entweder im Reinen Land des Potala wiedergeboren werden, oder dass sie unter glücklicheren Umständen als zuvor wieder in diese Welt geboren werden. Euer Verdienst ist wirklich groß!»

Chang Jung neigte sein Haupt, als würde er dieses Lob nur ungern annehmen, aber ein Lächeln huschte über seine Lippen.

«Und was wird aus den üblen Substanzen, die aus ihren Körpern ausgetreten sind?»

«Was aus ihnen *wird*?», rief der alte Mann nicht wenig erstaunt. «Wieso, nichts. Diese Leichen sind, wie Euer Hochwürden sehr wohl wissen, Schöpfungen meines Geistes in der Meditation. Wenn ich die hundertacht Wiederholungen des Dharani beendet habe, ziehe ich meine Gedanken von diesen Erschlagenen zurück, und dann verschwinden sie natürlich.»

Daraufhin erklärte der Dharma-Meister, dass man bei solch einer Visualisation Vorkehrungen treffen müsse, um den ausgeschiedenen Unrat zu beseitigen.

«Haltet Ihr mich für einen Dummkopf?», rief der alte Kommandant und lachte so sehr, dass ihm die Tränen in die Augen traten. «Wie kann man geistig geschaffene Substanzen beseitigen, die gar nicht wirklich existieren?»

»*Alle* geist-geschaffenen Substanzen existieren wirklich», antwortete der Dharma-Meister tadelnd. «Was sind Euer Körper und meiner oder dieses Zimmer, in dem wir jetzt sitzen, anderes als Schöpfungen des Geistes? Bitte kommt mit mir.»

Der Dharma-Meister bestand darauf, dass Chang Jung mit ihm zu dem Platz zurückkehrte, wo er am Abend zuvor seine Übungen vollzogen hatte, und zeigte ihm das welke Gras und die

Steine, die mit einer scheußlichen Substanz bedeckt waren, von der immer noch ein unangenehmer Geruch aufstieg.

Reuevoll fiel der alte Mann auf die Knie, ungeachtet dessen, dass der Dharma-Meister um viele Jahre jünger war als er selbst, und rief: «O weh, verzeiht mir. Dieser dumme alte Mann hat große Schuld auf sich geladen. Es war immer dunkel, wenn ich meine Übungen beendet hatte, und da ich selten länger als eine Nacht in einem Dorf blieb, entgingen mir diese Beweise meiner Dummheit. Ich bitte Euer Hochwürden, mich zu unterweisen, wie ich es richtig machen kann.»

Der Dharma-Meister war gern bereit, dies zu tun. «Ihr müsst die üblen Horden Yamas, des Herrn der Unterwelt, visualisieren, die unter der Erde hungrig darauf warten, den Unrat zu verspeisen, der für sie die herrlichste Delikatesse darstellt. Auf diese Weise erzielt Ihr doppelte Wirkung: Ihr sichert den Opfern der Schlachten, an denen Ihr beteiligt wart, eine glückliche Wiedergeburt und bereitet gleichzeitig den Scharen von Dämonen Vergnügen. Nichts könnte geeigneter sein, da die Dämonen das Vergnügen ebenso lieben wie die Menschen, aber es ist nicht immer so leicht, sie zufrieden zu stellen, ohne dass Menschen deshalb leiden müssen. Darin besteht die Schönheit einer Meditationspraxis, die allen zugute kommt. Sie kann keinerlei unerfreuliche Resultate haben.»

Er fuhr dann fort zu erklären, dass es keinen grundlegenden Unterschied zwischen den Schöpfungen des individuellen Geistes und denen des allumfassenden GEISTES gibt, und er fügte hinzu, dass der vermeintliche Unterschied noch geringer sei, wenn die Visualisation von jemandem wie Chang Jung vollzogen würde, der dank seiner unerschütterlichen Hingabe an seine Mit-Wesen ein so fortgeschrittener Yogin geworden war.

«Bitte versteht dies richtig. Ihr beschwört den Bodhisattva Kuan Yin in Eurem Geist. Ihr seht die leuchtenden Strahlen, die aus ihrer Stirn hervorbrechen, mit Eurem Geist. Dennoch solltet Ihr nicht annehmen, dass sie unwirklich sind. Der Grad der Wirklichkeit mag sich von dem der sogenannten festen Dinge ein wenig unterscheiden, aber der Unterschied ist lediglich relativ, nicht wesensmäßig. Wenn Kuan Yin Bodhisattva, ihre leuchtenden Strahlen und die Leichen der Erschlagenen lediglich Trugbilder Eurer Einbildung wären, wie könnten dann Eure frommen Übungen den Erfolg haben, die karmische Last jener armen Opfer zu erleichtern, die von Euren Mannen erschlagen wurden? Die Wirklichkeit ist nicht leicht zu definieren. Doch seid gewiss, dass jede Gedankenform, jeder Traum, jede geistige Schau der objektiven Wirklichkeit näher steht, als Ihr bisher angenommen habt. Was die Leute üblicherweise als ‹objektive Realität› bezeichnen, scheint für jene, die gelernt haben, die Dinge zu sehen, wie sie sind, gerade das Gegenteil davon zu sein. Vom absoluten Standpunkt gesehen, sind Subjekt und Objekt nicht voneinander verschieden. Der Denkende und der Gegenstand seines Denkens sind mit äußerster Gewissheit NICHT-ZWEI.»

Man braucht nicht jedes Detail dieser seltsamen Geschichte wörtlich zu nehmen. Phänomene wie die Strahlen, von denen man den alten Mönch während seiner yogischen Übungen umgeben sah, habe ich selbst oft genug feststellen können, so dass ich sie nicht als Allegorien oder Phantasieprodukte abtun kann. Andererseits ist es schwer zu glauben, dass visualisierte üble Substanzen, die nicht geistig beseitigt wurden, sichtbare Spuren hinterlassen, das Gras zum Welken bringen, Insekten töten oder Korn verfaulen lassen können.

Ich verstehe diesen Teil der Geschichte als Hinweis darauf, dass schädliche psychische Einflüsse an dem Ort zurückbleiben können, an dem eine Heilung oder eine ähnliche Übung vorgenommen wurde, bei der man Schmerzen oder Krankheit in Form von geistgeschaffenen üblen Substanzen geistig ausgetrieben und sie nicht durch einen ähnlichen geistigen Akt beseitigt hat.

Ein Gedicht aus dem Lotos-Sutra

Die berühmte Beschreibung der wunderbaren Kräfte des Bodhisattva Kuan Yin als der Verkörperung des unüberwindlichen Maha-karuna wird von hingebungsvollen Buddhisten täglich viele Male rezitiert.

Von der Welt Verehrter und Vollkommener,
Ich bitte Euch zu erklären,
Weshalb dieser heilige Bodhisattva
Kuan Shih Yin genannt wird.
Hierauf antwortete der Vollkommene
Mit folgendem Gesang:

Die Echos ihrer heiligen Taten
Klingen durch die Welt,
So groß und tief waren ihre Gelübde,
als sie nach zahllosen Äonen,
In denen sie Scharen von Vollkommenen gedient hatte,
Ihr reines Verlangen hören ließ
(alle gequälten Wesen zu befreien).

Nun höret, wozu dies führte –
Ihren Namen zu hören oder ihre Gestalt zu sehen
Oder ihren Namen inbrünstig zu rezitieren,
Befreit die Wesen von jeglichem Leid.

Würdest du mit mörderischer Absicht
In einen feurigen Ofen gestoßen –
Ein Gedanke an Kuan Yins rettende Kraft
Würde diese Flammen zu Wasser verwandeln.

Würdest du auf dem Meere treiben,
Von Drachenfischen und bösen Geistern umgeben –
Ein Gedanke an Kuan Yins rettende Kraft
Würde dich vor den hungrigen Wogen verschonen.

Würde dich vom Gipfel des Berges Sumeru
Ein Feind hinunterstürzen –
Ein Gedanke an Kuan Yins rettende Kraft,
Und du würdest sonnengleich im Raume stehen.

Würdest du von bösen Menschen verfolgt
Und gegen den eisernen Berg geschmettert –
Ein Gedanke an Kuan Yins rettende Kraft,
Und kein Haar würde dir gekrümmt.

Wärest du umzingelt von einer Bande von Räubern,
Die ihre grausamen Messer schon zum Gemetzel erhoben
haben –
Ein Gedanke an Kuan Yins rettende Kraft,
Und Erbarmen würde ihren Stoß verhindern.

Wäre der König ergrimmt über dich
Und des Scharfrichters Schwert schon zum Schlag erhoben –
Ein Gedanke an Kuan Yins rettende Kraft
Würde das Schwert in Stücke brechen lassen.

Wärest du von Gefängnismauern umschlossen,
An Händen und Füßen mit Ketten gebunden –
Ein Gedanke an Kuan Yins rettende Kraft
Würde augenblicklich zur Befreiung führen.

Hättest du einen schlechten Trank getrunken
Und lägest nun dem Tode nah darnieder –
Ein Gedanke an Kuan Yins rettende Kraft
Würde unschädlich machen das Gift.

Wärest du von Raksa-Geistern bedrängt,
Oder von bösen Drachen, von stammelnden Dämonen –
Ein Gedanke an Kuan Yins rettende Kraft,
Und keiner würde es wagen, dich anzugreifen.

Würden wilde Bestien auf dich eindringen,
Mit Angst erregenden Fängen, grausamen Klauen –
Ein Gedanke an Kuan Yins rettende Kraft
Würde sie Hals über Kopf davonjagen.

Würden Schlangen auf deinem Weg liegen
Und giftigen Dampf und Flammen speien –
Ein Gedanke an Kuan Yins rettende Kraft
Würde sie schnell wie einen Ton verschwinden lassen.

Würde der Donner rollen und Blitze zucken
Oder furchtbarer Regen herniederstürzen –
Ein Gedanke an Kuan Yins rettende Kraft
Würde den Sturm mit einem Schlag beruhigen.

Obwohl die Wesen, überwältigt von karmischer Not,
Zahllose Leiden zu tragen haben,
Gibt Kuan Yins wunderbare Wahrnehmung
Ihr die Möglichkeit, sie alle zu läutern.

Mit übernatürlicher Kraft begabt
Und weise im Gebrauch von geeigneten Mitteln,
Manifestiert sie in jedem Winkel der Welt
Ihre zahllosen Formen.

Welche schwarzen Übel sich auch ansammeln mögen –
Höllengebürtige Dämonen, wilde Bestien,
Übel der Geburt, des Alters, der Krankheit, des Todes,
Kuan Yin wird eines nach dem anderen zerstören.

Wahrhaftige Kuan Yin! Reine Kuan Yin!
Unermesslich weise Kuan Yin!
Voller Mitleid und Erbarmen,
Allezeit ersehnt und verehrt!

O reines und glänzendes Strahlen!
O Nacht vertreibende Sonne der Weisheit!
O Siegerin über Sturm und Flammen!
Deine Glorie erfüllt die Welt!

Dein Erbarmen ist ein Schutzschild gegen Blitze,
Dein Mitleid formt eine wunderbare Wolke,
Die Dharma-Nektar herniederregnet
Und die Flammen des Leides löscht.

Jenen, die in Rechtsstreit verstrickt sind
Oder inmitten von Kriegsheeren zittern,
Kommt der Gedanke an die Kraft Kuan Yins,
Woraufhin aller Hass zerstreut wird.

Der wunderbare Klang des Namens Kuan Yin
Ist heilig wie der Donner des Meeres –
Nichts gleicht ihm in der Welt!
Und deshalb sollten wir ihn oftmals nennen.

Wende dich an ihn, niemals zweifelnd,
Kuan Shih Yin – reiner und heiliger Klang;
Für jene, die sich in Todesangst befinden,
Eine niemals wankende Stütze.

Die Vollkommenheit ihrer Verdienste,
Das Mitleid in ihrem Strahlen,
Die Unbegrenztheit ihres Segens
Anbetend, beugen wir unser Haupt!

IV

Die Macht des heiligen Lautes

Einführung:
Das Geheimnis der Mantras

Wie seltsam sich die Dinge fügen! Immer wieder stolpert man über ein Wort oder über einen Gedanken, die man lange vergessen hatte und die plötzlich innerhalb weniger Tage vielleicht zwei oder drei Mal auftauchen. Vor mehreren Jahren spielte ich mit dem Gedanken – den ich dann wieder fallen ließ –, etwas über Mantras zu schreiben. Aber ich konnte nicht, denn ich hatte das Gefühl, heilige Dinge möglicherweise dem Spott auszusetzen oder leichtfertig die Schutzmauer niederzureißen, die jahrhundertelang mantrisches Wissen vor Profanierung bewahrte. Doch haben sich die Umstände in den letzten Jahren geändert.

Das Interesse an östlicher Weisheit, das man heute bei Tausenden von Menschen im Westen findet, ist echt. Heutzutage sind selbst die konservativsten Vertreter der östlichen Traditionen geneigt, die Härte der alten Schutzmauer aufzuweichen aus Mitleid mit denjenigen, deren Verlangen nach Weisheit aufrichtig ist, die aber nicht in der Lage sind, so weit in die Ferne zu reisen und jahrelang zu Füßen der Weisen zu sitzen.

Leser, die bisher Mantras mit magischen Zauberformeln oder Hokuspokus gleichsetzten, werden feststellen, dass dies anfangs gewissermaßen auch meine Einstellung war; doch bewahrte mich mein Vertrauen in die Weisheit meiner chinesischen Freunde davor, meinen Geist dem zu verschließen, was mir als Unsinn erscheinen mochte, auch wenn sie ganz anders darüber dachten. Ich hoffe, dass es mir gelingt, Ehrfurcht vor der mantrischen Kunst und dem Glauben an ihre Wirksamkeit zu erwecken, so wie es mir selbst widerfuhr – Schritt für Schritt.

Ich möchte betonen, dass ich eher zufällig an die Mantras geriet, als dass ich mich ihnen planmäßig näherte. Obgleich mein Interesse für sie, einmal geweckt, vollkommen ernsthaft war, begab ich mich nicht auf die Suche nach mantrischem Wissen, und was ich davor erworben habe, ergab sich als Folge meines Yoga-Weges, als dessen eigentliches Ziel die Erleuchtung gilt, und der manchmal mit Mantras verbunden ist. Ich hatte das ganz besondere Glück, Menschen voller Weisheit und wahrer Heiligkeit sowohl unter den Chinesen als auch unter den Tibetern zu treffen, von denen viele in der mantrischen Überlieferung wohlbewandert waren. Für mich selbst teile ich die Mantras in drei Kategorien ein:

1. Mantras, die bei der Yoga-Kontemplation benutzt werden und die wunderbar sind, aber keine Wunder bewirken.
2. Mantras, die anscheinend Wunder bewirken.
3. Mantras, die, wenn die Behauptungen zutreffen, die über sie aufgestellt werden, zumindest vorläufig als Wunder wirkende betrachtet werden müssen, und zwar wohl so lange, bis die Art und Weise ihres Wirkens besser verstanden werden kann.

Wer das ganze Universum als geistige Schöpfung betrachtet, dem erscheint die Vorstellung nicht fremd, dass der menschliche Geist wieder identisch wird mit dem kosmischen.

Der Wald der Einsiedler

Es war wie ein Traum. Der von den auf dem Altar versammelten Kelchen und den rituellen Geräten widergespiegelte Kerzenschein funkelte wie silbriges Feuer, und das Mandala-Bild der Gottheiten, das sich dahinter erhob, strahlte in allen nur vorstellbaren Farben; doch war das vorherrschende Licht in dem weißen Zimmer von blassem Gold, der Farbe der Reisstrohmatten, die sich von Wand zu Wand zogen, die makellose Oberfläche lediglich durchbrochen von dem niedrigen, viereckigen Altar aus schwarzem Holz und der Reihe bronzefarbener Meditationskissen. Die Kissen waren jetzt besetzt. Die weiß gekleideten Figuren sahen aus wie Statuen, so tief war die Stille, heraufbeschworen von den tief tönenden Silben, die, begleitet vom Rhythmus der Trommel, monoton von ihren Lippen strömten.

LOMAKU SICHILLA JIPIKIA NAN SALABA TATAGEATA NAN. ANG BILAJI BILAJI MAKASA GEYALA SATA SATA SARATE SARATE TALAYI TALAYI BIDAMANI SANHANJIANI TALAMACHI SIDA GRIYA *TALANG* SOHA!

Bald wurde mir klar, dass nicht einer der Gläubigen, obgleich ihr Geist fehlerlos den Gesang vollzog, den Sinn dieser Silben kannte, deren Klang beseelender war als die feierlichste Hymne! Die Sprache war nicht ihr eingeborenes Kantonesisch; ebensowenig war es Japanisch, wenn auch ihr Lehrer es von seinem Meister in Japan gelernt hatte; und es war auch nicht altes Chinesisch, obwohl das Mantra vor tausend Jahren von China aus nach Japan gelangt war; und es war nicht einmal Sanskrit – oder besser, es war ein Sanskrit, das sich im Laufe der Jahrhunderte durch immer neue Abänderungen der Modulation verzerrt hatte. Seltsamerweise machte das gar nichts aus, da die Silben eines Mantras, auch wenn sie unverständlich sein sollten, nichts von ihrer Kraft der Bedeutung auf der Ebene des begrifflichen Denkens verdanken. Hier lag der Beginn eines Geheimnisses, dem ich von da an meine fast lebenslängliche Aufmerksamkeit widmete. Jetzt, nach vier Jahrzehnten, kann ich nicht mit Gewissheit sagen, ob ich es tatsächlich aufgedeckt habe!

Als ich mich als junger Mann zum ersten Mal auf den Weg nach China machte, zwang mich eine plötzliche Krankheit, in Hongkong an Land zu gehen. Dort veranlassten mich die Umstände, ein Jahr oder länger zu bleiben und die Freundschaft mit einer Gruppe traditionell denkender Chinesen zu pflegen, die liebevoll an der alten Weisheit und an den Überlieferungen ihres Volkes hingen.

Unter ihnen befand sich ein Arzt der alten Schule, ein blassgesichtiger Gelehrter in den frühen Dreißigern, der, da er westliche Kleidung verschmähte, ein Käppchen aus steifem schwarzem Satin mit einer roten Quaste an der Spitze trug und im Sommer in ein dünnes weißes Seidengewand, knöchellang, mit hohem abstehendem Kragen, gekleidet war. Im Winter wurde das Gewand von einem anderen aus dickerer Seide abgelöst, dunkel und warm mit Seidenwolle gefüttert, über das er oft eine strenge Mandschu-Jacke aus schwarzem, in sich gemustertem Satin zog.

Wie seine Erscheinung schon deutlich machte, war Dr. Tsai Ta-hai durch und durch ein Mann der Tradition – nicht ein Liebhaber fossiler konfuzianischer Steifheit, sondern durchdrungen von einem gleichermaßen humanen, mystischen und spielerischen Geist, der die erlesenste chinesische Dichtung und Malerei kennzeichnet. Zutiefst vertraut mit taoistischer und buddhistischer Überlieferung, war er eingedrungen in das Mysterium der Myriaden immer wechselnder Formen, die das formlose, sich selbst erschaffende, unwandelbare Tao aus sich entlässt, wie es so treffend in alten Gedichten und Landschaften dargestellt ist.

Als wir einander zum ersten Mal begegneten, war er voller Begeisterung über eine esoterische Form des Buddhismus, die in China nicht mehr gebräuchlich war, jedoch in Japan in einer etwas verstümmelten Form überlebt hatte, von wo aus sie an eine Gruppe von frommen Buddhisten in Hongkong weitergegeben worden war.

Unsere Freundschaft, die Jahre später durch den Schwur der Bruderschaft verfestigt wurde, blühte seltsamerweise vom ersten Abend unserer Begegnung an auf: Als ich, mit Wechselfieber darniederliegend, meinen zwölfjährigen kantonesischen Diener nach einem Arzt sandte, rannte dieses Kind, das nichts von den Bedürfnissen eines Fremden wusste, zum nahebei wohnenden Dr. Tsai Ta-hai, einem chinesischen Kräuterspezialisten, der, wenn auch überrascht, zu einem «fremden Teufel» gerufen zu werden, umgehend kam und, indem er mit seinen zartgliedrigen Fingern abwechselnd jedes meiner Handgelenke berührte, nicht nach einem, sondern nach sechs Pulsen fühlte!

Seine diagnostische Methode war nicht weniger erstaunlich für einen gerade aus Europa eingetroffenen jungen Mann; sie bestand darin, dass er seinen Geist in die innere Stille versenkte und in schweigender Intuition die Störungen meiner Körperrhythmen erspürte. Das Rezept, das er mir in schönster Kalligrafie mit dem Satz von Schreibutensilien, die den wichtigsten Teil seiner tragbaren medizinischen Ausrüstung bildete, verschrieb, führte zum Erwerb vieler kleiner Päckchen mit fremdartigen Substanzen, die, zusammen gekocht, einen dünnen, schwarzen, bitteren Sud mit überraschender Heilkraft ergaben.

Als er entdeckte, dass ich Buddhist war, fragte er mich mit entzückter Verwunderung aus. Ich werde niemals die Freude vergessen, die sein Gesicht erhellte, als er zum ersten Mal in seinem Leben erfuhr, dass er auf einen westlichen Menschen gestoßen war, der ein eifriges Interesse hatte, von den Chinesen zu lernen, anstatt entschlossen zu sein, ihnen die westliche Lebensart aufzudrängen.

Sobald ich wieder gesund war, nahm mich mein neuer Freund mit zu einer Versammlung in einem Haus, das, wie eine Lacktafel quer über dem Eingang verkündete, den seltsamen Namen «Der Wald der Einsiedler» trug. In Wirklichkeit war es ein privater Tempel, der einer Vereinigung buddhistischer Laien gehörte.

Ich erfuhr, dass nahezu jede Stadt in China ihren «Wald der Einsiedler» hatte, dieser hier jedoch außergewöhnlich war, da seine Mitglieder sich einer Form des Buddhismus angeschlossen hatten, die, nachdem sie in China vor tausend Jahren ausgestorben war, nur in ihrer japanischen Version als Shingon-Schule überlebt hatte. Der ortsansässige Lehrer, Lai Fo-shih (Dharma-Meister Lai), hatte einige Jahre in der Einsamkeit auf dem Berg Koya unweit von Kyoto verbracht und war dann von Japan zurückgekehrt, um seinen Landsleuten das zu vermitteln, was von der geheimen Überlieferung übrig geblieben war, die damals, als die Esoterische Schule (Mi Tsung) noch in ihrer Blüte stand, die vorherrschende Schule ihrer Ahnen war. Das Shingon schützt ebenso wie seine tibetische Entsprechung, das Vajrayana oder Mantrayana, seine Yoga-Geheimnisse vor der Profanierung, indem es ihre Weitergabe auf die Initiierten beschränkt.

Dem besonderen Entgegenkommen von Ta-hais Freunden war es zu verdanken, dass dem jungen Engländer Ah Jon, wie sie mich nannten, erlaubt wurde, den Riten beizuwohnen und sogar aktiv an ihnen teilzunehmen, obwohl mir selbst die allererste vorbereitende Initiation fehlte. Die Liebenswürdigkeit dieser Menschen war wirklich ganz außergewöhnlich.

Der «Wald der Einsiedler» stand auf einer leichten Anhöhe in der Nähe von Causeway Bay in einer damals teilweise noch ländlichen Umgebung und war ein gewöhnlich aussehendes Haus in eher westlichem als chinesischem Stil. Die meisten Räume, zu denen breite, verglaste Veranden gehörten, sahen so aus, wie man sie in jener Zeit in vielen Wohnungen des Mittelstandes in Hongkong finden konnte; aber im oberen Stockwerk befand sich das wunderschöne Zimmer, das ich beschrieben habe und das immer vom Duft des Sandelholz-Räucherwerks erfüllt war. Hinter dem Altar mit seinem kunstvollen Arrangement silberner Gegenstände befanden sich mehrere bemalte Tafeln, von denen die mittlere neun «Meditations-Buddhas und Bodhisattvas» darstellte, die, um die Mitte geschart, auf den Blütenblättern einer Lotosblume saßen. Diese und die Figuren auf den seitlichen Tafeln waren in hellen, frischen Farben gehalten und hatten stilistisch eine ausgesprochene Ähnlichkeit mit den zauberhaften

Fresken, die an den Wänden der alten buddhistischen Höhlentempel in China, Indien und Ceylon zu sehen sind. Die Ähnlichkeit beschränkte sich nicht nur auf Anordnung, Haltung und Symbolik, sondern lag hauptsächlich in dem feinen Ausdruck der duftigen Zartheit der Figuren; die über den Wolken schwebten, schienen wahrhaftig rein geistige Wesen zu sein, und die mit Flügeln geschmückten glaubte man wirklich fliegen zu sehen.

Ikonographisch glich die mittlere Tafel in etwa einer bestimmten Form des tibetischen Mandala. Im Zentrum des Lotos befand sich der Buddha Vairocana; vier andere Meditations-Buddhas, welche die Energien der Weisheit und des Mitleids darstellten, saßen auf den Blütenblättern in jeweils einer der vier Himmelsrichtungen, und vier Bodhisattvas hatten ihren Platz auf den dazwischenliegenden Blättern.

Von der Schönheit dieser Darstellung zutiefst berührt, hatte ich jedoch keine Ahnung von ihrer esoterischen Bedeutung. Wenn ich daran zurückdenke, kann ich nicht an der gemeinsamen Abstammung der japanischen Shingon- und der tibetischen Vajrayana-Schule zweifeln, wenn auch die erstere nur einen kleinen Teil ihres Erbes bewahren konnte.

Als ein Neuling, von China angezogen auf Grund meiner Bewunderung für die Schönheit und Weisheit, die ich aus Waleys und Obatas Übersetzungen der chinesischen Dichtung und aus ähnlichen Quellen herausgelesen hatte, war ich begierig danach, mich jeglicher Erfahrung auszusetzen, die meine chinesischen Freunde anzubieten hatten. Und so ließ ich mich mit Leichtigkeit auf ihre Lebensweise ein und tat kritiklos alles, was sie erwarteten, wobei ich das Verstehen auf später verschob.

An einem oder zwei Abenden in der Woche versammelten wir uns auf einer geschlossenen Veranda, die sich an den Altarraum anschloss. Die anderen waren in chinesische Gewänder gekleidet, die sie über weiten Seidenhosen trugen, und ich kam in den Kleidern, die ich von Europa mitgebracht hatte und die sich – vor allem die Hosen – als herzlich ungeeignet erwiesen, um darin während der Zeremonien mit gekreuzten Beinen auf einem Kissen zu sitzen.

Bald begann ich, mit einer Seidenhose in der Tüte zu unserem

Versammlungsort zu kommen, um sie anzuziehen, wenn wir unsere Mäntel oder Jacken gegen Gewänder aus reinweißem Stoff mit weiten Flügelärmeln austauschten, bevor wir den Altarraum betraten. Nach ungefähr einem Monat ging ich noch einen Schritt weiter, indem ich bereits in chinesischer Kleidung erschien, obwohl es damals wirklich einigen Mutes bedurfte, um als Engländer «Eingeborenenkleidung» in einer britischen Kolonie zu tragen. Das hieß, von den meisten der eigenen Landsleute zutiefst verachtet zu werden und einiges freundlich versteckte Amüsement bei den vielen Chinesen hervorzurufen, die glaubten, der Fortschritt liege im blinden Nachäffen der militärisch mächtigeren westlichen Nationen. Aber ich war zufrieden mit der Zustimmung Ta-hais und seiner Freunde.

In glückseliger Kritiklosigkeit all dem gegenüber, was diese Freunde meinten, mir beibringen zu können, und bereit, ohne viel Aufhebens dasselbe zu tun wie sie, versuchte ich mein Bestes, mich genau so zu verhalten wie jedes andere Mitglied des «Waldes der Einsiedler», obwohl die anderen so entgegenkommend und gutwillig waren, dass sie jegliches Widerstreben von meiner Seite uneingeschränkt verziehen hätten.

Zum Beispiel hätten sie mich angesichts dessen, dass die meisten Engländer es für entwürdigend hielten, ihren Kopf bis zur Erde zu beugen, gerne von der Verpflichtung der Kotaus vor Lai Fo-shih als unserem Dharma-Meister entbunden. Ich jedoch, ängstlich bestrebt, alles zu vermeiden, was in chinesischen Augen als Unschicklichkeit hätte erscheinen können, bestand auf dem Kotau, obwohl er mich aus mancherlei Gründen in die lächerlichste Verwirrung stürzte.

Diese Beschreibung meines damaligen Verhaltens gewinnt Bedeutung hinsichtlich dessen, was ich jetzt über die Mantras erzählen will; der springende Punkt war, dass ich jeden Aspekt dieser kunstvollen Shingon-Riten für gegeben hinnahm, bewegt von ihrer Schönheit und überzeugt, dass sie einen tiefen symbolischen Sinn enthielten, der mir zu gegebener Zeit schon klarwerden würde. Dies halte ich für einen besseren Ausgangspunkt, um echtes Wissen über solche Dinge zu erlangen als das Gegenteil – nämlich die vorgefasste Meinung, dass etwas, das innerhalb der Vorstellung der eigenen Kultur als trivial oder unsinnig erscheint, notwendigerweise auch so sein muss. Geduldig lernte ich, meine Finger zu Mudras (rituelle Gesten) zu verschlingen und Mantras zu rezitieren, obgleich ich es damals nicht besser verstand, als sie mit Zaubersprüchen gleichzusetzen.

Außer Ta-hai nahmen mich noch zwei andere, die ein wohlwollendes Interesse für den jungen englischen Neophyten empfanden, unter ihre Fittiche – Pun Yin-ta, den die jüngeren Mitglieder mit «Älterer Bruder» ansprachen, und ein Verwandter von ihm, der «Fünfter Onkel» genannt wurde. Mit ihrer Hilfe lernte ich gerade genug über die äußere Form der Riten, um ohne allzuviel Ungeschicklichkeit mitmachen zu können.

Beim Betreten des Altarraumes standen wir zuerst einem Fenster zugewandt und vollzogen einige Mudras der Reinigung, jedes mit seinem zugehörigen Mantra, das meinem Ohr ebensoviel Wohlklang bescherte, wie es meinen Geist mit Geheimnissen umhüllte. Dann verbeugten wir uns dreimal vor dem Altar bis zum Boden und ließen uns dann mit gekreuzten Beinen auf den Sitzkissen nieder.

Nahe bei dem niedrigen Altar saß der erste Zelebrant (oft war es der «Fünfte Onkel»), so dass der Weihrauchbehälter und andere Kultgeräte bequem in seiner Reichweite lagen. Auf der einen Seite saßen die Musiker, die den Ritus mit Klarinette und Zimbel (vom «Älteren Bruder» gespielt), klingelnden Instrumenten und einer Trommel begleiten. Der Haupt-Ritus, der mit einem melodiösen Lobgesang begann und mit einem Mantra endete, dauerte gut eine Stunde. Einige Passagen der Liturgic wurden gesungen; andere, einschließlich der Mantras, wurden ebenfalls gesungen oder intoniert, aber in einer Weise, die eine gewisse Ähnlichkeit mit den Gesängen bei bestimmten katholischen oder orthodoxen Zeremonien hatte.

Die Mantras, die im Allgemeinen drei, sieben, einundzwanzig oder hundertacht Mal rezitiert wurden, je nach ihrer Länge, waren alle in der eigenartigen Sprache abgefasst, die weder Chinesisch noch echtes Indisch war und von der ich bereits ein Beispiel zitiert habe. Sie wurden begleitet von komplizierten Gesten, von den anderen mit liebenswürdiger Anmut gestaltet, während meine Finger, die nicht über die chinesische Geschmeidigkeit verfügten, jene Unbeholfenheit verrieten, die ich empfand. Die Liturgie war so schön, dass ich, auch wenn ich nichts von ihrer Bedeutung verstand, freudig die Qual der Krämpfe in meinen Waden hinnahm. So jämmerlich der Schmerz mich in einer anderen Situation beeinträchtigt hätte, hier saß ich in Faszination versunken bis zu dem Augenblick, in dem ich mich irgendwie auf meine Füße hochrappeln musste, um das abschließende dreifache Niederwerfen zu vollziehen.

Ich wollte, ich könnte einen klaren Bericht über die innere Bedeutung solcher Riten geben und über das, was auf die Gesichter der anderen Teilnehmer den Ausdruck von Menschen zeichnete, denen eine tiefgreifende spirituelle Erfahrung zuteil wurde. Aber leider konnte ich an diesen Sitzungen nicht lange genug teilnehmen, um zu einem intuitiven Verständnis zu gelangen; und obwohl meine Freunde ihr Bestes taten, um mir den Text der Liturgie zu erklären, war meine Kenntnis der chinesischen Sprache (oder besser, des kantonesischen Dialekts, der in Hongkong gesprochen wird) zu gering, als dass ich großen Erfolg damit hätte haben können.

Der «Fünfte Onkel» und die anderen versuchten geduldig, mich in ihrem köstlich akzentuierten Englisch zu unterrichten, aber das Thema war zu schwierig, und vieles von dem, was sie mir vermittelten, habe ich nicht zuletzt deshalb vergessen, weil ich später meine Beschäftigung mit reineren chinesischen (und danach auch tibetischen) Formen des Buddhismus wieder aufgenommen hatte. Der Hauptzweck der Riten lag darin, die mystische intuitive Erkenntnis zweier einander durchdringender Bereiche des Bewusstseins, des relativen und des absoluten, anzuregen; die Mantras und Mudras waren ein Teil der Hilfsmittel, und die äußeren Riten weckten eine tiefe intuitive Erfahrung, die sie symbolisierten.

Eine vage Ahnung von der Macht der Mudras wurde mir durch die hundertachtmalige Rezitation einer einzigen Silbe zuteil – BRONG. An einer bestimmten Stelle der Liturgie wurde die Trommel mehrmals geschlagen, und bei jedem Schlag gaben wir mit tiefer Stimme ein BRONG von uns. Was dieses Wort bedeutet und wie man es in Sanskrit aussprechen würde, weiß ich nicht, aber die Wirkung seiner rhythmischen Rezitation war ganz außergewöhnlich. BRONG! BRONG! BRONG! Während diese hundertacht Schreie nachhallten, breitete sich eine übernatürliche Stille aus. Mein Geist, der nun die Schmerzen in den Beinen völlig vergessen hatte, schwang sich auf in höhere Regionen und gelangte in einen Zustand glückseliger Klarheit.

Dieser Übergang, den mein Bewusstsein in kleinerem oder größerem Ausmaß auch bei andern Mantras erleben sollte, ist etwas, das man nur durch eigene Erfahrung verstehen kann; es kann nicht in Worte gefasst werden. Damals war das so neuartig und in gewisser Hinsicht so niederschmetternd, dass die Rückkehr zu einem normalen Bewusstseinszustand ein wenig von jenem Entsetzen begleitet war, das jemand empfinden mag, der vom Rande einer ungeheuerlichen Tiefe zurücktritt! Keines der anderen Mantras, die wir bei solchen Sitzungen rezitierten, übte eine besonders bemerkenswerte Wirkung auf mich aus, und so kam ich zu dem Schluss, dass die Magie nicht im Mantra, sondern in den Trommelschlägen lag – ein Missverständnis, das erst viele Jahre später behoben wurde.

Wann immer ich Ta-hai, der kaum Englisch sprach, nach der Bedeutung, dem Zweck oder der Wirkungsweise der Mantras befragte, überließ er es dem «Fünften Onkel», es zu erklären. Wir hatten bereits eine Unterhaltung über dieses Thema gehabt, die etwa folgendermaßen verlaufen war: «Onkel, im *fa* (‹Ritus›) gibt es einige Teile, die man, soviel ich weiß, *chou* (‹Mantras›) nennt. Ihre Rezitationsweise ist seltsam, selbst die Sprache klingt kein bisschen Chinesisch. Ist es etwa Japanisch?»

Während er breit lächelte und seine Augen vor Vergnügen tausend Fältchen bekamen, dachte er einen Augenblick nach und ließ dann ein so gräuliches Wort wie «Hongkanjapchinsanskesisch» vernehmen, worauf ein jeder in Hörweite nach einem Moment der Verdutztheit in Gelächter ausbrach.

«Was in aller Welt soll das heißen?», fragte ich.

«Haha. Es heißt, Laute, die du hörst, sind hongkong-kantonesische Art zu sprechen Master Lais Kantonesisch-Japanisch, wenn liest chinesische Worte, aufgeschrieben vor tausend Jahren, damit wir wissen, was für Laute indische Mönche machen, wenn gebrauchen Sanskrit-Mantras! Vielleicht Geister von indischen Mönchen erstaunt, wenn kommen hierher und hören uns jetzt. Vielleicht nicht erkennen ein Wort, eh, Ah Jon?»

Wie das so ist, beinhaltete Onkels kleiner Scherz einen wichtigen Grundsatz, über den ich mir viele Gedanken gemacht habe, als ich dieses Buch vorbereitete. Es wurde so oft schon die Meinung vertreten – und sogar von klugen Leuten –, dass die Wirkungskraft eines Mantra auf den «Schwingungen» beruhe, die es ausstrahle, und darum eine äußerst genaue Aussprache erfordere. Wäre das tatsächlich so, so könnten die Sanskrit-Mantras, die von Chinesen, Tibetern oder Japanern rezitiert werden, schwerlich wirkungsvoll sein, da die Laute, die man von ihnen hört, oft nicht als Sanskrit zu erkennen sind. So wird etwa SVAHA in Sanskrit zu SOHA im Chinesischen und Tibetischen, und zu SAWAKA im Japanischen. Ähnlich wird AUM zu OM, UM und sogar zu UNG, ONG oder ANG in verschiedenen Sprachen und Dialekten, und dennoch behalten sie wunderbarerweise ihre Wirksamkeit, wenn die geistigen Bedingungen, unter denen die mantrischen Silben gebraucht werden, in der rechten Weise beachtet werden.

Daraus folgt, dass man Lama Govindas Erklärung der Wirkungsweise akzeptieren muss, dass die eigentliche Kraft des Mantras weniger in ihrem Klang liege als im Geist dessen, der das Mantra gebraucht. Dies ist ganz unzweifelhaft der Fall bei Mantras, die im Ablauf der Yoga-Kontemplation verwendet werden, obwohl es möglicherweise weniger auf die Mantras zutrifft, die man für gewisse andere Zwecke benützt.

Als ich das nächste Mal mit dem «Fünften Onkel» über dieses Thema sprach, wollte ich eine Frage stellen, die jene, die nichts von der Wirkungsweise der Mantras wissen, gerne mit ganz gehöriger Geringschätzung zu stellen pflegen. «Onkel, wie können Wörter, die nicht einmal für denjenigen einen Sinn haben, der sie ausspricht, zu irgend etwas gut sein, geschweige denn, dass sie ihn auf seinem spirituellen Weg unterstützen könnten? Man kann doch sicher nicht annehmen, dass übernatürliche Kräfte nur jenen antworten, die sich in einer speziellen Sprache an sie wenden?»

Diesmal lächelte er nicht. Er suchte nach einer Möglichkeit, seine Gedanken auf Englisch auszudrücken, und antwortete ernsthaft: «Wörter mit Bedeutung gerade gut für gewöhnlichen Gebrauch – nicht viel Macht, und kommen dir in den Weg wie Felsen, die Boot kentern lassen. Wörter mit viel Macht zeigen nicht wirkliche Bedeutung – am besten vergessen Bedeutung und Geist frei halten.»

Ich bezweifle, dass ich ihn damals richtig verstand, aber heute weiß ich, dass er etwas von dem tiefen Mysterium zu offenbaren versuchte, das der Sache zugrunde liegt. Vorerst blieb mir nichts anderes übrig, als weiterhin die weise Klugheit meiner Freunde auf Treu und Glauben hinzunehmen und auf die Wirksamkeit der Mantras zu vertrauen. Dies tat ich noch viel bereitwilliger, nachdem ich die Gelegenheit hatte zu entdecken, dass der «Fünfte Onkel», weit entfernt davon, sich auf blinden Glauben oder Hörensagen zu verlassen, in seiner Art ein Experte war. Durch den Gebrauch mantrischer Riten hatte er einen außerordentlichen Sieg über einen der furchtbarsten Dämonen der Menschheit davongetragen!

So hatte er sich vor kurzem selbst von einer lebenslangen Opiumsucht mit hohen täglichen Dosen geheilt, ohne Zuflucht zu medizinischer Hilfe oder zu der Methode des schrittweisen Entzugs zu nehmen; indem er die Droge plötzlich und vollständig absetzte, hatte er sich gänzlich auf die Hilfsquellen seines eigenen Geistes verlassen, und was ihn aufrecht hielt und stärkte, war der Vollzug von Yoga-Riten, mehrere Stunden lang jeden Tag, über einen Zeitraum von einigen Monaten hin.

Während dieser ganzen Zeit blieb er taub für die Vorhaltungen seiner besorgten Verwandten, die ihm versicherten, dass seine strikte Weigerung, sich in ärztliche Behandlung zu begeben, ihn das Leben kosten würde. Die entsetzlichen Auswirkungen des plötzlichen Entzuges bei starkem und über lange Zeit sich erstreckendem Gebrauch von Opiaten sind inzwischen so weitgehend bekannt, dass dieses Meisterstück des «Fünften Onkels» heute sicherlich mit größerer Bereitwilligkeit gewürdigt wird als damals, als das frühere Buch erstmals erschien. Besonders bei älteren Leuten erweisen sich solche Auswirkungen, auch wenn sie in klinischer Behandlung abgeschwächt werden, als verhängnisvoll. Kaum weniger bemerkenswert ist die Tatsache, dass trotz der Schockwirkung auf sein Nervensystem, die auf einen plötzlichen Entzug nach mehr als dreißig Jahren Suchtbefriedigung erfolgt sein muss, der Onkel seine Gesundheit völlig wiedererlangte und danach von jeglichem Verlangen nach der Droge befreit war.

Einmal, als wir den Abend mit einer Gesellschaft von Freunden in einem taoistischen Tempel in den Bergen von Kwangtung verbrachten, schlug jemand, der nichts von Onkels Vergangenheit wusste, vor, dass wir uns den Abend mit ein wenig Opium versüßen sollten, woraufhin ein Tablett mit Gerätschaften hereingebracht wurde; und der Onkel lag einige Stunden lang neben der Lampe und stopfte für einen nach dem anderen eigenhändig die Pfeife. Da lag er mit einem leichten Lächeln, während die Rauchwolken mit ihrem einst für ihn so verführerischen Duft über der Liege schwebten; vollkommen gleichmütig redete er über dies und das, während seine Finger den silbernen Spieß drehten, auf dem die aufgereihten Opiumkügelchen über der Lampe erhitzt wurden, in stiller Heiterkeit und unbewegt von dem, was für andere in seiner Situation eine bei weitem qualvollere Versuchung gewesen wäre als für einen geheilten Alkoholiker eine offene Bar ohne jemanden, der ihn zurückgehalten hätte.

Als wir, heimlich beschämt darüber, dass wir es zugelassen hatten, ihn solch einer Prüfung zu unterziehen, unserer Bewunderung Ausdruck gaben, erzählte er uns lachend, dass sein eigener Altarraum die beste aller Kliniken und die Kraft der Mantras die beste aller Medizinen gewesen seien.

Um zu jenen früheren Gesprächen zurückzukehren, so kam eine Zeit, da mein westlich erzogener Geist sich dagegen auflehnte, die Vorstellung, dass «sinnlose Worte mit Macht erfüllt sein können», zu akzeptieren. Je mehr ich über jene Passagen der in verfälschtem Sanskrit rezitierten Liturgie nachdachte, desto mehr hatte ich das Gefühl, dass mit ihnen ein starkes Element der Selbsttäuschung verbunden sein musste. Dann versetzten mich eines Abends die mantrischen Rezitationen im Altarraum in einen merkwürdig gehobenen Zustand, der nicht allein auf den sinnlichen Reiz zurückzuführen war, der von der unheimlichen Musik ausgelöst wurde, und der auch nicht allein dem eintönigen Singsang und dem Geruch des Sandelholz-Weihrauchs zugeschrieben werden konnte. Wie üblich blieben einige von uns nach dem Ritus auf der Veranda und unterhielten sich ruhig. Jemand sagte, als er meine gehobene Stimmung bemerkte, anerkennend: «Ah Jon fängt an, seinen Weg zu finden.»

Die anderen lächelten, aber ich sagte: «Merkwürdig! Die Riten sollen uns helfen, einen Zustand zu erreichen, in dem wir eine gewisse Wahrnehmung der eigentlichen Natur unseres Geistes erlangen – eines Geistes, der nicht euer oder meiner ist, sondern das Spiel des unbegrenzten Tao. Jetzt gerade schien das so zu sein, aber es könnte auch die Wirkung all dieser Schönheit gewesen sein, oder die Versunkenheit der Menschen um mich herum hat mich davongetragen.»

Freundschaftlich fragten sie mich weiter aus, und irgendwie geschah es, dass ich mit meiner Meinung herausplatzte, dass Mantras und Mudras nicht mehr tun könnten, als ein bereitwilliges Gefühl für das Mysterium des Ritus hervorrufen. Darauf sagte ein alter Mann, dessen Namen ich nicht mehr weiß (obwohl ich ein klares Bild seines Gewandes aus weißer schimmernder Seide vor Augen habe, das noch nicht die freundliche gelbe Tönung angenommen hatte, die mit dem Alter kommt), kurz und bündig auf kantonesisch: «Die Jungen müssen erst gehen lernen, bevor sie Meinungen über das Fliegen äußern.»

Solch ein frostiger Tadel von einem, der mehr als einmal auf die Ungehörigkeit hingewiesen hatte, einen Nicht-Initiierten zu ihren Riten zuzulassen, machte es unmöglich, die Sache weiter zu verfolgen; aber ein jüngerer Mann, dem es leid tat, mich so zurückgewiesen zu sehen, überholte mich auf dem Weg zur nächsten Trambahnhaltestelle und überredete mich zu einem «burn night» (ein kantonesischer Ausdruck, der so viel wie ein spätes Abendessen bedeutet) mit ihm in einem nahe gelegenen Teehaus. Über einer Schüssel Nudeln verbreitete er sich geläufig und mit Geschick über das Thema Mantra.

«Gewöhnliche Leute, Ah Jon, benützen Mantras als Zauberformeln, um Glück zu haben oder Krankheit und anderes Unheil abzuwehren. Vielleicht haben sie ganz recht damit, da die Mantras oft Erfolg haben, aber ich verlange nicht, dass du das glaubst. Was ich dich bitten möchte zu glauben, ist, dass sie die größte Hilfe auf dem Weg zur Veränderung des Bewusstseins sind. Sie bewirken das, indem sie deinen Geist zur Ruhe bringen, anstatt dass er hinter Gedanken herjagt.»

Er fuhr fort zu erklären, dass sie, frei von Bedeutung, nicht wie Gebete, Anrufungen usw. das begriffliche Denken förderten, und dass, da jedes Mantra in geheimnisvoller Beziehung (er konnte nicht erklären, was für eine Art von Beziehung) zu den vielen verschiedenen potentiellen Kräften tief in unserem Bewusstsein stehe (vielleicht meinte er das Unbewusste), es einen dazu bringen könne, in einen Zustand zu fallen, der auf andere Weise nur schwer zu erreichen sei.

Ich kann mich nicht genau an seine Worte erinnern, aber ich weiß, dass er der erste war, der eine Vorstellung in Worte fasste, die später durch meine eigenen Erfahrungen in reichem Maße bestätigt wurde. Darum erinnere ich mich noch heute so lebhaft an diese Begebenheit. Als er mit mir auf dem Oberdeck einer Trambahn in Richtung zum Zentrum Hongkongs saß, führte er das Gespräch weiter und sagte, dass der Gebrauch von Worten mit Bedeutung bei jeder Art von religiöser Praxis nutzlos sei, da Worte das dualistische Denken förderten, welches den Geist daran hindere, in einen wirklich spirituellen Zustand zu gelangen.

Seine letzten Worte, die er mir ziemlich laut nachrief, da ich schon dabei war, aus der Tram auszusteigen, waren: «Leute, die mit Worten beten, sind noch Anfänger. Tu's nicht!» Einige Passagiere, die Englisch verstanden, warfen ihm einen Blick zu, als ob sie ihn für ein bisschen verrückt hielten, und ich selbst war völlig fassungslos über sein ganz unchinesisches Ungestüm, aber ich weiß heute, dass er überaus weise war.

Die Englischkenntnisse des «Fünften Onkels» reichten, wenn sie auch für die meisten Zwecke vollauf genügten, nicht aus, um mich mit Sicherheit wissen zu lassen, wie er über Mantras dachte, aber ich stelle mir vor, dass er ebenfalls glaubte, der *Klang* mantrischer Silben beschwöre entsprechende Regungen in den Bewusstseinstiefen dessen, der die Mantras gebraucht. Dieser Nachdruck auf dem Klang war besonders verwirrend angesichts seines Scherzes über «Hongkanjapchinsanskesisch». Ich frage mich, ob er mehr einen «ideellen Klang» meinte – etwa eine geistige Vorstellung von dem Laut OM – als den speziellen Klang, der von den Lippen eines jeden Individuums geformt wird. Unglücklicherweise starb der «Fünfte Onkel» viele Jahre bevor sich mir diese Frage zum erstenmal stellte.

Etwa einen Monat nach dieser denkwürdigen Trambahnfahrt erhielt ich die erste der zwei wichtigsten Shingon-Initiationen, die jedoch weniger Nutzen brachte, als ich erhofft hatte; das esoterische Ritualbuch, zu dem ich nun Zutritt hatte, war natürlich chinesisch geschrieben, und ich konnte selbst mit Hilfe meiner englisch sprechenden Freunde nicht viel damit anfangen. Und, was noch dazu kam, mein Studium des Shingon endete plötzlich, weil ich von Ta-hais unversehens erwachter Begeisterung für einen anderen Zweig des esoterischen Buddhismus angesteckt wurde – das Vajrayana. Dieses neue und faszinierende Studium hatte viel mit Mantras zu tun, aber bald behinderte mich wieder die Schwierigkeit der chinesischen Texte.

In der nächsten Zeit war das Einzige, was mich davor zurückhielt, wieder in den völligen Unglauben gegenüber der Wirksamkeit der Mantras zurückzufallen, mein Vertrauen in die Weisheit Ta-hais, des «Fünften Onkels» und der anderen. Es wäre anmaßend von einem jungen Mann aus einer für sie fremden Kultur gewesen, irgendeine der Überzeugungen solch weiser Menschen einfach von sich zu weisen.

Von den Shingon-Mantras, die ich damals lernte, lautete eines folgendermaßen: ONG KALO KALO SENDARI MATONGI SAWAKA. Ich entsinne mich nicht, welchem Zweck es dient, aber es hat sich als eigenartig wirkungsvoll erwiesen, um Furcht und Hysterie bei anderen zu beschwichtigen. Wäre die Wirkung der Mantras auf die Kraft des Beruhigens und Heilens beschränkt, so wären sie in spiritueller Hinsicht von nicht größerer Bedeutung als die Sprüche der Weißmagier; aber ich weiß, dass meine Freunde der Überzeugung waren, dass es diese und jene

Mantras gibt, in aufsteigender Ordnung vom Heilmittel für Krankheiten bis zu einem verschleierten Gipfel jenseits aller Vorstellungen, außer in der Erfahrung vollendeter Mystiker. Natürlich wurden die großen Mantras nicht an die Neophyten weitergegeben – man braucht keinen Traktor, um eine Ameise zu zerquetschen, und einen Wal harpuniert man nicht mit einem Zahnstocher!

Kurz bevor ich Hongkong verließ, um nach China weiterzureisen, eröffnete mir ein Ereignis von größter Bedeutung – obwohl ich zu jener Zeit noch nicht viel Bedeutung darin sah – den Weg zu wertvollem Wissen über die Yoga-Kontemplation einschließlich der mantrischen Methoden und vielem anderem, was mir mehr als zwanzig Jahre später von großem Nutzen war. Dies war meine erste Initiation in die Vajrayana-Schule, die lange Zeit die Hochburg yogischer Weisheit gewesen war, die vor fast zweitausend Jahren in Indiens großer Mönchsuniversität, Nalanda, ihre Entstehung hatte. Als Ta-hai ziemlich plötzlich damit anfing, in mich zu dringen, dass es das Beste sei, irgendwo anders als in der Shingon-Schule nach Methoden zu suchen, mit denen man rasche mystische Verwirklichung erzielen konnte, kamen meine Studien der Shingon-Lehre von den zwei einander durchdringenden Bereichen des Bewusstseins, des Garbhadharu (Relativer Bereich) und Vajradhatu (Absoluter Bereich) zum Stillstand. Meines Freundes Begeisterung für etwas, das er (zu Recht, meine ich) für den reicheren und vielfältigeren Schatz yogischen Wissens hielt und das sich im Besitz der tibetischen Lamas befand, riss mich mit fort, obwohl dies Erstaunen und eine gewisse Missbilligung bei meinen Freunden hervorrief.

Damals war das Vajrayana in Hongkong und dem südöstlichen China ganz allgemein so gut wie unbekannt, wogegen es im Norden zweimal weite Verbreitung gefunden hatte, einmal unter der Mongolenherrschaft (1280–1368) und dann noch einmal in der Ta Ching-Dynastie, die von den Mandschus errichtet worden war (1644–1911). Inwieweit bereits frühere Studien meinen Freund in diese Richtung geführt hatten, weiß ich nicht; was die Sache jedoch vorwärtsbrachte, war die Ankunft eines berühmten tibetischen Lama in Hongkong, der selbst in chinesischer Sprache lehren konnte, anstatt mittels eines (oft untauglichen) Übersetzers. Das war damals wie heute eine seltene Leistung.

Auf Ta-hais Drängen hin gab der Lama nach und entschloss sich, lange genug in Hongkong zu bleiben, um eine Gruppe von chinesischen Laien zu unterrichten, die, da sie bereits in der buddhistischen Lehre und der Yoga-Praxis gut bewandert waren, bald für eine allgemeine Initiation vorbereitet werden konnten, die sie ermächtigte, die Yoga-Methoden, welche er lehrte, auch nach seiner Abreise nach Lhasa auszuführen. Noch einmal wurde der junge Engländer Ah Jon dank Ta-hais liebevoller Bürgschaft in einen Kreis von Mystikern aufgenommen, obwohl er weit davon entfernt war, dieser Ehre würdig zu sein.

Nachdem Ta-hai die Erlaubnis des Lama erhalten hatte, dass ich mitmachen durfte, verkündete er voller Begeisterung auf Kantonesisch: «Die Shingon-Lehren, die Meister Lai vom Berge Koya mitgebracht hat, sind zwar wertvoll, enthalten aber weniger als den zehnten Teil von dem, was wir von unserem tibetischen Lama lernen!» Über diesen Punkt waren die Mitglieder des «Waldes der Einsiedler» allerdings geteilter Meinung; einige besuchten eifrig den Studienkurs des Lama; andere, einschließlich des «Fünften Onkels» und des «Älteren Bruders», hielten sich nachdenklich abseits.

Der Unterricht ging wochenlang Tag und Nacht voran. Behindert durch sprachliche Probleme und durch meine Arbeit – ich hatte angefangen, in einer Schule am entlegenen Ende der Kowloon-Halbinsel zu unterrichten – machte ich wenige Fortschritte. Trotzdem wurde mir gestattet, die Initiation zu empfangen, die den Höhepunkt unserer Studien bildete. Der Lama war ebenso wie Ta-hai von Freude erfüllt, dass er einem westlichen Buddhisten (eine seltene Spezies im damaligen China) begegnet war. Einer wie der andere gestanden sie mir beispiellose Privilegien zu. Der Lama, der meine bescheidenen Einwände mit einem Lächeln beiseite schob, bemerkte, dass er, auch wenn es noch vieler Jahre bedürfe, bevor ich von der Initiation tatsächlich Gebrauch machen könne, in meinen Geist «einen Samen gelegt» habe, von dem man sicher sein dürfe, dass er zur rechten Zeit aufgehen würde.

Vom heutigen Standpunkt aus betrachtet liegt die Wichtigkeit dieser Initiation darin, dass sie mich – abgesehen von dem Umstand, mir den Weg zum Studium des Vajrayana geöffnet zu haben – davor bewahrte, mich wachsender Skepsis gegenüber den Mantras zu überlassen, denn der Lama wirkte in dieser Hinsicht auf mich sehr überzeugend. Obwohl ich pflichtgetreu die Sanskrit-Mantras in ihrer tibetischen Gestalt wiederholte, die für die Initiation erforderlich waren, konnte ich nur wenig mehr als einen wehmütigen Halbglauben an ihre Macht über den Geist aufbringen.

Bald nach der Abreise des Lama fuhr ich ins eigentliche China, das ich viele Jahre lang durchwanderte, wobei ich hin und wieder einen Lehrerposten annahm, wenn ich gerade kein Geld hatte, und oft wochen- oder monatelang in buddhistischen oder taoistischen Klöstern lebte. Doch von Zeit zu Zeit kehrte ich nach Hongkong zurück, um meine Freunde zu besuchen.

Der Beginn des Verstehens

Wieder einmal hatte sich der Vorhang über einer ungewöhnlichen Szene gehoben. Die großen Tempel, die ich in China besucht hatte, lagen tausend Meilen weit im Osten. Hier in den Vorbergen des Himalaja, die sich längs der indisch-tibetischen Grenze erheben, gab es viele Adepten des Yoga, jedoch keine architektonischen Wunder, die ein längst vergessenes Zeitalter überlebt hatten. Nach einigen Tagen des Wanderns durch die Berge war ich zu einem ländlichen Tempel gelangt, den man aus den Materialien erbaut hatte, die gerade zur Hand gewesen waren. Er war schlicht viereckig und erhob keinerlei Anspruch auf künstlerischen Wert; lediglich ein bemalter Eingang und ein pyramidenförmiges Dach deuteten auf seinen sakralen Zweck hin.

Im düsteren Innenraum saß eine Handvoll Lamas in Gewändern von schmuddeligem Kastanienbraun mit gekreuzten Beinen auf ihren Sitzkissen vor einem Altar, der mit Butterlampen, Silberschalen mit Opfergaben und einigen jener eigenartigen Figuren bedeckt war, die man Torma nennt und die aus Teig und Butter gefertigt sind. Schwere Wolken von Weihrauch hingen in der Luft.

Wo in einem reicheren Tempel ein großartiges Bildnis gestanden hätte, hing ein brüchiges Thanka (Rollbild), das eine weibliche Gottheit in ihrem zornigen Aspekt darstellte, ein Fuß erhoben und auf das andere Knie gestützt, der andere Fuß auf eine Sonnenscheibe tretend, die von einer Leiche gestützt wurde, welche wiederum auf einem Abbild des Mondes über einer riesigen Lotosblüte lag. Das Diadem, das ihr flammenartiges Haar umgab, bestand aus menschlichen Schädeln; ein Halsschmuck aus finsteren Köpfen zierte ihr nacktes, prangend rotes Fleisch. Trotz der Unheimlichkeit dieser Attribute empfand ich nichts

Unangenehmes, da der Ausdruck auf den Gesichtern der Lamas beeindruckend sanft und freundlich war. So bizarr die Symbole auch waren, die sie zu ihrer Meditation gewählt hatten, so konnte man doch schwerlich bezweifeln, dass sie Menschen mit freundlichem Gemüt und heilsamen Gedanken waren. Zu dem unheimlichen Klingeln der Vajra-Glocken und dem Pochen der wirbelnden Handtrommeln, die von Kügelchen an Lederriemen geschlagen wurden, ergoss sich eine Flut von Klängen, die eher aus ihrem Bauch als von ihren Stimmbändern zu kommen schienen. Mehr denn je zuvor erkannte ich die Macht der Mantras, den Geist in ein Gefilde seliger Stille zu erheben. Auch gefiel mir der Gedanke, dass die Szene in jeder Hinsicht so war, wie sie von Reisenden in dieser Gegend schon vor tausend oder mehr Jahren erblickt wurde.

Bevor ich China verließ, war der Samen, den der tibetische Lama in Hongkong in meinen Geist gepflanzt hatte, hin und wieder begossen worden, da ich mich oft in Klöstern tibetischen Stils in den abgelegeneren Provinzen aufgehalten hatte. Doch es dauerte noch bis 1948, dem Jahr, in dem ich dem Land, das ich so sehr liebte, traurig Adieu sagen musste, bis ich in engeren Kontakt mit tibetischen Lamas kam und einen unmittelbaren Einblick in die verzaubernde Welt des Vajrayana gewinnen konnte.

In dem darauf folgenden Jahrzehnt stattete ich den Vorbergen des Himalaja mehrere ausgedehnte Besuche ab – dem reizvollen Gangtok und dem von Wildwassern umtosten Kloster Tashiding, beide in Sikkim, und den Bergdörfern innerhalb der indischen Grenzen, wohin so viele hervorragende Lamas während oder nach dem chinesischen Einmarsch in Lhasa geflohen waren.

Die Tibeter sind in vieler Hinsicht ein zutiefst bodenständiges Volk; andererseits sind sie wie Wesen aus einem anderen Zeitalter, so ausgeprägt ist ihre Zufriedenheit mit einfachen Dingen, so spontan ihr Lachen und so beharrlich ihr Vertrauen in Chö – den Heiligen Dharma. Waren sie auch, als verarmte Exilbewohner, oft schäbig gekleidet und ließen die farbenprächtige Ausstattung vermissen, die ihren alten Ritualen prunkvollen Glanz verliehen hatte, so blieben ihre Riten doch beeindruckend – das Rollen und Klirren der Becken, die elementare Kraft der sakralen Melodie, der aufregende Rhythmus der Gesänge und der hingerissene Ausdruck auf den Gesichtern der Zelebrierenden. Man konnte sehen, dass ihr Geist sich in zeitlose Regionen voll der Freude und des Mysteriums erhoben hatte. Dort gewann ich einen neuen Einblick in das Wesen der Mantras. Als Manifestation des heiligen Klanges haben sie ähnliche Eigenschaften wie die tibetische religiöse Musik, die ein Echo der Stimme des Windes an hochgelegenen Orten und des Getöses der Bergflüsse und des Krachens von Donnerschlägen zu sein scheint.

Mehr aus Zufall als planmäßig erhielt ich die Belehrungen und Initiationen von Nyingmapas, das heißt von Angehörigen einer alten Sekte, die in den östlichen Grenzgebieten Tibets – Kham und Amdo (Ch'inghai) – und in dem winzigen Himalaja-Königreich Sikkim verbreitet ist. Es gibt Buddhisten, die der Ansicht sind, dass diese «unreformierte» Schule auf Abwege geraten sei, weil sie ihren klösterlichen Charakter zum größten Teil verloren hat und Nyingmapa-Lamas tatsächlich öfter verheiratete Laien als zölibatär lebende Mönche sind. Möglicherweise sollte man dies beklagen; nichtsdestoweniger ist diese Schule gerade deshalb, weil sie der «Reformierung» entging, in der Lage, bruchlos gewisse geheime Traditionen aufrechtzuerhalten, die in ferne Vergangenheit zurückreichen.

Es gibt keine buddhistische Entsprechung zu der Feindschaft und Rivalität, die das Christentum so tragisch spalteten; die tibetischen Sekten divergieren jedoch eher hinsichtlich ihrer Methoden als in Bezug auf ihre Lehre. So lehren die Nyingmapa-Lamas schon auf einer vergleichsweise frühen Stufe Yoga-Kontemplation und -Übungen, während die Gelugpa-Lamas von den Neophyten ein langes vorbereitendes Studium der Lehre verlangen, mit dem Ergebnis, dass die Yoga-Praxis oft bis ins mittlere Alter hinausgeschoben werden muss. Welches das brauchbarere System ist, bleibe dahingestellt, aber meine Begegnung mit den Nyingmapa-Lamas war sicherlich ein Vorteil, da sie bereitwillig Yoga-Unterricht erteilten.

Natürlich sind keineswegs alle Tibeter Meister der geheimen Yoga-Künste. Im Gegenteil, der Buddhismus ist unter ihnen in seiner populären ebenso wie in seiner höheren Form verbreitet, und so erinnerte mich vieles von dem, was ich am Anfang sah, an die Lage in China, wo man wenig Unterschied machte zwischen Mantras und magischen Formeln.

Zum Beispiel stieß ich, wohin ich in diesen Bergen auch ging, auf den Beweis eines ungeheuren Glaubens an die Wirksamkeit des Mantras OM MANI PADME HUM als schützenden Zauber; es war auf Felsen am Wegesrand eingeritzt und in Mauern eingehauen, die man nur zu seiner Darstellung errichtet hatte, wobei oft jede Silbe in ihrer entsprechenden mystischen Farbe ausgearbeitet war. Überall sah ich Menschen ihre Gebetsmühlen drehen, die Röllchen aus Seide oder Papier enthielten, auf denen das Mantra hundert- oder tausendmal geschrieben stand. Ich habe von größeren Gebetsmühlen gehört, die von wilden Flüssen angetrieben wurden, und ich sah gewaltige metallene Gebetstrommeln neben den Toren der Tempel, wo jeder vorbeigehende Pilger sie in Bewegung setzen kann.

Die Gläubigen intonieren, während sie ihre Gebetsmühlen drehen, die mantrischen Silben und visualisieren sie zudem, so dass die drei Medien des Menschen sich ausdrücken, Körper, Rede und Geist, und alle zusammen am OM MANI PADME HUM teilhaben.

Passagiere in Fernbussen, Bauern, die auf ihren Feldern arbeiten, und zerlumpte Flüchtlinge, die sehnsüchtig in die Auslagenfenster der Geschäfte schauen, rezitieren dieses Mantra stundenlang.

Man nennt es das Mani, und es ist das Mantra des Großen Mitleidsvollen Bodhisattva Avalokiteshvara, der in der Mongolei und in Tibet in der Gestalt des Chenresig und in China (und Japan) als die liebreizende Kuan Yin (Kannon) erscheint. Dass Avalokiteshvara bei den Weisen nicht als Gott oder Gottheit gilt, sondern als eine Geist geschaffene Verkörperung einer Kraft, die zu abstrakt ist, als dass sie auf andere Weise dargestellt werden könnte, vermindert oder vermehrt die Kraft der Mantras nicht. Was für die Ungelehrten eine geliebte Gottheit ist, ist für alle gleichermaßen eine sehr ergiebige Quelle der Inspiration; denn Avalokiteshvara personifiziert, ob man ihn nun für ein selbstexistentes himmlisches Wesen hält oder als geistige Schöpfung des

Gläubigen erkennt, die gewaltige Kraft des Mitleids, das sich unvoreingenommen auf alle Lebewesen in gleicher Weise erstreckt.

Ebensowenig ist der Geschlechtsunterschied zwischen den zwei Manifestationen von Bedeutung, da die sexuellen Attribute der Bodhisattvas ganz und gar nur eine Sache konventioneller Vorstellung sind. Es scheint nahe liegend, den Geist des Mitleids in weiblicher Form zu verkörpern, aber die männliche Verkörperung Chenresigs wird als nicht weniger freundlich aussehendes Wesen dargestellt, dessen Geschlecht nur von denjenigen eindeutig erkannt wird, die mit den Gepflogenheiten der indisch-tibetischen Ikonographie vertraut sind.

Von den unzähligen Geschichten über das Mani ist diejenige, die ich am liebsten habe, zufällig eine chinesische, aber sie ist denen, die bei den Tibetern im Umlauf sind, sehr ähnlich.

Ein engherziger Kriegsherr, der für seine unbarmherzige Grausamkeit bekannt war, musste mit ansehen, wie seine Truppen das Schlachtfeld in überstürzter Flucht verließen, und auch er selbst musste aus der Umzingelung seines Rivalen flüchten. Nachdem er vorsichtshalber seine Uniform weggeworfen und sich in das grobe blaue Tuch der Bauern gekleidet hatte, ritt er wie der Teufel in die Berge. Hungrig und müde hetzte er vorwärts, so schnell sein erschöpftes Pferd ihn tragen konnte. Am zweiten Abend fühlte er sich sicher genug, um die Nacht in einer Einsiedelei am Wegrand zu verbringen.

Als er feststellte, dass die einzigen Bewohner ein bejahrter mongolischer Lama und sein junger Diener waren, zwang er die beiden mit brutaler Roheit, alle tragbaren Gegenstände von Wert, die in der Einsiedelei zu finden waren, in seine leeren Satteltaschen zu packen. Seinen Gastgebern ihre Besitztümer zu stehlen, war schließlich seine üble Art, Gastfreundschaft zu vergelten, da die einzige Aufgabe der Zivilisten darin bestand, den Helden ein gutes Leben zu ermöglichen.

Weil ihm die Mönchszellen zu klein und unbequem waren, befahl er, dass sie im Altarraum eine Liegestatt für ihn aufstellen sollten, und dort fiel er, ungestört vom Licht zweier Butterlampen, welche die Statue der Meitleidsvollen Kuan Yin beleuchteten, in einen unruhigen Schlaf. Der alte Lama, der seinen flegelhaften Verfolger bedauerte, schlich sich nahe zu der Liege und begann, mit gekreuzten Beinen auf den Fliesen an einer dunklen Stelle sitzend, das Mantra OM MANI PADME HUM zu wiederholen, womit er dann in leisem Gemurmel die ganze Nacht lang fortfuhr, nur wenn er den Kriegsherrn sich im Schlaf bewegen sah, formte er die Silben still mit den Lippen, aus Furcht, ihn zu stören. Im Herzen des alten Mannes war keinerlei Groll, kein Bedauern für den Verlust einiger belangloser Wertgegenstände, sondern nur die mitleidsvolle Sehnsucht, einen Gast vor den Folgen seiner Torheit zu bewahren.

Die ganze Nacht lang träumte der Kriegsherr. Bild um Bild erhob sich in seinem Geist von dem Glück, dessen er sich in früheren Leben erfreut hatte; immer gab es jemanden, der ihn liebevoll behandelte – eine Mutter, eine Schwester, ein lieber Freund usw. –, aber jeder dieser zärtlichen Episoden folgte eine andere, herzzerreißende, in welcher er jemanden, der sich um ihn gesorgt hatte, in der Gestalt eines seiner zahllosen Opfer sah. Mal um Mal musste er die Qualen des Wiederauflebens seiner grausamen Taten erleiden – wie er etwa jemanden erschoss oder köpfte, den er nun als einen großzügigen Wohltäter in einem seiner früheren Leben erkannte.

Es war unbeschreiblich entsetzlich, sich selbst zuerst als fröhlichen kleinen Jungen zu sehen, der von seiner bewundernden Mutter liebkost wurde, und dann als brutalen Schänder oder Mörder dieser innig geliebten Person in einer anderen, aber dennoch erkennbaren Gestalt. Wie ergreifend ihre Tränen und ihr Flehen auch waren, er konnte seine Hand nicht aufhalten.

Mit dem ersten Licht der Dämmerung erwachte er, mit schweißgebadetem Körper und den Geist von Abscheu vor sich selbst verdüstert. Vor der Statue der Mitleidsvollen Kuan Yin warf er sich zu Boden und schlug seinen Kopf in einer wilden Raserei der Reue gegen die Fliesen. Während dessen führte der Junge entsprechend den Anweisungen, die er am Abend zuvor erhalten hatte, das Pferd aus dem Stall und brachte die Satteltaschen an, die mit den erpressten Wertsachen prall gefüllt waren. Nachdem er dies besorgt hatte, half er dem alten Lama, dem Gast ein Frühstück aus heißem Tee und der einfachen Kost, die dieser armselige Ort erlaubte, zu bereiten. Da verbeugte sich zu des Kindes großer Verwunderung der vordem so rohe Krieger vor dem Lama bis zum Boden und bat, als Schüler aufgenommen zu werden.

«Nein», war die Antwort. «Das klösterliche Leben ist noch nichts für dich. Geh deiner Wege. Wenn irgendwann dein Schicksal sich verbessert, so benütze deine Kraft und deinen Reichtum für das Wohlergehen der Unterdrückten und erinnere dich daran, dass jeder von diesen dein Vater oder deine Mutter oder dein Freund in einem deiner früheren Leben gewesen sein kann, denn das Leben aller Wesen reicht unzählige Äonen weit zurück.»

Bestürzt durch die enge Verbindung zwischen diesen Worten und seinen Alpträumen, drang der Kriegsherr in den Lama, ihm etwas zu geben, an das er sich in den kommenden Jahren halten könne, woraufhin der Alte antwortete:

«Es gibt nichts im Universum, das stärker ist als die Macht des Mitleids. Halte dich nur daran. Solltest du eines Tages wegen deiner Last von schlechtem Karma in deinen Anstrengungen wankend werden, so lass die Worte des Mantra der Kuan Yin, OM MANI PADME HUM, das Siegel auf deinem Gelöbnis sein, dich niemals wieder von Grausamkeit oder Habsucht beherrschen zu lassen.»

So reiste der Kriegsherr ab, nachdem er beschämt seine Beute zurückgegeben hatte. Es heißt, dass Jahre später einige seiner früheren Untergebenen ihn trafen, wie er sein Brot als Maultiertreiber bei einer Mönchsgemeinschaft in einem abgelegenen Kloster am südlichen Gipfel des Berges Wu T'ai verdiente.

Von Nicht-Eingeweihten wird das Mani oft als Schutzzauber gegen alle Arten von Unglück gebraucht, sowohl für sich selbst als auch für andere. Es wird jäh herausgestoßen in Augenblicken der Gefahr, sanft intoniert, wenn ein Kummer Erleichterung finden soll, und endlos rezitiert, laut oder im Geiste, von denjenigen, die nach einer Wiedergeburt im Reinen Lande streben. Zahllose Tibeter sterben mit dem Mani auf den Lippen. Es gibt auch viele spezielle Anwendungsbereiche für dieses Mantra.

Kürzlich schrieb mir Herr Lu K'uan-yü über seinen heilpraktischen Gebrauch bei der Behandlung von wiederholten

Halluzinationen und ähnlichen psychischen Erkrankungen. Der Leidende sollte täglich vor einer Schale mit Wasser sitzen und, während er Avalokiteshvara aus ganzem Herzen anruft, diese für eine Weile mit dem Blick fixieren und dabei das Mani rezitieren. Wenn er einen Lotos aus dem Wasser emporwachsen sieht, so ist die Heilung sicher.

Ich selbst erlebte, wie ich innerhalb eines Abends von einer Krankheit genas, die mich während eines wochenlangen Rittes durch die Berge in Nordchina gequält hatte. Als ich damals von meinem Maultier getaumelt und zur nächsten Herberge gebracht worden war, kam ich so weit zu Bewusstsein, dass ich einen mongolischen Lama erkannte, der an meinem Bett saß und sanft das OM MANI PADME HUM intonierte. Wunderbar beruhigt, fühlte ich mich müde, die Krankheit fiel von mir ab, und am nächsten Morgen war ich so gesund und munter wie am ersten Tag der Reise.

Man könnte argumentieren, dass die Wirkung des Mantra unter solchen Umständen rein psychologisch bedingt sei. Das ist sicher wahr, aber in einem Sinn, der nicht unbedingt einfach ist. Die Energie des Mitleids, die in Avalokiteshvara personifiziert ist, ist real und lebt in einer tiefen Schicht des Bewusstseins; sie ist in jedermann gegenwärtig, wie sehr sie auch von Hindernissen, die das Ego erzeugte, überdeckt sein mag, und sie wird von den Silben aufgerüttelt, besonders dann, wenn sie mit dem tiefen Wunsch für eines anderen Wohlergehen ausgesprochen werden. Aus bestimmten Gründen ist die Energie leichter zu erwecken als ähnliche Energien, für die es andere Mantras gibt; daher rührt die verbreitete Popularität des Mani bei denjenigen, die nicht jenes Yoga-Training erhalten haben, auf dem die Wirksamkeit dieser anderen beruht.

Das Mani kann auch auf höheren Ebenen gebraucht werden, und nicht wenige gelehrte Lamas halten es für das Mantra aller Mantras, das ganz allein völlig ausreicht, vorausgesetzt, dass man die yogische Bedeutung kennt, um es wirksam benützen zu können. Ungeachtet des Anscheins gibt es dabei keine magischen Operationen. Das Mantra, das nebenbei eine psychische Affinität zu einem Element besitzt, das sich im Bewusstsein des Rezitierenden befindet, und zu einem identischen Element in der Psyche dessen, für den es gesprochen wird, befreit gewaltige Kräfte aus der zusammengeballten Energie der sakralen Assoziationen, die im Laufe der Jahrhunderte vom Geist zahlloser Menschen ausgestrahlt wurden.

Bei dem, was nun über einige Verwendungsarten des Mani im tibetischen Yoga folgt, nehme ich einiges vorweg, um alles beieinander zu haben, was über dieses Mantra bekannt ist.

Entsprechend der Mahayana-Lehre, wie sie von den Anhängern des Vajrayana interpretiert wird, hat die höchste Energie, die dem absoluten Ursprung – und damit den Tiefen des dem Adepten eigenen Bewusstseins – entströmt, zwei Aspekte: die Weisheit der spirituellen Verwirklichung und die Weisheit des Mitleids. Die letztere wird oft von Amitabha Buddha personifiziert, dessen göttliche Emanation Avalokiteshvara ist. Die am häufigsten kontemplierte der unzähligen Formen des Avalokiteshvara Bodhisattva ist die einer gütigen vierarmigen Gottheit von reinem Weiß, zwei Hände in der Geste des Betens um ein Juwel gefaltet und zwei weitere Hände rechts und links erhoben, wobei die eine einen kristallenen Rosenkranz als Symbol der Kontemplation und die andere einen Lotos als Zeichen der spirituellen Verwirklichung hält.

Zur erfolgreichen Kontemplation bedarf es jedoch nicht der genauen Reflexion über die Symbolik; dass es tiefgreifende Gründe für die Form, Haltung, Gesten, Farben und Attribute der Gottheiten gibt, ist für alle jene selbstverständlich, die wissen, dass die kontemplative Tradition, die sich vor vielen Jahrhunderten in Nalanda – der berühmten buddhistischen Universität in Indien – entwickelt hat und in Tibet bis heute aufrechterhalten wurde, nichts enthält, was lediglich spielerisches oder willkürliches Beiwerk wäre. Außer zu Beginn der Yoga-Praxis wird allerdings über diese Angelegenheit nicht weiter nachgedacht, denn hielte man sich bei der Interpretation der Symbolik auf, so hieße das, sich der Ablenkung auszusetzen. Vielmehr ist es nötig, es den Symbolen zu ermöglichen, dass sie in einer tieferen Schicht des Bewusstseins unmittelbar wirken können.

Die liebliche Form des Bodhisattva als Kuan Yin, die allen

Freunden der chinesischen und japanischen Kunst vertraut ist, ist in ähnlicher Weise ein Produkt yogischer Intuition, aber Künstler, die sich nicht im Klaren darüber waren, dass Kuan Yin eine Meditationsgottheit und nicht etwa eine Göttin ist, mögen fantasievolle Details hinzugefügt haben, die man auf Bildern oder an Statuen, die speziell als Hilfe zur Kontemplation gedacht waren, nicht findet.

Von denjenigen, die einiges Wissen über die Methoden der Yoga-Kontemplation besitzen oder die imstande sind, die Gestalt des Mitleidsvollen mit der Kraft zu erfüllen, die den Assoziationen, die sie im Geiste entstehen lassen, entspringt, kann das Mani zu jeder Zeit ohne irgendeine besondere Vorbereitung benützt werden. Wird es vom Adepten rezitiert, so ist es im Allgemeinen von der Visualisation der Gestalt der Gottheit und der Silben begleitet, wobei jede in der ihr entsprechenden Farbe erscheint.

Zu gleicher Zeit erwacht im Geist des Adepten ein tiefes Verlangen nach dem Wohlergehen aller Wesen und die Sehnsucht, allen gegenüber Mitleid zu empfinden – Mitleid nicht nur für jene, die leicht zu lieben sind, wie Freunde, Pferde, Elefanten und kleine Hündchen, sondern auch für zunächst abstoßende Kreaturen wie schädliche Insekten, Reptilien, Soldaten, Banditen, Geister und Dämonen.

Als erstes kann man, auch wenn man unfähig ist, sie zu lieben, zumindest ein Mitgefühl für ihre Nöte entwickeln und sich über ihre flüchtigen Freuden mitfreuen, indem man sie als Mit-Lebewesen sieht, die ebenso wie man selbst dazu verurteilt sind, von Geburt zu Geburt zu wandern, Äon auf Äon, bis die Erleuchtung erlangt ist. Was früher für den Yogi ein Objekt der Ablehnung, Feindschaft oder sonstiger Aversionen war, dem muss als erstem die Kraft des Mani gelten, wobei der Adept seinen Geist mit aller Liebe, derer er fähig ist, auf dieses Objekt richtet. Erfüllt von Bedauern für die Last, die alle tragen müssen, und von Sehnsucht nach universellem Glück, blickt er auf die liebenswürdigen Züge des Bodhisattva, der für sein inneres Auge strahlend sichtbar wird, und rezitiert immer und immer wieder OM MANI PADME HUM! Oder, wenn er es von einem tibetischen Lehrer gelernt hat, UM MANI PEME HUNG!

OM, das den Ersten Ursprung, den Dharmakaya, das Absolute symbolisiert, ist ein mächtiges schöpferisches Wort, das oft als die Summe aller Klänge im Universum aufgefasst wird – möglicherweise als Symbol der Harmonie der Sphären.

MANI PADME («Juwel im Lotos») beinhaltet Vorstellungspaare wie: die essentielle Weisheit, die der buddhistischen Lehre zugrunde liegt; die esoterische Weisheit des Vajrayana, die in der exoterischen Mahayana-Philosophie enthalten ist; der allumfassende Geist, der in jedem einzelnen Geist enthalten ist; das Ewige im Zeitlichen; der Buddha in unserem Herzen; das Ziel (höchste Weisheit) und die Mittel (Mitleid); und wenn mir die Folgerung gestattet ist: der Innere Christus, der im Geist des christlichen Mystikers wohnt.

HUM ist das Bedingte im Unbedingten (es steht zu OM wie Te zu Tao in der taoistischen Philosophie); es repräsentiert die grenzenlose Wirklichkeit, die innerhalb der Grenzen des individuellen Wesens verkörpert ist, und vereinigt so jedes einzelne Wesen und Ding mit dem universellen OM; es ist das Unsterbliche im Vergänglichen, abgesehen davon, dass es ein Wort mit großer Macht ist, die alle vom Ego geschaffenen Hindernisse der Einsicht zerstört.

Solche Interpretationen sind natürlich interessant, aber es ist wichtig, zu betonen, dass die Reflexionen über die Symbolik nicht Teil der kontemplativen Übungen sind. Die mantrischen Silben können ihre volle Wirkung in den tiefsten Schichten des Bewusstseins nicht entfalten, wenn der Geist mit begrifflichen Vorstellungen vollgestopft ist. Reflektierendes Denken muss transzendiert, losgelöst werden.

Was die Art und Weise der Rezitation betrifft, so kann es keine festen Regeln geben außer jenen, die einem der eigene Lehrer auferlegt, falls er das tun will. Die Silbe OM wird im Allgemeinen betont oder mehr oder weniger gedehnt, so dass das abschließende M nachschwingt. MANI PADME (oder nach tibetischer Art MANI PEME gesprochen) wird zumeist als ein Wort rezitiert. HUM (oder HUNG) wird manchmal in die Länge gezogen. Man könnte den Rhythmus so darstellen: — – – – —!

Das Mantra kann monoton gesprochen werden; man kann auch das OM höher anstimmen als den Rest; oder die ersten fünf Silben werden tief und monoton angestimmt, das HUM dagegen höher, wie so über do in unserer musikalischen Skala, in welchem Fall das Diagramm sich folgendermaßen ändern würde: — — — — — ⌐!

Wenn die Rezitation endet, so erlaubt der Yogi dem geistigen Bild des Bodhisattva entsprechend der jeweiligen Methode, die er gelernt hat, vor seinem inneren Auge zu verblassen, gedenkt dann mit Dankbarkeit der Ergebnisse, wie etwa der Steigerung seiner Kraft, Mitleid entstehen zu lassen und es unvoreingenommen einzusetzen, oder des tieferen und teilnahmsvolleren Einblicks in die Herzen gequälter Wesen, oder der Linderung von Schmerzen, Kummer oder geistiger Verwirrung bei der Person, auf welche die Bemühung des Adepten gerichtet war. Bevor er sich erhebt, muss er den geistigen Akt vollzogen haben, in dem das Verdienst seiner Übung dem Wohlergehen aller Wesen gewidmet wird, da dies der unbedingt notwendige Abschluss aller Yoga-Übungen und -Riten ist.

Eine verbreitete Verwendungsart des Mani ist die, Mitleid gegenüber allen Wesen im Universum zu entwickeln, indem man den Geist nacheinander auf jede der sechs Ebenen der Existenz richtet und während dessen sehr langsam – vielleicht einundzwanzig oder hundertacht Mal – das Mantra wiederholt. Während des OM fallen weiße Strahlen auf die Welt der Devas (Seligen); bei MA fallen grüne Strahlen auf den Bereich der Asuras (Titanen); bei NI fallen gelbe Strahlen auf den menschlichen Bereich; bei PAD fallen blaue Strahlen auf den Bereich der Tiere; bei ME fallen rote Strahlen auf den Bereich der Pretas («Giermäuler» oder Hungrige Geister) und bei HUM fallen finstere, qualmende Strahlen auf die Bewohner der (geistgeschaffenen) Hölle. Die Silben werden in der Form visualisiert, dass sie im Herzen des Bodhisattva kreisen, und eine jede sendet ihre zugehörigen Strahlen jeweils in die entsprechende Richtung.

Die natürliche Vorliebe der chinesischen Gläubigen, das Mitleid in weiblicher Form zu kontemplieren, wird von vielen Tibetern geteilt, die deshalb Tara, eine Emanation des Avalokiteshvara, für ihre Kontemplation wählen. Je nach individuellem Bedürfnis ist Tara verschieden dargestellt, als mütterliche Figur von großer Schönheit oder als liebliches junges Mädchen.

Die Methode, Tara zu kontemplieren, ist ähnlich wie diejenige, die bei der Kontemplation anderer Yidamas (Formen der inneren Gottheit) angewandt wird und wie sie in einem späteren Kapitel dargestellt ist. Hier will ich vorerst beim populären Gebrauch der Mantras bleiben und jene aufzählen, die zu den 21 Formen gehören, in denen Tara von denjenigen anrufen wird, die Schutz vor irgendwelchem Ungemach erbitten wollen. Das sind:

Die Grüne Tara (Ursprung der übrigen zwanzig Emanationen): UM TARE TUTARA TURE SOHA

Die Tara, die Unglück abwendet: UM BANZA TARE SARVA BIGANEN SHINDHAM KURU SOHA

Die Tara, die von der Erde kommendes Unheil abwendet: UM TARE TUTARE TURE MAMA SARVA LAM LAM BHAYA SHINDHAM KURU SOHA

Die Tara, die durch Wasser bedingte Zerstörung abwendet: UM TARE TUTARE TURE MAMA SARVA BHAM BHAM DZALA BHAYA SHINDHAM KURU SOHA

Die Tara, die von Feuer verursachte Zerstörung abwendet: UM TARE TUTARE TURE MAMA SARVA RAM RAM DZALA BHAYA SHINDHAM KURU SOHA

Die Tara, die durch Wind verursachte Zerstörung abwendet: UM TARE TUTARE TURE MAMA SARVA YAM YAM DZALA BHAYA SHINDHAM KURU SOHA

Die Tara, die Weisheit beschert: UM RATANA TARE SARVA LOKAJANA PITEYA DARA DARA DIRI DIRI SHENG SHENG DZA DZANJIA NA BU SHENG KURU UM

Die Tara, die vom Himmel kommendes Unheil abwehrt: UM TARE TUTARE TURE MAMA SARVA EH EH MAHA HANA BHAYA SHINDHAM KURU SOHA

Die Tara, die vom Militär verursachte Zerstörung abwendet: UM TARE TUTARE TURE MAMA SARVA DIK DIK DIKSHENA RAKSHA RAKSHA KURU SOHA

Die Tara, die von der Hölle kommendes Unheil abwehrt: UM TARE TUTARE TURE MAMA SARVA RANDZA DUSHEN DRODA SHINDHAM KURU SOHA

Die Tara, die von Räubern verursachtes Übel abwendet: UM TARE TUTARE TURE SARVA DZORA BENDA BENDA DRKTUM SOHA

Die Tara, die Kräfte wachsen lässt: UM BEMA TARE SENDARA HRI SARVA LOKA WASHUM KURU HO

Die Tara, die von Dämonen verursachtes Übel abwendet: UM TARE TUTARE TURE SARVA DUSHING BIKANEN BHAM PEH SOHA

Die Tara, die Übel vom Vieh abwendet: UM TARE TUTARE TURE SARVA HAM HAM DUSHING HANA HANA DRASAYA PEH SOHA

Die Tara, die von wilden Tieren verursachtes Übel abwendet: UM TARE TUTARE TURE SARVA HEH HEH DZALEH DZALEH BENDA PEH SOHA

Die Tara, die Giftfolgen abwendet: UM TARE TUTARE TURE SARVA DIKSHA DZALA YAHA RAHA RA PEH SOHA

Die Tara, die Dämonen unterwirft: UM GARMA TARE SARVA SHATDRUM BIGANEN MARA SEHNA HA HA HEH HEH HO HO HUNG HUNG BINDA BINDA PEH

Die Tara, die Krankheiten heilt: UM TARE TUTARE TURE SARVA DZARA SARVA DHUKKA BRASHA MANAYA PEH SOHA

Die Tara, die langes Leben verleiht: UM TARE TUTARE TURE BRAJA AYIU SHEI SOHA

Die Tara, die Wohlstand verleiht: UM TARE TUTARE TURE DZAMBEH MOHEH DANA METI SHRI SOHA

Die Wünsche erfüllende Tara: UM TARE TUTARE TURE SARVA ATA SIDDHI SIDDHI KURU SOHA

Diese einundzwanzig Mantras wurden entsprechend der tibetischen Aussprache niedergeschrieben. Die Silben SOHA stehen für das Sanskrit-Wort SHAHA; PEH steht für Sanskrit PHAT; und UM steht natürlich für OM. Doch aus Gründen, die bald klar sein werden, ist die korrekte Aussprache von geringer Bedeutung, vorausgesetzt, dass man grundlegende Fehler vermeidet, wie etwa, dass man Tare ausspricht, als bestünde es nur aus einer Silbe, wie das englische Wort «tare».

Die Wirksamkeit dieser einundzwanzig Mantras ist von zu vielen Menschen bestätigt worden, als dass man sie mit einem Lächeln abtun könnte, aber ich brauchte einige Zeit, um einen Unterschied zwischen ihnen und dem Abrakadabra unserer westlichen Zauberer-Geschichten zu sehen. Später erfuhr ich, dass ihre Wirkung auf der Verbindung mit bestimmten Bewusstseinselementen beruht, die unterhalb der Ebene des begrifflichen Denkens liegen.

Dennoch ist mir bis heute nicht ganz klar, *wie* sie wirken. Erzielen sie ihre Erfolge in einer Art und Weise, wie etwa eine Glasscheibe zerspringt, wenn man eine passend gestimmte Saite anschlägt (in welchem Fall sie eindeutig mit einer Kraft geladen sein müssen, die nicht allein durch die oben genannten Verbindungen erklärt werden kann), oder wirken sie nicht auf äußere Umstände ein, sondern auf das Wesen dessen, der das Mantra anwendet, indem es einen Glauben in ihm anregt, der seine Kraft zur Bewältigung dieser äußeren Umstände noch vergrößert?

Die Tibeter erbringen überzeugende Beweise für ersteres, aber das letztere ist leichter zu akzeptieren. Zwei Vorstellungen, die in der westlichen Welt erörtert werden, sind erstens, dass jede Krankheit weitgehend psychosomatisch bedingt ist, und zweitens, dass es Mittel und Wege gibt, um die «Unfallneigung» zu verringern. Wenn man solche Vorstellungen akzeptiert, ist es nicht allzu weit hergeholt anzunehmen, dass ein Mantra, indem es in der Psyche eine bis dahin unvermutete Kraft befreit, die Anfälligkeit für Krankheit oder äußere Gefahr vermindern kann. Allerdings lässt diese relativ wissenschaftliche Betrachtungsweise der Sache eine Reihe Aufsehen erregender Effekte außer Acht, die der mantrische Yoga für sich in Anspruch nimmt, wie etwa die Fähigkeit, Hagelstürme zu erzeugen oder abzuwenden! Nicht, dass dieser außergewöhnliche Aspekt von großer Bedeutung wäre; solche Wunder werden von den Lamas als trivial gewertet, verglichen mit der Anwendung, welche die Mantras bei denjenigen finden, die sich der höchsten Aufgabe des Menschen geweiht haben – die Erleuchtung zu erlangen. In dem Maße, in dem mein Interesse für den wahren Zweck der Mantras zunahm, nahm mein Eifer ab, äußere Wunder ausfindig machen zu wollen – obwohl ich gestehen muss, dass er niemals ganz eingeschlafen ist!

Meine erste Begegnung mit Nyingmapa-Lamas fand in Sikkim statt, einem Land steil abfallender grüner Täler unterhalb der reizvollen Schneefelder des Kangchendzönga, dem dritthöchsten Berg der Erde, an der Grenze zwischen Nepal und Sikkim. Anders als in Tibet gibt es dort keine großen Klöster, sondern vielmehr Einsiedeleien, die aus einem kleinen Tempel mit darum gescharten Holzhäuschen der Lamas bestehen, die sowohl Mönche als auch verheiratete Lamas sein können.

Angesichts meiner früher erworbenen Kenntnis des Vajrayana hätte es leicht geschehen können, das Missverständnis westlicher Reisender zu teilen, die aus dem Himalaja zurückgekehrt sind und verbreiten, dass die dortige Form des Buddhismus, dick mit Magie und Dämonenglauben überkrustet, kaum als eine Manifestation des Heiligen Dharma zu erkennen sei.

Das recht düstere Innere der kleinen Tempel enthielt manche Bilder von Buddhas und Bodhisattvas mit dem Ausdruck stiller Heiterkeit, der allen Buddhisten vertraut ist, die Augen halb geschlossen, die Lippen von einem Lächeln überhaucht, das von innerer Seligkeit sprach; aber es gab viel mehr Bilder von dämonischen Wesen mit grausigen Hörnern und Fangzähnen, heraushängender Zunge und glühenden Augen, und mit unzähligen Händen, die einen schauerlichen Kranz von Waffen trugen oder die so entsetzliche Dinge wie umgedrehte Schädelschalen, randvoll mit frischem Blut, zur Schau stellten. Verziert mit einem Halsschmuck aus Knochen oder finsteren Köpfen tanzten sie auf Bergen von tierischen und menschlichen Körpern oder auf sich windenden aufgeschlitzten Leibern!

Was den Augen vieler, die über das Thema «Tibetische religiöse Entartung» geschrieben haben, entgangen zu sein scheint, ist das Aussehen und Verhalten der Lamas – diese andächtigen Menschen, die so weit davon entfernt waren, bedauernswerte Tröpfe zu sein, die sich in abscheuliche Fantasien der Lust, der

Grausamkeit und der Angst verloren haben, hatten eine überaus gewinnende Art; freundlich, großzügig, gern zum Lachen bereit, zeigten sie weder die schmallippige Feierlichkeit noch die aufdringliche Kameraderie, die man so oft bei Priestern in anderen Ländern findet. Und aus ihren Augen strahlten Sanftmut und Weisheit, die einer langen Bekanntschaft mit dem inneren Frieden entsprangen.

Als ich sie so sah, ließ ich meine noch vorhandenen Zweifel fallen und erlaubte meinen Lamas, mich zu führen, wohin sie wollten, wobei ich vertrauensvoll auch all das annahm, was mich verwirrte oder erschreckte. Es war gut, dass ich das tat, denn die Lamas, die ich in Sikkim traf, und die anderen, von denen ich später in Kalimpong und an anderen Orten unterwiesen wurde, hatten einen Reichtum an Geschenken zu bieten – Schätze des Lebens, Schätze des Geistes. Wenn ich zuwenig Gebrauch von dem heiligen Wissen gemacht habe, das sie mir mit so viel Mühe vermittelt haben, so ist es nicht ihre Schuld.

Wäre ich zu diesen Lamas mit der Einstellung gekommen, ihre Unterweisungen nur in meinen eigenen Begriffen oder in den Begriffen jenes Rationalismus, der mir in der Schule eingeimpft wurde, zu akzeptieren, wäre ich nicht bereit gewesen, einiges Vertrauen in Behauptungen zu setzen, die von dem, was ich für wissenschaftliche Evidenz hielt, nicht bestätigt wurden. Hätte ich darauf beharrt, mich an ein streng logisches Vorgehen zu halten, so hätte ich, wie ich meine, nichts gelernt.

Vajrayana-Adepten, die sich der Wahrnehmung der absoluten Wahrheit innerhalb ihres eigenen Geistes geweiht haben, wenden Methoden an, die mehr mit Magie als mit Wissenschaft verwandt zu sein scheinen, und sie halten das, was Vorstellung und damit geistgeboren ist, für nicht weniger wirklich als die materielle Welt – die ebenfalls als geistgeboren gilt.

Zuerst hatte ich Zweifel und persönliche Vorbehalte, aber bald verstand ich, dass das, was die Mahayana-Anhänger als relative Wahrheit bezeichnen (das heißt «auf Tatsachen beruhende Wahrheit», nämlich das, was wir die «reale Welt» nennen), das Gebiet der Wissenschaft und der Logik ist. Wohingegen die Funktion einer spirituellen Lehre darin besteht, auf die absolute

Wahrheit hinzuweisen, die, da sie sich auf das Nicht-Dualistische, Unteilbare, Unmessbare bezieht, von der Intuition wahrgenommen wird, aber niemals durch begriffliches Denken erfasst werden kann – daher das Vertrauen des Yogin in die aktive Imagination, in die Kontemplation. Er muss das Ungreifbare in Formen und Farben kleiden, an denen der Geist sich festhalten kann, während er sich aus dem mentalen Fahrwasser freikämpft, in das er durch die ausschließliche Beschäftigung mit dem Greifbaren geraten ist.

Das Vajrayana erhebt sich über die doktrinäre Belehrung und legt seinen Nachdruck auf die intuitive Erfahrung. Mit Hilfe einer besonderen Form der Kontemplation durchbrechen seine Adepten die Ebene der sogenannten unveränderlichen Gesetze, die den äußeren Bereich beherrschen. Es gibt sowohl Wissenschaftler wie Mystiker, welche den bloßen relativen Wert solcher Gesetze erkennen – wie dies etwa bei Einstein der Fall war. Vielleicht wird sogar die Wissenschaft selbst eines Tages die Notwendigkeit einer außerordentlichen Tiefe mystischer Wahrnehmungen für jene proklamieren oder zumindest gutheißen, die die Schleier von der Oberfläche der Realität heben wollen.

Für die meisten westlichen Menschen ist heute die Vorstellung von mystischer Wahrnehmung als ein Mittel, zur Wahrheit zu gelangen, so ungewöhnlich, dass man verzeihen muss, wenn das Training, das dazu gehört, für höchst wunderlich gehalten wird. Ein anderer Grund, weshalb intelligente westliche Reisende dazu neigten, das Vajrayana als ein Gemisch verschiedenen Aberglaubens zu betrachten, ist, dass es darin so viele Parallelen zu volkstümlichem Brauchtum gibt, dass es vom Standpunkt der Wissenschaft aus nicht mehr zu sein scheint als ein Überrest antiquierter Unwissenheit. Doch wie die Schüler C. G. Jungs sehr gut wissen, sind die bildhaften Vorstellungen des Brauchtums und der volkstümlichen Religiosität von überaus großer psychologischer Bedeutung. Diejenigen, die sich darum nicht kümmern oder sich weigern, darauf zu achten, erleiden einen unwiederbringlichen Verlust.

Obwohl meine Lamas sich mehr für die subjektive Wirkung der Mantras im Geist des Adepten als für Wundertaten durch mantrische Kraft interessieren, schienen sie niemals an der Möglichkeit letzterer zu zweifeln, wie sehr sie auch jede unfruchtbare Neugier gegenüber diesem Thema ablehnten. Im gleichen Atemzug konnten sie bestätigen, dass solche Kunststücke recht oft zu sehen seien, und mich zugleich für die Bitte zurechtweisen, mir zu gestatten, einmal dabei Zeuge zu sein.

Ob ich schließlich zu dem Schluss gekommen wäre, dass ihr Widerstreben, auch nur die kleinste Demonstration vorzuführen, in Wirklichkeit nur ihrem Mangel an Vertrauen in die eigenen Kräfte entsprang, weiß ich nicht. Bevor so etwas wie ein völliger Unglaube sich in meinem Geist einnisten konnte, stolperte ich über etwas, das mich beeindruckte, weil es mir die Kraft der Mantras, objektive Wirkungen zu erzielen, zumindest teilweise bestätigte. Zufällig fand ich heraus, dass mantrische Kontrolle der Träume möglich ist. Man kann einwenden, dass das, was einem in Träumen erscheint, ganz und gar subjektiv ist, da das ganze Drama sich im Geist des Träumers abspielt. Dennoch spielt dabei eine gewisse Art von Objektivität eine Rolle, da Träume normalerweise nicht bewusst kontrolliert werden können und ihr Inhalt in beträchtlichem Gegensatz zu des Träumers Wünschen stehen kann.

Um die Sache deutlich zu machen, muss ich etwas über den Yidam oder die innere Gottheit sagen. Yoga-Methoden, die einen Yidam miteinbeziehen, stützen sich auf ein Prinzip, das folgendermaßen dargelegt werden kann: «Schau nach innen! Kein Buddha, kein Bodhisattva, keine Gottheit, keine göttliche Kraft, hoch oder niedrig, kann von außen bei deinen Bemühungen um Erleuchtung helfen. Der Geist ist der König. Dein eigener Geist bildet deine einzige Quelle der Weisheit und yogischer Kraft. Darum lerne deinen Geist kennen, entdecke in ihm alles, was heilig und der höchsten Wertschätzung würdig ist. Denn dein Geist ist zugleich Der Geist, die reine Substanz der Grenzenlosigkeit – ewig, nicht-dual, das Absolute selbst!»

Leider ist die Selbstuntersuchung, die zum Erkennen deines eigenen Geistes führen soll, die schwierigste Aufgabe, die man sich denken kann. Darum bedarf die Weisheit zusätzlich der Hilfsmittel. Die Symbolik des verzweigten Vajrayana-Systems entspringt diesen zweien: Weisheit – das Ziel; Weisheit, verbunden mit Hilfsmitteln – der Weg. Buddhas Lehre führt zur Erleuchtung, wenn sie als Doktrin überwunden ist und die Weisheit von innen heraus wirkt.

Eine wichtige Anwendung dieses Prinzips im Yoga ist die innere Visualisation einer Gottheit, die einen Aspekt der Realität personifiziert, der unterhalb der Schichten vom Ego geschaffener Täuschung zu finden ist. In der Form, die der Lama für des Schülers Bedürfnisse als am besten geeignet betrachtet, wird diese Meditations-Gottheit dann bildlich vorgestellt; sie personifiziert die göttliche Potentialität, mit der jede Kreatur ausgestattet ist, die Essenz des Seins, die sich in jedem Individuum befindet und die doch alle individuellen Grenzen transzendiert, da sie nichtdual, unendlich, ewig ist.

Der Yidam, der mir gegeben wurde, ist die Grüne Tara. Der Ritus, mit dem sie angerufen wird, beinhaltet die sehr häufige Wiederholung ihres Mantras, so dass OM TARE TUTARE TURE SVAHA schließlich ununterbrochen in meinem Geist kreiste, gleichgültig, welcher Gedanke meinen Geist daneben gerade beschäftigte. Obwohl ich zu der Zeit, als sich die Episode, die ich beschreiben will, zutrug, noch nicht an dem Punkt angelangt war, dass das Mantra spontan kreiste, war ich doch nahe genug gekommen, um es in Krisenmomenten augenblicklich im Geist und auf den Lippen zu haben.

Seit meiner Kindheit habe ich von Zeit zu Zeit Alpträume, in denen ich von unerbittlichen Feinden gequält werde, oder ich krümme mich unter einem Bombenhagel, der alle Gebäude um mich herum in Brand steckt, oder ich sehe rasende Feuerstöße aus der bebenden und aufbrechenden Erde schießen. Manchmal finde ich mich zu einem Exekutionsplatz eskortiert, ein Opfer so trüber Gedanken, wie dass ich die Sonne zum letztenmal aufgehen sähe, und mit dem verzweifelten Kummer, wie meine Kinder die Scham über die Exekution ihres Vaters ertragen würden oder wie meine jüngste Tochter ohne mich zurechtkommen sollte. Gelegentlich werde ich von Schlangen verfolgt oder von Vampiren gepackt.

Immer sind diese Alpträume voller schauerlich realistischer Details, und meine Emotionen sind die eines Menschen, der sich tatsächlich in solch einer grauenvollen Lage befindet. Diese Träume suchen mich noch heute hin und wieder heim, aber sie haben einen großen Teil ihrer Kraft, mich zu erschrecken, verloren. Denn eines Nachts machte ich die Entdeckung, dass ein scharfes Ausstoßen des Tara-Mantras augenblicklich jede Gefahr, die mich bedrohte, bannte. Selten erwache ich an diesem Punkt, aber die bedrohliche Situation ist bewältigt, und der Traum nimmt einen angenehmen weiteren Verlauf, wobei ich einen Berg sich aus schaumbedecktem Meer erheben sehe – Taras Potala im Südlichen Ozean –, oder es ergibt sich eine ähnlich erfreuliche Szene, deren Farben vor allem unendlich viel reizvoller sind, als ich sie je in meinem wachen Leben erblickte.

Gelegentlich wandelt sich das Muster. Vor nicht allzu langer Zeit träumte ich, dass ich irgendwo eingesperrt wurde, von wo der einzige Ausweg durch ein gut bewachtes Tor führte. Irgendwie wusste ich, dass ich zu Unrecht in ein Heim für geistig Gestörte eingeliefert worden war – ein Schafott wäre mir weniger grauenvoll erschienen! Die Wärter hatten offenbar ein sadistisches Vergnügen an meinem rasenden Flehen um Entlassung. Wie üblich erhob sich das Mantra des Yidam in meinem Geist erst, als ich den Höhepunkt völliger Verzweiflung erreicht hatte. Die Erinnerung brachte einen Augenblick großer Freude; aber diesmal sagte, bevor ich es aussprechen konnte, einer meiner höhnischen Wärter das Mantra auf und fügte mit einem Grinsen hinzu: «Worauf wartest du? So schrei doch nach deinem kostbaren Yidam, wenn du deinen Atem verschwenden willst!»

Ich war zutiefst entsetzt! Niemals hatte ich solch grauenhafte Mutlosigkeit empfunden. Schon wollte ich meinen Yidam aufgeben, da sprach ich das Mantra, ohne dass ich dabei recht zu hoffen wagte. Obwohl die unmittelbare Wirkung lediglich darin bestand, dass es ein Hohngelächter hervorrief, das selbst die geringste Hoffnung, die noch übrig war, verschwinden ließ, so ging ich doch innerhalb von Sekunden durch das Fenster hinaus, ohne dass seine Gitter mich hinderten!

Einige Jahre vor diesem Traum hatte ich eine Entdeckung gemacht, die mich von der Wirksamkeit des Mantra meines Yidam überzeugte. Ein Freund, der sich für die offensichtliche Ähnlichkeit zwischen Yoga-Erfahrungen und den Zuständen, die durch Halluzinogene hervorgerufen werden, interessierte, überredete mich dazu, Meskalin zu versuchen. Die Wirkung der Droge auf mich war Grauen erregend – so sehr, dass ich mich frage, ob irgendjemand jemals einen so schlechten «Trip» erlebt hat wie den meinen! Meiner Umgebung völlig bewusst und während der ersten Stadien noch fähig zu sprechen, zu essen und zu trinken, war ich einer nervenaufreibenden Desintegration ausgesetzt, begleitet von einer geistigen Qual, die nahezu unerträglich war. Ich hätte alles in der Welt für ein Mittel zur sofortigen Erlösung gegeben, aber es war ein nationaler Feiertag, und wir hätten durch ganz Bangkok fahren können, ohne einen Arzt zu finden, der den Biss eines tollwütigen Hundes behandelt hätte, und noch viel weniger einen, der auch nur eine Minute darauf verschwendet hätte, um einen Narren von den Konsequenzen seines Unfugs zu erlösen – oder so dachte ich zumindest, obwohl allein das schon möglicherweise eine Halluzination war.

Die Agonie hielt stundenlang an und verstärkte sich eher, als dass sie abnahm. Ich sehnte mich buchstäblich danach zu sterben! Schließlich rief ich in einem Zustand völliger Selbstaufgabe kläglich nach meinem Yidam, indem ich natürlich sein Mantra benützte. Mit einem Schlag war die Situation verwandelt! Das Entsetzen wich einer Beseligung von gleichermaßen gewaltiger Intensität!

Ich will noch von einer weiteren Erfahrung berichten, die anders geartet ist, außer dass das Mantra meines Yidam wieder seine Wirkkraft unter Beweis stellte. An sich ist die Sache zu trivial, als dass sie des Erzählens wert wäre, hätte nicht das Mantra zum erstenmal eine Wirkung ausgelöst, die ganz außerhalb meiner selbst lag. Sich mit yogischen Kräften zu brüsten ist nicht nur pietätlos, sondern ein sicherer Weg, um sie zu verlieren; in diesem Fall jedoch geht es nicht um Angeberei, denn der Erfolg, der ganz unbeabsichtigt war, weist auf keine besondere Fähigkeit meinerseits hin, sondern nur auf die Kraft des Mantras selbst.

Wieder einmal war ich nach Hongkong gekommen, um ein paar Tage bei einem Freund zu verbringen, der in seiner Wohnung eine alte und wunderschöne Statue der Grünen Tara stehen hatte. Bevor ich zu Bett ging, bat ich um Weihrauch und eine Schale Wasser für einen kurzen Ritus, den ich nach den Anweisungen meiner Lamas ohne Ausnahme an jedem Tag meines Lebens zelebrieren sollte. Mein Freund, den ich seit unserer Begegnung im «Wald der Einsiedler» kannte, als wir beide noch sehr jung gewesen waren, war ein sehr ernsthafter buddhistischer Gelehrter, aber mit dem Vajrayana nicht sehr vertraut. Fern von Neugier bat er mich, bei dem Ritus dabei sein zu dürfen, und ich stimmte bereitwillig zu.

So saßen wir Seite an Seite auf Sitzkissen vor dem Altar, auf dem die Statue der Grünen Tara stand. Wie gewöhnlich brannte ich Räucherstäbchen an und begann dann mit der Zeremonie, in der eine geistige Verwandlung der Schale mit Wasser in einen Ozean jener Flüssigkeit, welche die Weisheit symbolisiert, stattfinden sollte. Meines Wissens geschah nichts Unerwartetes; aber als wir uns nach der letzten Verbeugung erhoben, stellte mein Freund – mit großem Erstaunen – ruhig fest, dass das Wasser in der Schale während meiner mantrischen Rezitation grün geworden sei – Taras Farbe!

Das Mantra hatte niemals zuvor diese Wirkung gehabt, noch hatte es den Zweck, irgendeine Art von physischer Verwandlung des Wassers zu verursachen. Zweifellos resultierte das Phänomen aus dem Zusammentreffen der Kraft des Mantra mit derjenigen, die sich in der antiken Statue befand. Da meine Gedanken sich nach innen gewandt hatten und ich nicht auf das Wasser in der Schale geblickt hatte, kann ich nicht sagen, ob es sich tatsächlich grün gefärbt hat oder ob dies nur im Geist meines Freundes geschehen war. Auf jeden Fall war die Wirkung eine äußere insofern, als das Mantra, das ich rezitierte, etwas verursachte, das außerhalb meiner selbst geschah. Die Begebenheit hatte einen gewissen Einfluss auf meine Bereitschaft, auch Geschichten von viel spektakuläreren mantrischen Geschehnissen zu glauben. So unbedeutend sie auch gewesen sein mochte, so gehörte sie doch zu derselben Kategorie wie jene aufregenden Ereignisse, die zu glauben mir so schwergefallen war.

Der «Fünfte Onkel», Ta-hai und der «Ältere Bruder» sind einer nach dem anderen dahingegangen. Obschon ich besonders Ta-hai mein bleibendes Interesse für die Yoga-Kontemplation verdanke, stehe ich doch bei ihnen allen in größter Schuld. Es würde mich freuen, zu wissen, dass meine Schriften über den chinesischen und tibetischen Buddhismus eine nicht ganz wertlose Blüte der Lehren darstellen, die sie mitsamt vielen anderen Freundlichkeiten über Ah Jon ausgegossen haben, einen jungen Engländer, der mit leeren Händen zu ihnen gekommen war.

Quellennachweis

Die in diesem Band veröffentlichten Texte stammen aus den folgenden Werken:

Beyond the Gods
© John Blofeld (1974)
Deutsch: *Jenseits der Götter* (1976) / *Eine Reise von tausend Meilen beginnt mit einem Schritt* (1990)

Mantras – Sacred Words of Power
© John Blofeld (1977)
Deutsch: *Die Macht des heiligen Lautes* (1978) / *Mantra* (1988)

The Secret and Sublime
© John Blofeld (1972)
Deutsch: *Das Geheime und Erhabene* (1974)

Gateway to Wisdom
© John Blofeld (1980)
Deutsch: *Selbstheilung durch die Kraft der Stille* (1983 u.ö.)

Die Originalausgaben erschienen bei Allen & Unwin/Thorsons, a Division of HarperCollinsPublishers Ltd.